5-7, rue de l'Ecole-Polytechnique, 75005 Paris

www.editions-harmattan.fr

ISBN : 978-2-343-14805-2
EAN : 9782343148052

René Girard,
promoteur d'une science des rapports humains

Une théorie mimétique des sociétés politiques

Ouverture philosophique

Collection dirigée par
Jean-Marc Lachaud et Bruno Péquignot

Une collection d'ouvrages qui se propose d'accueillir des travaux originaux sans exclusive d'écoles ou de thématiques.

Il s'agit de favoriser la confrontation de recherches et des réflexions, qu'elles soient le fait de philosophes « professionnels » ou non. On n'y confondra donc pas la philosophie avec une discipline académique ; elle est réputée être le fait de tous ceux qu'habite la passion de penser, qu'ils soient professeurs de philosophie, spécialistes des sciences humaines, sociales ou naturelles, ou… polisseurs de verres de lunettes astronomiques.

Dernières parutions

Jean-Marc LACHAUD, *Collages, montages, assemblages au XXe siècle, Volume 2, Le fragment à l'œuvre,* 2018.
Jean-Marc LACHAUD, *Collages, montages, assemblages au XXe siècle, Volume 1, L'art du choc*, 2018.
Jean-Yves DUBÉ, *L'expérience morale chez Vladimir Jankélévitch*, 2018.
Daniel WEYL, *Ecriture et représentation*, 2018.
Jean WAHL, *Lettres à Paul Truffau (1907-1960),* 2018.
Hélène BOUCHILLOUX, *Spinoza. Les deux voies du salut*, 2018.
Stéphane VINOLO, *Penser la foule : Freud, Sartre, Negri, Girard. La transparence est l'obstacle, II*, 2017.
Faustin LEKILI MPUTU, *Principe de charité et irrationalité, Comprendre les actions et les croyances irrationnelles*, 2017.
Alvaro VALLS, *Kierkegaard, préludes brésiliens*, 2017.
Amara SALIFOU, *Domination technologique et perspectives de libération chez Herbert Marcuse*, 2017.
Pierre-André HUGLO, *Essais de réalisme minimal. Relations, formes, singuliers*, 2018.
Miguel ESPINOZA, *La matière éternelle et ses harmonies éphémères*, 2017.
Dalia FARAH, *L'Amour : voie du bonheur chez Jean Guitton*, 2017.
Alessandro CAMPI, *Machiavel et les conjurations politiques. La lutte pour le pouvoir dans l'Italie de la Renaissance*, 2017.
Robert B. CARLISLE, *La couronne offerte, Le saint-simonisme et la doctrine de l'espérance,* Traduit de l'anglais par René Boissel, 2017.
Jean-Pierre Emmanuel JOUARD, *Passion de la pensée, Lecture de Heidegger,* 2017.
Amélie BALAZUT, *Heidegger et l'essence de la poésie*, 2017.
Jean-Alexis AGUMA ASIMA, *Le mécanisme. Langage, théorie, philosophie. Étude critique*, 2017.

Jean-Marc Bourdin

René Girard, promoteur d'une science des rapports humains

Une théorie mimétique des sociétés politiques

L'Harmattan

Du même auteur

John Rawls et l'éthique individuelle. Du rationnel au raisonnable, Sarrebruck : éditions universitaires européennes, 2014.

Duchamp révélé. L'art contemporain à l'épreuve de la théorie mimétique, Paris : éditions Petra, 2016.

René Girard, un philosophe politique malgré lui. Une théorie mimétique des sociétés politiques (Tome I), Paris, L'Harmattan, 2018.

In memoriam René Girard

Remerciements

Comme le premier tome decet essai, ce livre est issu de ma thèse de doctorat de philosophie, soutenue à l'université Paris 8 en septembre 2016. Elle n'aurait pas vu le jour sans l'appui, les encouragements mais aussi l'empathie et la sympathie de mon directeur de recherche, Charles Ramond. Il a trouvé un rare équilibre entre liberté d'élaborer un projet très personnel et prévention des impasses. Il fut une chance à tous les points de vue, académique mais aussi humain, me proposant une cure de jouvence auprès de doctorants réunis autour de lui qui avaient moins de deux fois mon âge. Et il m'a offert une magnifique préface révélant certains soubassements de mon travail et répondant magnifiquement à la question de la possibilité d'une égalité sans rivalité posée par ma recherche.

Je sais gré aussi de leurs conseils et de leurs critiques à Paul Dumouchel et James Alison, compagnons de route de l'association des recherches mimétiques (ARM) présidée par Benoît Chantre et animée par Emmanuelle Closse. Cette association est le refuge des recherches girardiennes en France où l'université, sauf exceptions, se montre plutôt inhospitalière.

Ma famille et mes proches m'ont soutenu en me laissant libre de cette entreprise fantaisiste : une thèse de philosophie écrite par un non-philosophe sur un penseur qui avouait sa naïveté philosophique quand il n'instruisait pas un procès contre la philosophie en l'accusant, comble de la provocation, de suivre les mêmes errements que les religions à propos de la violence ! Mes lecteurs s'en rendront compte, du fait même de son propos et de son corpus, mon travail n'est effectivement que partiellement philosophique, ce dont les membres de mon jury, faisant preuve d'une grande ouverture d'esprit, ne m'ont pas tenu rigueur.

Il faut donc lire mon essai comme *sui generis*, un exercice interdisciplinaire en hommage à René Girard. Commencée début 2013, ma thèse était achevée pour l'essentiel au moment de son décès en novembre 2015 : il a été pour moi dans ma jeunesse un thérapeute à distance par la seule force de ses écrits et m'a aidé à trouver un sens heureux et joyeux à mon existence ; dans mon âge mûr, il a été la source d'une aventure intellectuelle passionnante.

Qu'il vive et se poursuive à travers les enfants de sa pensée, lui qui refusa toujours l'affiliation de disciples !

Abréviations des titres et éditions utilisées des ouvrages de René Girard

Classement par ordre de parution

Mensonge romantique = *Mensonge romantique et vérité romanesque*, Paris : Grasset, 1961 ; édition utilisée Paris, Fayard « Pluriel » : 2011.
La violence = *La violence et le sacré*, Paris : Grasset, 1972 ; édition utilisée, Paris : Le livre de poche, 1980.
Critique dans un souterrain = *Critique dans un souterrain*, Lausanne : L'âge d'homme,1976 ; édition utilisée, Paris : Le livre de poche, 1983.
Des choses cachées = *Des choses cachées depuis la fondation du monde*, entretiens avec Jean-Michel OUGHOURLIAN et Guy LEFORT, Paris : Grasset,1978 ; édition utilisée, Paris : Le livre de poche, 1983.
Le bouc émissaire = *Le bouc émissaire*, Paris : Grasset, 1983 ; édition utilisée, Paris : Le livre de poche, 1986.
La route antique = *La route antique des hommes pervers*, Paris : Grasset, 1985.
Shakespeare = *Shakespeare, les feux de l'envie*, traduction de l'anglais de Bernard Vincent, Paris : Grasset, 1990.
Quand ces choses = *Quand ces choses commenceront*, entretiens avec Michel TREGUER, Paris : Arléa, 1994.
The Girard Reader = *The Girard Reader*, James G. WILLIAMS (ed.), New-York : Crossroad Publishing Co, 1997.
Je vois Satan = *Je vois Satan tomber comme l'éclair*, Paris : Grasset,1999.
« Violences d'aujourd'hui » = « Violences d'aujourd'hui, violences de toujours », in *tome XXXVII (1999) des Textes des conférences et des débats organisés par les Rencontres Internationales de Genève*, Lausanne : Éditions L'Age d'Homme, 2000, p. 14-49.
Celui par qui = *Celui par qui le scandale arrive*, entretiens avec Maria Stella BARBERI, Paris : Desclée de Brouwer, 2001.
« Ce qui se joue » = « Ce qui se joue aujourd'hui est une rivalité mimétique à l'échelle planétaire », interview de René GIRARD par Henri TINCQ publiée dans *Le Monde*, édition du 6 novembre 2001.
La voix méconnue = *La voie méconnue du réel*, traduction de l'anglais de Bee Formentelli, Paris : Grasset, 2002.
« Les appartenances », in MAZZÙ, Domenica (éd.), *Politiques de Caïn*, Paris : Desclée de Brouwer, 2004, p. 19-33.

Les origines : Les origines de la culture, entretiens avec Pierpaolo ANTONELLO et João Cezar de CASTRO ROCHA, Paris : Desclée de Brouwer,2004.
Christianisme et modernité = *Christianisme et modernité* (avec Gianni VATTIMO), entretiens menés par Pierpaolo ANTONELLO, traduction de l'italien par Renaud Temperini, Paris : Flammarion, 2006 ; édition utilisée, Paris : Flammarion, 2009.
« La violence et le sacré », (DVD), réalisation de Pierre-André BOUTANG, Paris : éditions Montparnasse, 2006.
Achever Clausewitz = *Achever Clausewitz*, entretiens avec Benoît CHANTRE, Paris : Carnets Nord, 2007 ; édition utilisée, Paris : Flammarion « Champs », 2011.
De la violence à la divinité = *De la violence à la divinité,* Paris : Grasset, 2007 (pour l'introduction et le remaniement opéré dans *Des choses cachées*).
Le sacrifice = *Le sacrifice*, Paris : Bibliothèque nationale, 2007.
« Le bouc émissaire et Dieu » = « Le bouc émissaire et Dieu », conférence in HOUZIAUX (éd.), *Dieu, une invention*, p. 55-76, Paris : éditions de l'atelier, 2007.
Mimesis & Theory = *Mimesis & Theory*, Essays on Literature and Criticism 1953-2005, Stanford : Stanford University Press, California, 2008.
La conversion de l'art = *La conversion de l'art*, avec Benoît CHANTRE, Paris : Carnets Nord, 2008.
Anorexie = *Anorexie et désir mimétique*, Paris : L'Herne, 2008.
« La pensée apocalyptique » = « La pensée apocalyptique après le 11 Septembre : entretien avec René Girard », entretien de 2007, avec Robert DORAN, traduit de l'anglais par Caroline Vial, révisé par Sabine de Beaugrenier, pour la traduction française *Revue des Bernardins* ° *5 (juin 2012)*, p. 117-141, 2011.
Géométries du désir =, *Géométries du désir*, Paris : L'Herne,2011.
Sanglantes origines = *Sanglantes origines* (avec Walter BURKERT, Renato I. ROSALDO et Johnathan Z. SMITH), traduction de Bernard Vincent, Paris : Flammarion, 2011.

Introduction

Ma méthode pourrait être définie comme une analyse morphologique dont l'horizon [...] contient l'histoire des hommes tout entière[1].

J'ai été guidé [...] par l'idée de contribuer à [...] une science des rapports humains[2].

Historien de formation, Girard déploie son travail dans le temps de l'évolution humaine. Or notre réflexion débutée dans le premier tome intitulé *René Girard, un philosophe politique malgré lui* porte sur les conditions de possibilité d'une anthropologie politique fondée sur la théorie mimétique ; et il n'y a pas à notre sens d'anthropologie politique sans confrontation aux faits ou hypothèses de la paléontologie, de l'archéologie, de l'histoire et de la sociologie. Toutes ces disciplines proposent en effet des éclairages sur les questions de la vio-

---

[1] *Celui par qui*, p. 187.
Les références des ouvrages, articles et communications de René Girard, corpus de base de notre travail, utilisent les abréviations des titres indiquées dans les deux pages qui précèdent nos développements, sans rappel du nom de leur auteur. Les références des ouvrages, articles et communications des autres auteurs sont identifiées par le nom de l'auteur en petites capitales ainsi que le titre : ces informations suffisent pour accéder aux informations relatives à leur édition dans la bibliographie placée en fin d'ouvrage et classée par ordre alphabétique d'auteur.
[2] *Les origines*, p. 201. Le « plutôt » fait toute la différence.

lence, des origines de la culture, des croyances religieuses ou encore de l'inégalité entre les hommes.

Si l'ontologie girardienne est fondée sur le paradoxe de l'insuffisance d'être ressentie, son anthropologie pourrait partir de l'affirmation de la particularité de l'homme dans le règne animal : être humain, c'est manquer de cadres instinctuels de domination [*dominance patterns*]. Face à cette lacune, des homininés[3] devenant – et devenus – hommes, ces derniers auraient été confrontés à la nécessité de mécanismes externes, non biologiques et non instinctuels, ainsi que d'institutions sociales pour brider les mécanismes de la violence dans des limites indispensables au maintien et au développement de l'espèce. La nature particulièrement mimétique de l'homme serait alors à la fois le problème et la solution. L'histoire mimétique à laquelle Girard aspire[4] serait celle des mentalités et des croyances, donc du sacré, mais aussi des conflits et des institutions politiques appelées à maintenir la violence à un niveau supportable pour la pérennité des groupes humains. Elle entrelacerait mimésis d'appropriation, mécanisme victimaire et puissance destructrice des équilibres anciens prêtée à la Révélation évangélique.

Cette histoire commence dès l'hominisation pour être projetée dans un avenir indéfini. Quelques jalons émergent : les cultures sans cités des chasseurs-cueilleurs ; les premières cités consécutives à la sédentarisation, l'élevage et l'agriculture puis leurs extensions impériales au sein desquelles comptabilité et écriture ont vu le jour ; la naissance de la tragédie et du politique grecs ainsi que la rédaction du *Veda* indien ; la Passion du Christ, entre maturation biblique et diffusion évangélique ; en Europe la lutte du Pape et de l'Empereur ainsi que celle des royaumes contre l'Empire ; la naissance de la science et du roman concomitante de la fin de la chasse aux sorcières ; les révolutions américaine et française marquant la fin des temps aristocratiques et l'avènement de l'individu démocratique ; la domination européenne du monde jusqu'à un XXe siècle suicidaire et génocidaire ; la fin de la

---

[3] Le néologisme d'homininés est désormais utilisé pour désigner l'ensemble des espèces homo et australopithèques qui ont vécu depuis sept millions d'années. Ils appartiennent au groupe plus vaste des hominidés.

[4] *Achever Clausewitz*, p. 89.

guerre en tant qu'institution et l'apparition d'un terrorisme mondialisé.

Une telle histoire est centrée sur « l'Occident » à partir du Moyen-Âge et sur la foi chrétienne[5]. Quant à l'intérêt pour le religieux, il est exprimé fortement[6] : l'événement majeur de cette « chronologie », son unique pivot à ce jour, est la Passion du Christ qui révèlerait *Des choses cachées* depuis l'origine et définirait simultanément un sens menant à une fin des temps[7].

La rivalité produit pour Girard des doubles et transforme les autres en mêmes[8]. Ce mouvement obéit à une logique circulaire ou plutôt en spirale : l'égalisation des conditions théorisée par Tocqueville provoquerait toujours plus de rivalités qui, à leur tour, rapprocheraient les rivaux dans une indifférenciation croissante.

En combinant le manque de cadres de domination instinctuels, le refus de la domination de celui à qui je ressemble et la tendance moderne à l'égalisation des conditions, Girard dessine les axes d'une histoire où la continuité l'emporte sur les ruptures. Et il en prolonge les tendances, à la fois en amont pour poser une hypothèse explicative de l'hominisation et, en aval, pour s'interroger sur une fin envisageable de notre humanité présente, une fois épuisées ses capacités à contenir sa violence.

Girard consacre de nombreuses spéculations au processus d'hominisation à partir du début des années 1970, se lançant dans une quête des événements qui en auraient été les déterminants. Il poursuit en les articulant avec les rites et les interdits qui encadrent les pra-

---

5 Cet européocentrisme peut lui être reproché, mais l'ouverture proposée sur l'Inde ancienne et l'intérêt pour les mythologies de toutes les époques et de tous les continents le contrebalance.

6 Voir LAGARDE, *René Girard ou la christianisation des sciences humaines.*

7 Par exemple in *Christianisme et modernité*, p. 30 : « [...] la Passion, qui représente pour moi le sommet de la révélation de l'innocence de la victime sacrifiée par une communauté injuste et violente. »

8 In JACOBY, *Bloodlust*, sont développés de nombreux exemples de la volonté de se distinguer quand la similarité l'emporte, entre catholiques et protestants au moment des guerres de religion comme entre juifs et gentils tout au long de l'Histoire ou entre Tutsis et Hutus, entre Serbes et Croates...

tiques sociales depuis les premières cultures jusqu'aux civilisations de l'antiquité. Cette généalogie initiale des dangers de l'identité et des précautions différenciatrices est présentée au chapitre 1. Vient ensuite la période où la logique de la distinction aristocratique, héritière de la différenciation des groupes humains en castes ou en états finit par céder devant les progrès de l'égalité des conditions, idéal dont des institutions « démocratiques » tentent de s'approcher. Girard l'aborde par la dichotomie issue de sa réflexion initiale sur le corpus des romanciers de génie : le passage d'une médiation externe à une médiation interne (chapitre 2). Non content d'avoir parcouru une chronologie commençant « *depuis la fondation du monde* » pour déboucher sur une lecture du XXe siècle et des attentats du 11 septembre 2001 ainsi que de la montée de nouvelles formes de conflictualités au moment où l'institution de la guerre elle-même semble vouée à l'impuissance, il s'aventure dans une forme particulière de la prospective, le catastrophisme ou, dans les termes de son lexique propre, la révélation apocalyptique. Cette incursion dans l'avenir portée par l'analyse du passé proche est examinée au chapitre 3.

Il sera ainsi possible de vérifier si les trois thèses principales de la théorie mimétique résistent également à l'écoute de la voix du réel historique et si chacune conserve sa valeur heuristique.

Une fois la validation par l'Histoire des hypothèses de la théorie mimétique ainsi obtenue, il est alors possible de s'interroger sur la possibilité d'une « science des rapports humains ».

Girard s'est débarrassé des cloisonnements toujours plus nombreux entre les disciplines du savoir pour les faire émerger. Il affirme ainsi : « La lecture que je propose n'est pas psychologique mais non plus sociologique. Elle n'est pas non plus religieuse au sens de la tradition humaniste. La découverte du mécanisme émissaire brouille les frontières traditionnelles entre les disciplines[9]. » Commençant par l'analyse de fictions, il ne s'est pas interdit l'ethnologie mais aussi des indications fournies par l'éthologie. Seul ou à l'instigation d'épigones, il s'est confronté à la théorie de l'évolution, aux recherches mathématiques inspirant la théorie des catastrophes, aux sciences physiques et

---

[9] *La route antique*, p. 111.

biologiques s'interrogeant sur les phénomènes d'auto-organisation ou encore aux neurosciences avec les neurones miroirs, en sus de l'interprétation des comportements humains et des données historiques ou archéologiques disponibles... La restriction de son sujet d'étude est inversement proportionnelle à l'étendue des champs du savoir abordés à partir de cet épicentre. Il vise un grand rassemblement : ne pas se résigner au cantonnement disciplinaire imposé par la masse des travaux accumulés et par l'organisation de l'université.

Sa recherche touche à l'universel humain abordé simultanément par le haut – les origines et la persistance de la culture humaine – et par le bas – les rapports à l'autre comme réalité élémentaire de toute vie humaine. Elle aboutit à une hypothèse portant sur l'advenue de l'humanité, son évolution profonde et rapide à l'échelle de la biosphère, sa pérennité et ses exceptionnelles capacités de destruction et d'autodestruction parmi l'ensemble du vivant. Son refus d'aborder la question du politique de front ne doit pas décourager l'arpentage de pistes qu'il indique néanmoins. Entre patchwork, interpolation, extrapolation, emprunt à Tocqueville et appui sur des continuateurs plus ou moins critiques, il a été possible de baliser des chemins qui mènent de la théorie mimétique au champ du politique. Il reste à mettre au jour différents soubassements d'une anthropologie politique girardienne.

Nous procédons pour finir en trois étapes en recourant à l'anthropologie d'institutions ayant pour fonction de contenir la violence de manière à établir l'intérêt que représenterait une anthropologie politique insérée dans la théorie mimétique. Nous réaffirmons d'abord l'importancc dc la continuité entre le sacré et le politique (chapitre 4). Un deuxième jalon met en évidence les proximités envisageables avec d'autres institutions de contention de la violence : d'abord les systèmes familiaux, plus largement tous les autres groupements humains intermédiaires entre famille et État, enfin l'économie devenue la modalité dominante de l'orientation des désirs et de la maîtrise des violences qu'ils peuvet engendrer dans la plupart des circonstances. En conclusion de ce point, il sera temps de s'interroger sur la possibilité d'une science « unidisciplinaire » des rapports humains (chapitre 5). Enfin, en revenant à l'origine de notre interrogation posée en introduction du premier tome de cet essai, nous nous demanderons si une anthropologie politique girardienne pourrait accueillir en son sein les questionnements traditionnels de la philosophie politique et de la science politique, confirmant l'intérêt de l'hypothèse mimétique pour la lecture des enjeux et des conflits du monde contemporain (chapitre 6).

Bref, il s'agit de partir à la recherche de ce qu'une « science des rapports humains » peut apporter à la question politique en son sens le plus large.

Chapitre 1

Les origines de la culture ou l'humanité naissante persévérant dans son être

Le projet de Girard se veut l'équivalent pour la culture de la théorie darwinienne pour les espèces : remonter aux origines de l'évolution de l'homme et en découvrir la loi. Son autobiographie intellectuelle est significativement intitulée dans sa version française *Les origines de la culture*[1]. Il énonce ainsi sa thèse : « [...] toute forme de coopération complexe s'établit sur une sorte d'ordre culturel, qui est lui-même fondé sur le mécanisme victimaire[2]. »

Il s'aventure dans des périodes passées où les preuves manquent pour confirmer ou invalider ses spéculations. Cette audace lui est reprochée[3]. Mais son hypothèse d'une origine meurtrière donne un sens particulier à l'Histoire : des crises sociales conduisant à des implo-

---

[1] Dans son édition française. L'édition originale brésilienne est intitulée : *Um Longo Argumento do princípio ao Fim: Diálogos com João Cezar de Castro Rocha e Pierpaolo Antonello*. Rio de Janeiro : Topbooks, 2000. L'édition anglaise ayant suivi la française, le sous-titre évoque également la filiation avec Darwin : *Evolution and Conversion: Dialogues on the Origins of Culture*, London : Continuum, 2008.

[2] *Les origines*, p. 99.

[3] Par exemple Raymond VERDIER, *La vengeance*, p. 14 : « [...] nous ne tenterons donc pas ici de réfuter une hypothèse sur *Les origines*, qui nous semble aussi gratuite qu'invérifiable [...] ».

sions de la communauté sont des réalités repérables ; ensuite, les institutions prennent une signification particulière si elles dérivent toutes de rituels à l'origine commune ; enfin, de plus en plus d'indices sont désormais collectés par les généticiens des populations, les archéologues, les historiens et les mythologues pour corroborer l'hypothèse ou, éventuellement, la faire évoluer.

En pratique, Girard se pose la question du *conatus* – sans pour autant faire référence à Spinoza ni penser dans ses catégories – de l'espèce humaine : celle-ci a en effet persévéré jusqu'à présent dans son être et en a même étendu la puissance comme aucune autre espèce animale avant elle, quoique privée des régulations neurophysiologiques qui préservent les autres espèces de l'autodestruction. Girard commence par poser l'hypothèse que l'hominisation résulte de la succession de meurtres collectifs. La pérennité de l'humanité aurait ainsi été d'emblée sous la menace de crises provoquées par des pertes de différence au sein des communautés. La culture est pour lui cet ensemble de différences qui maintient la paix au sein d'un groupe où le conflit pour l'appropriation des biens jugés les plus précieux est toujours prêt à reprendre. Si ces institutions initiales sont là pour instaurer les différences et en assurer la permanence, vient un temps où les groupes atteignent un tel niveau de complexité et accumulent tant de biens convoitables que des institutions politiques deviennent indispensables : elles partagent le pouvoir dans l'espace et le perpétuent dans le temps – en tant que bien plus ou moins appropriable –, et elles édictent les règles d'appropriation des autres biens et positions.

L'hypothèse de l'hominisation par les meurtres collectifs

Girard estime que la connaissance des origines est déterminante pour comprendre la constitution des cultures et la genèse des institutions. Pour la représenter, il prend au sérieux l'hypothèse de Freud d'un meurtre initial tout en la modifiant. Néanmoins sa temporisation reste insuffisante entre les événements hominisants et les mythologies que l'on connaît aujourd'hui : les origines des inégalités doivent ainsi être désormais recherchées à la fin du Paléolithique. Quoi qu'il en soit, la fondation sur de sanglantes origines des cultures humaines reste en débat.

Girard semble reprendre la thèse de Freud dans *Totem et Tabou.* Il s'en distingue pourtant : s'il reconnaît à Freud la paternité d'un meurtre collectif fondateur[4], il lui reproche d'être incapable de produire les premières significations culturelles : tout étant déjà là – père prohibant, mère objet du désir, groupe des frères se reconnaissant tels, interdit de l'inceste[5] –, une structure familiale humaine (ou freudienne) aurait alors préexisté à l'hominisation. Là où le meurtre est celui du père par les frères de la horde primitive, Girard (r)établit l'horizontalité des mécanismes mettant aux prises des semblables indifférenciés, des rivaux égaux : il n'est plus alors nécessaire de présupposer la conscience de liens familiaux pour postuler les mécanismes originels. Unique chez Freud, au risque d'apparaître mythique, le meurtre collectif ou l'expulsion violente se répète dans la théorie mimétique autant de fois que la communauté approche de sa dissolution violente, en autant d'endroits que de foyers d'hominisation.

« Chez les hommes, les combats intraspécifiques peuvent déboucher sur une mort violente dont la perspective n'arrête pas les combattants. Chez les mammifères, la rivalité mimétique est déjà présente mais elle est plus faible et s'interrompt presque toujours avant de devenir fatale. Elle débouche sur des réseaux de dominance qui sont plus stables [...][6]. » Une inflexion se produit alors dans l'évolution animale en direction de l'hominisation. Girard pose ensuite une hypothèse relevant de la sélection naturelle et débouchant sur des évolutions culturelles : « À partir du moment où les réseaux de dominance disparaissent, les sociétés fondées sur les réseaux de dominance disparaissent ou passent au sacré. Seul le sacré peut les sauver parce qu'il peut créer des interdits, des rituels qui évacuent la violence. [...] Au départ, l'invention du religieux est intermédiaire entre l'animal et l'homme. [...] Le mécanisme du bouc émissaire peut se penser comme une source de bonnes mutations biologiques[7]. » Ce mécanisme quasi-miraculeux serait le produit d'un retournement aussi inéluctable qu'étonnant : « La mimésis rivalitaire et conflictuelle se transforme

---

[4] *La violence*, p. 266.
[5] VINOLO, *La violence différante*, p.152-162.
[6] *Celui par qui*, « Violence et réciprocité », p. 19.
[7] *Ibid.*, p. 135.

spontanément, automatiquement, en mimésis de réconciliation. Car, s'il est impossible pour les rivaux de s'entendre autour de l'objet qu'ils désirent tous, ils s'entendent très bien, en revanche, contre la victime qu'ils haïssent tous[8]. » Si la prémisse de la disparition des réseaux de domination chez les homininés semble difficile à remettre en cause[9], en revanche, le passage à l'humain *via* le religieux (ou même le sacré ou encore le symbolique[10]) heurte de nombreux points de vue. Pour Girard, la série des meurtres *hominisants* aurait donc commencé il y a plusieurs centaines de milliers d'années[11]. Ils auraient jalonné l'hominisation de plusieurs espèces sur une longue durée[12], seule celle de l'*homo sapiens* survivant *in fine* ; les humains auraient gardé ces événements en mémoire et poursuivi leur élaboration culturelle à coups de meurtres (re)fondateurs perpétrés au sein de communautés installées dans divers endroits de la planète. En ajoutant des hypothèses sur l'organisation sociale au Paléolithique, ces meurtres se seraient alors produits au sein de groupes de chasse réunissant quelques « familles » de chasseurs-cueilleurs[13], elles-mêmes fédérées par la proximité des terrains de chasse et les relations d' « intermariages » au sein de groupes stables comptant chacun de cinq cents à un millier de membres[14]. Ce faisant, l'*homo sapiens* dépasse alors au sein d'un tel groupe le seuil de cent cinquante qui constitue un maximum pour y entretenir des relations de familiarité ; il est

---

[8] *Les origines*, p. 78.

[9] Si ce n'est à la marge en constatant des meurtres intraspécifiques parmi les chimpanzés, objection qui peut s'entendre au moins autant comme une corroboration compte tenu de la proximité génétique des deux espèces.

[10] *Quand ces choses*, p. 45-46 : « Ce qui fait la spécificité de l'homme, c'est sa "symbolicité" : c'est-à-dire sa capacité à disposer d'un système de pensée, qui permet de transmettre une culture de génération en génération. Ça, ça ne peut commencer qu'avec une victime et le sacrifice. Plus exactement au-delà, avec les interdits d'une part et l'imitation rituelle de l'autre. » Les trois étapes du schéma sémiotique dit narratif canonique – épreuve qualifiante, épreuve décisive et épreuve glorifiante – suivent le même ordre chronologique.

[11] L'apparition de l'*homo habilis*, utilisateur d'outils, est située il y a 2,5 millions d'années. L'*homo sapiens* apparaît il y a 300 000 ans, peut-être plus tôt, depuis de récentes découvertes archéologiques au Maroc.

[12] *Quand ces choses*, p. 45.

[13] In CAVALLI-SFORZA, *L'aventure de l'espèce humaine*, emplacement 1281.

[14] Ce qui constituerait un seuil de survie, *cf.* BAECHLER, *Démocraties*.

au-delà contraint d'augmenter ses capacités de coopération par le langage et des réalités imaginaires partagées[15].

Girard se défie des théories diffusionnistes, indispensables à la thèse du meurtre unique de Freud. Les recherches portant sur la génétique des populations[16] donnent pourtant désormais une assez forte plausibilité à une origine commune africaine de notre espèce pour l'essentiel au sein d'un seul groupe ne dépassant pas le millier d'individus. Quant à l'expansion en dehors de l'Afrique, elle aurait été également le fait d'un seul groupe de taille réduite quittant le continent originel il y a seulement 65 000 ans pour essaimer ensuite sur le reste de la planète, en direction de l'Est en suivant l'Océan Indien puis, il y a environ 40 000 ans, sur l'ensemble de l'Eurasie et 25 000 ans plus tard en Amérique *via* le détroit de Béring[17]. La diversité et l'unité des mythes et des rites postulées par Girard y trouveraient une justification : similarité reposant sur l'origine – d'abord en Afrique puis lors du passage au Moyen-Orient – dans une unique tribu de l'humanité moderne et variété résultant de la durée et des distances séparant la survenance des meurtres de fondation ultérieurs. De même, les situations de visiteurs étrangers et de boucs émissaires expulsés ou mis à mort, si fréquentes dans la mythologie, sont plausibles dans ce contexte : les groupes sont suffisamment peu nombreux pour être le théâtre de départs forcés de membres asociaux ou considérés comme tels, d'arrivées inopinées d'étrangers en provenance d'un groupe plus ou moins géographiquement et culturellement éloigné et de meurtres perpétrés au sein d'un ensemble assez restreint pour que chacun y participe ou y consente.

L'archéologue Marylène Patou-Mathis[18], tout en faisant l'hypothèse de la faible fréquence au Paléolithique de morts consécutives à des violences humaines, atteste néanmoins leur existence et signale des

---

[15] HARARI, *Sapiens*, emplacements 440-448, 462-463 et 632-649.

[16] L. & F. CAVALLI-SFORZA, *Qui sommes-nous ?* et CAVALLI-SFORZA, *L'aventure de l'espèce humaine*.

[17] WITZEL, *The Origins of the World's Mythologies*, p. 272 à 277.

[18] Par exemple dans le cadre de ses recherches sur *La préhistoire de la violence et de la guerre,* in PATOU-MATHIS, p. 24 et suivantes : sur 200 ossements, l'archéologue en recense un peu moins d'une douzaine auxquels il faudrait encore retrancher certains qui pourraient correspondre à des accidents de chasse.

cas de cannibalisme, parfois rituel[19]. Au Néolithique, les traces de violence deviennent plus fréquentes et le cannibalisme demeure, tandis que des sacrifices humains sont perpétrés[20] « à la suite de drames paroxysmiques liés à une crise (démographique, de gouvernance, épidémiologique) [...], lors d'un acte de justice *vindicatoire* (visant souvent des ennemis capturés) ou de rites funéraires, propitiatoires, voire divinatoires[21]. »

Ensuite l'évolution socio-économique préhistorique et antique fait aujourd'hui l'objet de reconstitutions : tribus de chasseurs-cueilleurs (-pêcheurs), cultures agro-pastorales orales, premiers empires et cités-États à culture écrite... Des conceptions religieuses sont associables à cette succession d'époques, ainsi que le suggère le sociologue des religions Yves Lambert dans *La naissance des religions* : animisme ou totémisme chamaniste, religions orales agraires, religions antiques polythéistes précédant les religions universalistes du salut.

Si les chasseurs-cueilleurs contemporains paraissent peu enclins à la violence collective, mettant souvent fin à leurs mésententes par une séparation[22], ce qui apparaît comme une objection peut se lire comme une confirmation paradoxale : la première mort, voire une expulsion, suffirait à mettre fin pour un temps à la violence dans les cultures originelles. Les institutions de ces groupes auraient alors évolué vers des mécanismes de contention de la violence reposant sur des obligations, des interdits et des pratiques rituelles adoptant une forme non immédiatement assimilable aux sacrifices, probablement la chasse collective au gros gibier[23], attestée depuis 400 000 ans[24]. Il faudrait alors

---

[19] *Ibid.*, p. 36-38 : le cannibalisme est attesté il y a 780 000 ans chez l'*homo antecessor* puis chez l'*homo erectus* 330 000 ans plus tard, ensuite parmi les Néanderthaliens où il semble correspondre à un rituel. Il est constaté chez l'*homo sapiens* il y a 60 000 ans en Éthiopie et, plus récemment, en Europe.

[20] *Ibid.*, p. 39-44. Des prisonniers de guerre réduits en esclavage semblent alors être les victimes sacrificielles.

[21] *Ibid.*, p. 42. Il s'agit alors souvent de femmes ou d'enfants, dont certains difformes.

[22] « Leurs conflits étaient brefs et peu sanglants ; ils cessaient souvent lorsqu'un homme était tué, voire seulement blessé [...]. » In PATOU-MATHIS, *La préhistoire de la violence et de la guerre*, p. 17.

[23] Quant à leurs mythologies, les travaux de Witzel suggèrent que les chasseurs-cueilleurs du Paléolithique en partagent les thèmes universels.

admettre l'efficacité de la culture des chasseurs-cueilleurs et la plasticité de ces groupes capables d'échapper rapidement et à moindre frais aux crises violentes, la chasse au gros gibier exigeant la coopération de tout le groupe dans la traque comme dans le partage de la viande tout en lui offrant une alternative à un sacrifice impossible. Tant qu'ils demeurent nomades et ne commencent pas à stocker, ils constituent des sociétés sans richesse. La contrainte des saisons durant lesquelles la nourriture manque les amène à se séparer régulièrement en groupes de plus petite taille pour se regrouper ensuite[25]. La séparation définitive sans retrouvailles ultérieures serait alors un moyen simple d'éviter la perpétuation et l'aggravation des conflits.

La violence s'intensifierait avec la constitution de stocks dont l'appropriation devient un enjeu, puis la domestication, la densification d'établissements devenus permanents, la sédentarité et la promiscuité, une division du travail accrue, l'affirmation de la propriété privée sur la récolte…[26] Elle mobiliserait de ce fait toujours plus de ressources symboliques et rituelles. Le sacrifice humain serait ainsi plus fréquent au Néolithique qu'au Paléolithique. On passerait de communautés de chasseurs-cueilleurs réputées égalitaires[27], à une société où tant la division du travail que l'accumulation de surplus permettent des distinctions significatives.

À un stade intermédiaire de l'évolution culturelle, des sociétés dites *transégalitaires*[28] incorporent une certaine hiérarchie : plus denses, saisonnièrement sédentaires, stockant, produisant de la nourriture en excédent, ayant institué une propriété familiale, un culte des ancêtres, une compéti-

---

[24] HARARI, *Sapiens*, emplacement 170.

[25] *Ibid.*, p. 243. Par ailleurs, nous le verrons au chapitre 5, la famille originelle est pour Todd nucléaire et flexible, permettant la mobilité des individus et du groupe ; les grandes familles indivises apparaissent plus tard. In TODD, *L'origine des systèmes familiaux T 1*, p. 34-35.

[26] Girard désigne trois objets à s'approprier : « la nourriture, le territoire, la femme », in *Quand ces choses,* p. 30.

[27] L'absence de richesse limite logiquement l'inégalité économique entre riches et pauvres chez les chasseurs-cueilleurs. L'inégalité est toutefois susceptible de se manifester au profit d'un homme en fonction du nombre de ses épouses cueillant pour son compte et de ses filles à fiancer : il peut alors convaincre de jeunes célibataires de lui offrir de la viande. In TESTART, *Avant l'histoire*, p. 221-222.

[28] HAYDEN, *L'invention de la hiérarchie durant la Préhistoire*, p. 15.

tion économique, des biens de prestige et des festins[29]. L'archéologue et ethnologue Brian Hayden se propose d'explorer *L'invention de la hiérarchie durant la Préhistoire* : s'il ne trouve pas de trace archéologique d'inégalité sociale avant le Paléolithique moyen[30], celle-ci deviendrait plus visible il y a 10 000 ans, ce dont témoignerait la prolifération des objets de prestige à cette époque. Testart a postulé quant à lui dès 1982 avec *Les chasseurs-cueilleurs, ou l'origine des inégalités*[31], que le stockage en vue de faire face aux saisons défavorables a déterminé l'évolution et ce, avant même la révolution agropastorale. Avec les premiers chasseurs-cueilleurs-stockeurs, la constitution et la conservation de stocks ont pour corrélats la sédentarisation progressive, l'augmentation de la population et la différenciation selon la richesse[32]. Paraphrasant Rousseau, il formule ainsi son hypothèse : « La richesse a été instituée le jour où le détenteur d'une obligation accepta de recevoir, en lieu et place du travail auquel cette obligation lui donnait droit, des produits matériels durables, que lui-même pourrait utiliser de la même façon. [...] La richesse naquit avec le prix de la fiancée et le wergeld. » Cette genèse hypothétique fait naître la richesse de la possibilité de remplir ainsi une obligation sans s'asservir, en échange de droits à acquérir sur une épouse ou en réparation d'un crime. On peut postuler une même fonction pour la monnaie : la production de richesse est liée à une « façon ostensible de dépenser, et généralement de donner autour de soi, dans l'intérêt public[33]. » Une « ploutocratie ostentatoire[34] » qualifierait un des régimes pré-politiques du Néolithique : « [...] dans ce monde on ne peut encore investir en terres ou en d'autres moyens de production importants ; rien n'est plus raisonnable dans ces conditions que de convertir, via des dépenses ostentatoires, le surcroît de richesse en prestige[35]. » Le pouvoir conditionne la

---

[29] *Ibid.*, p.15-16.
[30] -300 000 à -40 000 ans.
[31] Société d'ethnographie, Université Paris X-Nanterre.
[32] TESTART, *Avant l'histoire*, p. 205.
[33] *Ibid.*, p. 419.
[34] *Ibid.*, p. 452 pour la première mention de ce terme dans l'ouvrage.
[35] *Ibid.*, p. 412.

maîtrise des réseaux d'échange : il s'acquiert par l'exploitation du travail servile[36].

Cette paléo-histoire du politique aurait alors commencé selon la modalité de la psychologie *interdividuelle* que Girard nomme le pseudonarcissisme : dans des luttes de prestige et en vue d'avantages économiques, il s'agit de donner l'apparence de la puissance pour gagner en influence et accroître des richesses de nature à enclencher un cercle vertueux. De son côté, Hayden identifie des chefs qu'il imagine avides, agressifs et accumulateurs déployant des stratégies susceptibles de conduire leurs communautés à la ruine mais aussi d'en accroître les surplus[37]. Avidité, agressivité et accumulation, les ressorts et les manifestations de la mimésis d'appropriation seraient déjà présents. Quoique contrôlée par les rituels, elle serait ainsi perceptible dès avant le Néolithique, dès qu'un surplus, des biens de prestige, voire des relations matrimoniales, fournissent un support possible à l'expression de différences sociales. Ces chefs peuvent aussi sans doute focaliser dans certaines circonstances les désirs et les mécontentements, les prédisposant à une sélection victimaire.

Girard s'interroge de préférence sur les circonstances à l'occasion desquelles elle se manifeste par un écoulement de sang. En 1983, lors de journées d'études consacrées aux *Sanglantes Origines* de l'humanité, lui-même et les autres intervenants évoquent le meurtre collectif, le sacrifice, la chasse, la domestication ou encore la chasse aux têtes. Si la chasse et la domestication évoquent ensemble le passage des chasseurs-cueilleurs à l'économie agropastorale, cette opposition est articulée avec une autre, majeure pour la théorie mimétique : celle qui conduit du meurtre fondateur, dont les mythes gardent la mémoire, au sacrifice qui a pour fonction d'en reproduire les effets bénéfiques d'apaisement et de différenciation pour la communauté. La

---

[36] L'érection de monuments funéraires mégalithiques en serait une autre manifestation.

[37] « Les chefs ambitieux pleins d'initiatives devinrent le centre [des] rituels de consommation et des réseaux auxquels ils étaient associés », in HAYDEN, *L'homme et l'inégalité*, p. 50-53.

chasse aux têtes se situe au point de jonction de ces deux oppositions[38].

Girard propose à cette occasion sa propre chronologie : le meurtre collectif est premier, au moins en termes culturels, la chasse au gros gibier pouvant être concomitante ; quant au sacrifice, il est une réplique du meurtre collectif qui peut voir un animal substitué à la victime humaine ; la domestication serait, elle, une conséquence fortuite du besoin de disposer d'une réserve d'animaux qui, avant d'être sacrifiés, doivent avoir côtoyé un certain temps la communauté recourant au rituel, dans un enclos prévu à cet effet[39]. Les animaux domestiqués partagent une part d'identité et d'appartenance avec leurs éleveurs.

Une autre théorie publiée en 1972[40], la même année que *La violence,* a été proposée par le mythologue et historien des religions Walter Burkert, dans *Homo necans*[41]. Proche de la théorie de la victime émissaire, elle s'en détache en particulier sur un point essentiel : la chasse y précède et commande l'institution du sacrifice[42]. Girard lui objecte toutefois que le passage de la chasse à la ritualisation sacrificielle, compte tenu des fonctions réconciliatrices et apaisantes que Burkert lui prête, aurait supposé que les premiers hommes en eussent la prescience[43]. Or de telles pratiques sont attestées dès le Paléolithique[44] et

---

[38] L'ethnologue Renato ROSALDO l'évoque d'ailleurs dans *Sanglantes origines*, p. 247 à 273. DUMOUCHEL souligne que Rosaldo insiste sur le fait que « la chasse aux têtes n'est pas un sacrifice proprement dit, mais elle ressemble à un sacrifice. » Cette ressemblance suggère une possible origine commune.

[39] In HOCART, *Au commencement était le rite*, p. 22, Scubla rappelle que cette hypothèse était déjà celle du zoo-géographe Eduard HAHN, *Die Haustiere und ihre Beziehungen zur Wirtschaft des Menschen*, Leipzig, 1896.

[40] Que ces deux ouvrages aient été écrits en même temps sans interférences entre les deux auteurs qui défendent des thèses convergentes sur la plupart des points abordés renforce l'intérêt de chacun d'entre eux.

[41] BURKERT, *Homo necans.*

[42] Leurs rites respectifs sont d'ailleurs convergents, les participants feignant l'innocence face à l'animal mis à mort, au point de s'excuser et d'offrir des réparations à cette victime. In *ibid.*, p. 28-29.

[43] *Les origines,* p. 193. Testart partage la même observation : « Or, la plupart des inventions [...] ne semble pas avoir eu de but. [...] Une technique nouvelle, ou une forme économique nouvelle, ne naît pas comme une institution. » In TESTART, *Avant l'histoire*, p. 344. La sérendipité aurait toujours existé.

ont été par ailleurs observées dans des tribus de chasseurs-cueilleurs contemporaines. Il en va de même pour les rituels funéraires dont Burkert, faisant un pas en direction de Girard, considère dans une postface en 1996 qu'ils « sont peut-être antérieurs aux rituels de chasse et peuvent s'interpréter indépendamment de ceux-ci[45]. » Le récit girardien gagne à accorder une place à l'institution de la chasse[46] telle que Burkert l'envisage : « La toute première société masculine se constitua dans le but de tuer collectivement à la chasse. Et la société trouva sa forme propre dans le rituel sacrificiel, avec la solidarisation, l'organisation coopérative et l'érection d'un ordre inviolable[47]. » Une articulation entre chasse, sacrifice animal et / ou humain et meurtres collectifs intracommunautaires est à penser. Ces institutions sont toutes susceptibles de se traduire en termes d'obligations rituelles, d'interdits, puis d'institutions religieuses, politiques, judiciaires et normatives. Un fonctionnement peu violent aurait ainsi perduré jusqu'à ce que la révolution néolithique – ou, un peu auparavant, l'accumulation de stocks – crée des circonstances propices aux crises et oblige à des élaborations religieuses plus puissantes[48].

Issue de meurtres fondateurs, la chasse paléolithique aux têtes et au gros gibier se serait muée en sacrifice de prisonniers réduits en escla-

---

[44] Voir les références citées par Burkert, note 74, p. 88. Des traces de dépeçage, brisures d'os et de crâne en attesteraient… ces pratiques se poursuivant au Néolithique, par exemple sur le site de Herxheim, dans l'actuelle Allemagne, *cf.* PATOU-MATHIS, 2013, p. 40-41.

[45] Postface de 1996 d'*Homo necans*, p. 387.

[46] Comme me le signale Pierre Prades, d'autres primates chassent collectivement (chimpanzés) mais seulement de « petits gibiers » : la traque est collective mais un individu peut tuer. Dans la chasse au « gros gibier », c'est l'acte-même de *tuer,* et pas seulement la traque, qui doit être partagé.

[47] BURKERT, *Homo necans*, p. 45. Une des divergences principales exprimées par Eric Gans avec Girard est en rapport avec l'importance à accorder à la chasse et à la consommation en commun du gibier. In GANS, *The Girardian Origins of Generative Anthropology*.

[48] Burkert concède d'ailleurs l'antériorité de l'agressivité intraspécifique liée aux luttes pour la domination par rapport à celle dont le gibier est victime, in *ibid*., 2005, p. 32-33. Ce transfert de l'agressivité aurait eu pour effet en retour de faire du gibier un adversaire « humain » devant être traité en conséquence.

vage et d'animaux domestiqués au Néolithique[49]. Cette intrication et cette historisation gagnent en probabilité et plausibilité ce qu'elles font perdre en simplicité et en élégance à la théorie mimétique. Ainsi que le remarque Scubla, « l'aptitude à ritualiser son pouvoir de tuer aurait permis à l'espèce humaine de s'auto-domestiquer, c'est-à-dire d'exercer un empire sur elle-même en même temps que de maîtriser la nature[50]. » De son côté, Tarot estime que les « mécanismes sacrificiels sont *connus* des cueilleurs-chasseurs, mais ils sont déjà si bien déplacés et substitués, euphémisés, donc estompés dans et par leurs pratiques de remplacement complexes et allusives qu'ils sont enfouis dans des ritualités remarquablement efficientes à les dissimuler[51]. »

Que l'hypothèse girardienne accroisse sa crédibilité au prix d'une hybridation (ou d'un abâtardissement) incorporant d'autres facteurs d'hominisation, ou que l'on choisisse de fonder l'anthropologie sur une origine meurtrière de la culture, il en résulte une généalogie dérangeante des systèmes judiciaires et des pouvoirs politiques qui concourent à la paix civile : « La lapidation et le fait de précipiter quelqu'un dans le vide sont des formes très répandues de meurtres rituels. Ce sont des exécutions capitales auxquelles tout le monde participe sans que personne ne soit responsable. Il s'agit d'une peine de mort unanime, une façon d'unir la communauté quand il n'existe encore ni pouvoir central ni système judiciaire pour endiguer le mimétisme conflictuel. [...] C'est ici que l'État en tant qu'institution trouve son origine[52]. » Pour Girard, « les décisions de l'autorité judiciaire s'affirment [ainsi] toujours comme le *dernier mot* de la vengeance[53]. »

---

[49] La chasse aux têtes et au gros gibier est un équivalent du sacrifice humain (mêmes victimes) : quand les hommes deviennent sédentaires et doivent conserver sous la main leur stock d'animaux et d'hommes à immoler.

[50] SCUBLA, « Le sacrifice a-t-il une fonction sociale ? », p. 152.

[51] TAROT, *Le symbolique et le sacré*, p. 825 : « Ce qui se produit au néolithique, ce n'est pas une *invention* pure et simple du sacrifice, mais un déréglage des barrières rituelles des cueilleurs-chasseurs, une mutation et peut-être des retours et sûrement des mises en scène qu'il faut comprendre dans une histoire des mutations de la violence. Dire que le sacrifice apparaît au néolithique revient pour moi à dire que la guerre est apparue en 1914. »

[52] *Les origines*, p. 48. La lapidation et de la précipitation d'un escarpement sont aussi des modalités de certaines chasses au gros gibier.

[53] *La violence*, p. 29.

Ce raccourci fait écho à la définition classique donnée par Weber à l'État moderne dans *Le savant et le politique* comme détenteur du monopole de la violence légitime[54]. La totalisation par le « monopole » chez le sociologue allemand répond d'ailleurs à celle produite par l'unanimité dans la théorie mimétique. Quant au caractère légitime de cette violence collective, il fait écho à l'irresponsabilité de chacun assortie de la participation de tous qui fait le succès d'institutions telles la lapidation ou la précipitation d'une falaise d'une victime par une foule.

En effet, « l'origine de la connaissance est aussi celle de l'ordre, c'est-à-dire la classification symbolique. Pour avoir un symbole, il faut une totalité. La religion la fournit, et la religion, en tant qu'institution, émerge à travers le mécanisme victimaire. Le premier symbole, le bouc émissaire, est la source de la totalité qui organise les relations sociales d'une façon nouvelle. Puis, grâce au rituel, le système devient un processus d'apprentissage[55]. » Girard voit ainsi l'ordre culturel découler du bouc émissaire en « un système organisé de différences ; ce sont les écarts différentiels qui donnent aux individus leur identité, laquelle leur permet de se situer les uns par rapport aux autres[56]. » Le même reste toutefois possible dans sa théorie au sein du système différentiel, du fait du mécanisme du désir mimétique. Le politique serait alors enfant tout à la fois de la violence du même et de l'ordre des différences, au prix d'une violence maîtrisée autant que nécessaire.

Les crises d'indifférenciation, menaces récurrentes pour les communautés

Si, dès les origines, les hommes ne peuvent échapper aux mécanismes du désir et à l'affrontement, ils sont voués à des crises qui, sans règles adaptées, risquent de dégénérer et /ou de se reproduire. Pour Girard,

---

[54] WEBER, *Le savant et le politique*, p. 133 : « L'État moderne est un groupement de domination de caractère institutionnel qui a cherché (avec succès) à monopoliser, dans les limites d'un territoire, la violence physique légitime comme un moyen de domination et qui, dans ce but, a réuni dans les mains des dirigeants les moyens matériels de gestion. »

[55] *Les origines*, p. 48.

[56] *La violence*, p. 76-77.

l'unité des mythes originels renforce l'unité des institutions rituelles et de leurs dérivées qui justifie, à son tour, une lecture unitaire des mythes. Le meurtre fondateur au terme d'une crise d'indifférenciation serait le sujet plus ou moins voilé des mythes et le modèle plus ou moins manifeste des rites. Une vision originale du processus d'hominisation en découle : « [...] la symétrie rigoureuse des partenaires mimétiques, au paroxysme de rivalités en elles-mêmes stériles et destructrices mais rendues fécondes par le rituel qui reproduit ce paroxysme dans un esprit de solidarité craintive, doit engendrer peu à peu chez les hominidés, et l'aptitude à regarder l'autre comme un alter ego et la faculté corrélative de dédoublement interne, réflexion, conscience, etc.[57]. » La relation à l'autre comme *alter ego*, donc comme modèle potentiel du désir interviendrait ainsi très tôt, de même que la faculté réflexive : pas de conscience de soi sans relation à l'autre comme soi. Les mythes diraient cette histoire, de manière plus ou moins estompée[58]. Girard est de ce fait souvent lu, pour mieux le critiquer, comme un penseur de la violence primordiale[59]. Pourtant, il ne voit pas un « singe tueur[60] » dans l'homme mais repère un mécanisme, la mimésis d'appropriation, qui provoque des rivalités entre les humains sans l'imputer à une quelconque prédisposition génétique, sauf à considérer que la perte des cadres de dominance se soit traduite dans les gènes, faisant alors des humains les victimes de la disparition de ces instincts régulateurs. L'*homo mimeticus* n'est ni intrinsèquement bon ni nativement violent, il est soumis au désir et à ses conséquences. Si Girard est un penseur de la violence, c'est en vue de s'intéresser à sa contention.

---

[57] *Des choses cachées*, p. 380.

[58] *Le bouc émissaire* propose un repérage systématique de l'effacement progressif des signes de la violence ou des accusations portées un temps sur le fondateur de la communauté ou encore leur détournement sur un tiers introduit dans le récit pour dédouaner ce bienfaiteur présumé.

[59] Voir par exemple PATOU-MATHIS, dès l'avant-propos de *Préhistoires de la violence et de la guerre*, p. 12 : « [...] cette supposée violence "primordiale", si chère à René Girard, est un mythe, qui procède, non d'une réalité objective, mais souvent d'une propagande intéressée [...]. » Insistant en conclusion, elle ajoute p. 164 : « Nous sommes donc loin de la thèse girardienne de l'existence d'une "violence primordiale". »

[60] *Ibid.*

Les mêmes causes produisant les mêmes effets, des crises violentes se seraient répétées, constituant une menace permanente pour tout ordre social. Mal contenue, la violence risque sans cesse de se diffuser par contagion dans l'espace, de proche en proche, et de se reproduire dans le temps par une vendetta se réamorçant à l'infini, tout sang versé réclamant à son tour vengeance. Cet axiome est discuté par l'anthropologue Raymond Verdier[61] : dans de nombreuses cultures, des institutions *vindicatoires* ont en effet pour but d'éviter la répétition de la violence en l'absence de juridiction pénale. Il qualifie l'ignorance de Girard en la matière de « régression séculaire[62] ». Ce reproche est symptomatique des procès instruits contre ce dernier, souvent mal fondés. Il suffit de citer un passage de *La violence* pour s'en rendre compte : « Tous les moyens jamais mis en œuvre par les hommes pour se protéger de la vengeance interminable pourraient bien être apparentés. On peut les grouper en trois catégories : 1) les moyens préventifs qui se ramènent tous à des déviations sacrificielles de l'esprit de vengeance ; 2) les aménagements et entraves à la vengeance, comme les *compositions*, duels judiciaires, etc., dont l'action curative est encore précaire ; 3) le système judiciaire dont l'efficacité curative est sans égale[63]. » L'essentiel y est en effet dit. On pourrait y ajouter que la vendetta est une institution attestée chez des chasseurs-cueilleurs nomades ; et que le wergeld apparaît dès que les chasseurs-cueilleurs stockent et se sédentarisent[64]. La réparation d'un meurtre ou d'une offense donne alors lieu à une composition, compensant le dommage sans s'en prendre au meurtrier, contrairement à ce que supposent autant la vengeance qu'un système pénal : par exemple, une ou plusieurs personnes et / ou têtes de bétail sont offertes, selon la valeur attribuée à la victime. Cette institution, à l'évidence, partage des caractéristiques avec le sacrifice et la substitution sacrificielle. Des esclaves, des jeunes femmes ou des animaux sont offerts aux fins

---

[61] VERDIER *et alii*, *La vengeance T 1*, p. 13-42.

[62] *Ibid.*, p. 14 : « La vengeance dont il est ici question relève sans nul doute d'un état de nature, sur lequel l'ethnologue, pas plus que l'historien n'a prise ; nous ne tenterons donc pas ici de réfuter une hypothèse sur *Les origines*, qui nous semble aussi gratuite qu'invérifiable [...] Girard nous reporte un siècle en arrière. »

[63] *La violence*, p. 36.

[64] TESTART, *Avant l'histoire*, p. 219.

d'éteindre définitivement la dette de sang[65] sans pour autant faire couler celui du meurtrier. De telles coutumes conviennent notamment à des sociétés sans État ou à État embryonnaire. La dérivation de la *vindication* à partir du sacrifice se présente comme une tentative de maîtrise du risque de vendetta en l'absence de juridiction pénale. Elle reste néanmoins complexe à mettre en œuvre, en particulier pour négocier le prix de la victime : elle dure, coûte et risque d'échouer[66]. Ultérieurement, un système judiciaire où on juge un crime ou un délit occupe de manière progressive l'espace public[67], laissant la vengeance à la sphère privée, dès qu'une institution a la capacité de faire respecter la chose jugée et de représenter l'unanimité contre le coupable. Girard observe d'ailleurs que les exécutions doivent être collectives et empêcher autant que faire se peut le repérage d'un responsable sur lequel se venger, d'où les lapidations, précipitations d'un escarpement ou encore toutes les formes d'exposition[68] : « C'est comme si la force de l'État, encore inexistante dans ce type de société, se mettait à exister de façon temporaire, mais réelle, et non pas symbolique seulement, dans ces formes violentes d'unanimité[69]. » Aujourd'hui, le ministère public, le jury d'assises, l'institution carcérale et même le bourreau (là où il existe encore) représentent tous, au sein de l'État de droit, la collectivité dans son ensemble.

Ces vengeances institutionnalisées s'inscrivent « dans un *espace social intermédiaire* entre celui où la proximité des partenaires l'interdit et celui où leur éloignement substitue la guerre à la vengeance[70]. » Au sein d'un groupe d'appartenance, l'identité interdit le meurtre et y répond par la peine ou le sacrifice ; l'adversité a cours en tant que violence entre groupes à la fois suffisamment proches et distants pour

---

[65] Ces offrandes substitutives fonctionnent également quand il s'agit d'acquitter le prix de la fiancée, l'autre grande catégorie susceptible de donner lieu à compensation : prendre une épouse en privant une famille d'une fille susceptible de procréer et de travailler n'est pas sans analogie avec la mise à mort d'un fils.

[66] Je remercie Paul Dumouchel pour ses indications sur le sujet.

[67] La vendetta est alors considérée comme justice privée, in VERDIER, *La vengeance T 1*, p. 36.

[68] *Le bouc émissaire*, p. 260.

[69] Dont la crucifixion constitue une variante. Voir *ibid.*, p. 260.

[70] VERDIER, *La vengeance T 1*, p. 24.

être en perpétuelle recherche d'équilibre et de réciprocité entre semblables ; l'hostilité est, elle, dirigée contre des êtres considérés comme foncièrement différents. La « solidarité des groupes *vindicatoires* correspond à une double exigence : l'obligation de vengeance au plan extérieur, l'interdit de vengeance au plan intérieur [...][71]. » Le système *vindicatoire* fournit un chaînon dans la dérivation des institutions politiques et judiciaires à partir des processus victimaires et des sacrifices[72].

La théorie mimétique inclut donc son sein une généalogie plausible des modalités de la contention de la violence à partir du meurtre fondateur, laquelle débouche sur l'institution de l'État de droit lié à l'extension de la justice pénale.

Plus généralement, pour prévenir la violence, la culture se compose d'un ensemble d'institutions instaurant des différences en vue d'ôter tout motif aux rivalités susceptibles de dégénérer en crises létales. Si Cavalli-Sforza définit la culture comme « l'accumulation globale de tout ce qui peut être appris par l'imitation ou l'enseignement[73] », Girard y ajoute une finalité : elle « consiste essentiellement en un effort pour empêcher la violence de se déchaîner en séparant et en "différenciant" tous les aspects de la vie publique et privée qui, si on les abandonne à leur réciprocité naturelle risquent de sombrer dans une violence irrémédiable.[74] »

Les occasions de violence seraient interdites pour maîtriser les risques qu'elle engendre[75] : « L'interdit porte toujours sur les biens les plus proches, les plus accessibles, donc les plus susceptibles de susciter des conflits, les plus dangereux pour leurs possesseurs naturels[76]. » Ainsi des prescriptions matrimoniales qui organisent « le renoncement des familles nucléaires à ce qu'elles possèdent en propre, au premier chef leurs filles et leurs sœurs qui risquent de déclencher une rivalité des-

---

[71] *Ibid.*, p. 35.
[72] In *Cités* n° 53, entretien cité, p. 133.
[73] CAVALLI-SFORZA, *L'aventure de l'espèce humaine*, emplacement 1749.
[74] *Celui par qui*, p. 30.
[75] *Des choses cachées*, p. 19.
[76] *Celui par qui*, p. 30.

tructrice entre ceux qui les possèdent depuis leur naissance[77]. » Girard élargit, on l'a vu, son propos à toutes les appartenances : « [...] dans les sociétés archaïques, elles dépendent [des] rites d'initiation et de passage. On fait subir aux postulants des épreuves qui reproduisent la crise mimétique initiale et sa résolution victimaire. En triomphant de cette épreuve, les postulants démontrent qu'ils seront capables de surmonter les crises qui les attendent et qu'ils sont dignes d'appartenir à la culture qui les initie[78]. »

Le schéma du rite ainsi explicité est en grande partie comparable à celui du désir mimétique décrit dans la première partie : qu'il s'agisse d'un enfant devenant adulte ou d'un roi intronisé, il prend modèle sur ce que la communauté lui indique comme devant être sa référence, souvent sur la base d'indications mythiques renvoyant à un dieu-ancêtre, un médiateur externe ; il est confronté à des épreuves qui font obstacle à l'obtention du nouveau statut convoité ; et il en passe par une forme de mort symbolique à mettre en rapport avec la déception du désir. Avec une différence majeure : au terme de ce parcours, l'initié est devenu autre que ce qu'il était et identique à ce que lui-même et la collectivité souhaitaient. Tous ratifient le succès du rite comme ayant produit la différenciation paradoxale souhaitée[79] : le désir d'être à la fois autre que l'enfant qu'il était mais aussi d'être désormais le même que les adultes.

À la question de savoir comment se développent la culture et son articulation avec le désir imitatif d'apprendre, la réponse est, une fois encore, par le rituel : « En répétant sans cesse le même mécanisme du

[77] *Ibid.*, p. 30.
[78] « Les appartenances », p. 28.
[79] Différenciation par rapport au stade infantile mais aussi identité avec les autres adultes de même sexe. Néanmoins dans un contexte individualiste, il est plus difficile de devenir cet autre espéré, de le faire ratifier par l'ensemble de la communauté, y compris par cet autre dont on convoite l'être et, pour finir, par soi-même. Évoqué dans notre première partie, le parcours du Christ suit également au demeurant le même mouvement : identification à son Père divin, tentations au désert et résurgence permanente de Satan chez les possédés et dans les grands discours... mort et, pour finir, résurrection en cet Autre qu'est la personne trinitaire de la théologie. Ce qu'il reste de rites d'initiation dans les sociétés contemporaines, notamment les examens et les concours, engendre encore la satisfaction d'être devenu autre, c'est-à-dire d'être celui que les autres vous assignent d'être.

bouc émissaire sur des victimes de rechange, le rituel devient une forme d'apprentissage. Et puisqu'il est la résolution d'une crise, il interviendra toujours au même moment de la crise mimétique. C'est ainsi qu'il se transformera en une institution qui assagit toute forme de crise, comme la crise d'adolescence avec les rites de passage, la crise de la mort résolue par les rites funéraires, la crise de la maladie qui donne la médecine rituelle[80]. »

Girard postule ainsi l'unité de tous les rites : tous ont pour lui une même origine sacrificielle, elle-même issue de la reproduction d'une crise générale et du meurtre qui en déclenche le dénouement. Quant aux interdits, aussi étranges que certains paraissent, ils « empêchent les proches de tomber dans la *mimésis* violente. » Il ajoute : « Si l'interdit fait preuve d'une subtilité égale à celle de la violence, c'est parce qu'en dernière analyse, il ne fait qu'un avec elle. [...] l'interdit peut se retourner contre ce qu'il protège[81]. » Les rituels et obligations civiques comme les interdictions législatives indispensables à l'action politique en découleraient. Girard met en évidence la nécessité de penser ensemble toutes les institutions qui dérivent des mêmes événements selon des linéaments comparables, qu'elles soient religieuses, politiques et économiques en particulier, et dont l'origine se trouve dans des phénomènes ou des pratiques de contention de la violence indispensables à la pérennité de chaque groupe gagnent donc à être pensées ensemble.

Girard décrit une séquence qui commence avec des meurtres fondateurs et hominisants. Ceux-ci inspirent les sacrifices qui tentent de les reproduire et les autres rites ainsi que les interdits : les uns rendent obligatoires des actions inspirées du meurtre réconciliateur ; les autres interdisent les comportements ou les objets du désir qui conduisent à la rivalité et, par voie de conséquence, à la violence contagieuse et dangereuse. Si *Au commencement était le rite*[82] d'intronisation pour Hocart, auparavant encore se serait donc situé le meurtre fondateur, à

---

[80] *Les origines*, p. 83.
[81] *La violence*, p. 321.
[82] HOCART, *Au commencement était le rite*, selon le titre de la traduction française de *Social origins*.

l'origine pour Girard de l'humanité et des mythes qui le relatent[83]. Entre l'unité de tous les mythes d'origine autour des meurtres collectifs fondateurs des cultures et l'unité de tous les rites dérivant d'un sacrement d'intronisation, nous aurions ainsi à repérer un trait d'union entre mort et renaissance[84]. Si le sacrement originaire est ainsi pour Hocart l'intronisation, soit l'acte politique par excellence, « les premiers rois furent des rois morts[85]. » Ces rois d'alors ne gouvernent pas. Ils sont l'incarnation ou la divinisation de la victime d'un meurtre fondateur devenue bénéfique pour la communauté. Girard voit de son côté dans « le législateur suprême » de toute grande tradition « l'essence même du bouc émissaire sacralisé », non celui qui promulgue une législation de son vivant, mais celui auquel sont rattachés les interdits et obligations qui ont permis de préserver la paix que sa disparition avait rétablie[86]. Après l'accès au pouvoir par l'intronisation, la fonction législative naîtrait également de cette même matrice, le « Grand Homme » fondateur d'une croyance.

On peut toutefois objecter à Hocart que la position de Girard qui se limite au sacrifice a l'avantage de ne pas postuler l'universalité des royautés sacrées[87]. Quoi qu'il en soit, l'unité de tous les rites permet à

---

[83] In *ibid.*, p. 146 : La thèse d'Hocart n'est toutefois pas dénuée d'intérêt pour notre propos : non seulement elle postule la première l'unité de tous les rites, mais elle les fait tous dériver d'un rituel d'intronisation, plus précisément « le meurtre du roi et sa renaissance sous forme d'un enfant ». De ce tronc commun partent trois branches principales : « les cérémonies funéraires royales », « le rituel de naissance de l'Homme » (entendu comme le Grand Homme – *Big Man* – fondateur d'une croyance) et « le couronnement » en tant que « meurtre commué ».

[84] Succession observée dans le mécanisme victimaire lui-même.

[85] HOCART, *Au commencement était le rite*, p. 138.

[86] *Le bouc émissaire*, p. 261. Moïse en fournirait un exemple archétypique.

[87] Une « théorie générale des rites ne peut qu'être avant tout une théorie du sacrifice humain et de ses transformations », in SCUBLA, 2001-2002, première partie, p. 352. Il ajoute que cette affirmation « serait absurde si la fonction première du roi était de *gouverner*, alors qu'elle est en réalité de *régner*, c'est-à-dire d'être le personnage central de tous les grands rituels, comme l'est précisément le mort (et non l'officiant principal) dans n'importe quel service funèbre. Autrement dit, le roi est d'abord une victime sacrificielle, et le rite le plus ancien, le rite souche d'où les autres rites sont issus, est le sacrifice humain. » In SCUBLA, « L'anthropologie a-t-elle fait des progrès depuis Hocart ? », deuxième partie, p. 208, à partir d'Hocart, *Rois et conseillers*, p. 78 et 117.

ce dernier de leur donner une même finalité et nous intéresse à ce titre : « Le *but* du rite, inlassablement réitéré, est toujours le même : accroître les réserves de nourriture et de biens, de bétail en particulier ; assurer la descendance ; écarter la maladie et la mort prématurée ; vaincre l'ennemi[88]. » Or tout ordre politique ne vise rien d'autre : pérennité, prospérité et victoire, soit la persévérance de la société dans sa puissance d'être. La capacité de stockage et d'accumulation constitue ainsi une assurance contre les aléas de nature à remettre en cause la persistance des groupes dans l'être et la conservation de leur puissance pour y parvenir[89].

Une religion plus élaborée semble ensuite liée à l'émergence d'une économie agropastorale au Néolithique, à un moment où les pratiques des chasseurs-cueilleurs ne suffisent plus à endiguer une violence née du désir d'appropriation de récoltes stockées et de troupeaux, puis de productions artisanales dans un espace densifié – et complexifié par la division du travail, avec l'interdépendance qui en résulte – dont il devient difficile de s'émanciper en cas de désaccord. Dans ces sociétés où Girard voit la domestication découler fortuitement du besoin de sacrifier à un moment où la chasse commençait à perdre sa centralité[90], Scubla propose un parallèle avec l'institution de l'esclavage : elle est une forme comparable de constitution d'un stock de victimes sacrificielles conservées suffisamment longtemps au sein de la communauté pour être substituables à un de ses membres lorsque le besoin d'un sacrifice se fait sentir ou offertes en compensation, sans risquer de provoquer un cycle de vengeances intestines.

Girard a participé à un groupe de travail pluridisciplinaire à Stanford de 2006 à 2008 pour évaluer les conséquences des recherches archéologiques conduites en Anatolie sur les vestiges de Göbekli Tepe et Çatal Höyük depuis le début des années 1960, parmi les premiers établissements permanents de l'humanité dont des vestiges abondants ont

---

[88] HOCART, *Rois et conseillers*, p. 137.

[89] Cf. la politique de Joseph dans le livre de la Genèse qui met à profit les sept années de vaches grasses pour stocker et fait ainsi face avec succès pour le compte de Pharaon aux sept années de vaches maigres qui suivent.

[90] Pour Hayden, la domestication serait intervenue plus tôt si elle avait dû être la conséquence de la pression démographique comme les théories fonctionnalistes le postulent, in HAYDEN, *L'homme et l'inégalité*, p. 42-43.

été conservés[91]. Le religieux précèderait ici certaines évolutions culturelles et les rendraient possibles : Göbekli Tepe est un sanctuaire entouré d'un établissement permanent et pérenne[92] avant même que les processus de domestication d'espèces animales et la culture de végétaux ne commencent, donc au sein de groupes de chasseurs-cueilleurs-stockeurs[93]. À Çatal Höyük, établissement plus récent où la domestication d'espèces animales et végétales est avérée, certains ancêtres sont enterrés dans les maisons familiales sous un banc de la bâtisse. Les peintures qui couvrent les murs représentent des animaux sauvages à une échelle beaucoup plus grande que celle du groupe de chasseurs qui l'entoure[94], assurant au demeurant une continuité avec l'art pariétal. Cette observation vient à l'appui de notre proposition de considérer la chasse au gros gibier comme un rituel d'apaisement préalable aux rites sacrificiels. Girard interprète ces scènes de chasse et l'organisation des maisons comme la commémoration d'un meurtre fondateur initial[95]. Différents éléments de nature à conforter la théorie mimétique ont été relevés[96]. Ces fouilles tendent à attester l'antériorité

---

[91] Voir *Religion and the Emergence of Civilization* sous la direction de l'archéologue Ian HODDER.

[92] Et donc probablement d'un besoin de politique pour gérer cette préfiguration de la *polis*. Les 18 couches archéologiques qui constituent Çatal Höyük attestent d'une persistance d'un établissement ayant compté de 5 à 10 000 habitants durant 1 400 ans. Quant à Göbekli Tepe, l'établissement remonte à environ 9 000 avant l'ère commune, donc avant les débuts de l'agriculture, l'importance de son emprise et la qualité de son architecture semblant ne trouver de justification que dans des raisons religieuses dont un sanctuaire monumental témoigne.

[93] Testart voit dans la sédentarité la cause de l'invention de l'agriculture, une préadaptation, quitte à commencer par une petite agriculture de complément. In TESTART, *Avant l'histoire*, p. 349-351.

[94] Une foule pour Girard dont certains membres semblent moquer ou narguer l'animal en lui tirant la queue ou la langue. Les aurochs sont par ailleurs représentés à plus grande échelle que les cervidés comme si leur taille était proportionnelle à leur puissance. Leurs cornes, leurs griffes ou leurs dents ont été retrouvées plantées dans le mur Nord et le banc adjacent, à l'évidence le mur sacré de la maison. Les animaux domestiques étaient aussi mangés avec le gros gibier à l'occasion de fêtes, mais plutôt à titre de complément. In HODDER, *Religion in the Emergence of Civilization: Çatalhöyük as a Case Study*, p. 128-130.

[95] Conférence donnée au Collège des Bernardins le 22 novembre 2008.

[96] In HODDER, *Religion in the Emergence of Civilization: Çatalhöyük as a Case Study* : l'impossibilité de séparer les activités rituelles et usuelles (p. 15) ;

et la prééminence de pratiques sacrées sur une organisation sociale complexe.

Enfin, parmi les problèmes qu'il soulève, Scubla regrette le désintérêt de Girard pour la différenciation entre les sexes et les relations entretenues par le rite et la procréation[97]. Outre les évidences physiologiques dont celle de l'asymétrie au regard de la procréation comme principe organisateur des groupes de parenté[98], les représentations culturelles semblent être structurées dès le Paléolithique[99] par l'opposition entre le féminin et le masculin. Testart note chez les chasseurs-cueilleurs le souci de maintenir une distance entre le sang menstruel spontanément versé par la femme et celui du gibier, versé délibérément par le chasseur, préoccupation identique à celle du sacrificateur[100]. Sur un plan symbolique, Scubla estime que « dans la plupart des sociétés, tuer équivaut à procréer », l'homme compensant de la sorte « le privilège de la femme[101] » : s'il y a bien un objet du désir à considérer, c'est celui d'enfanter des hommes, sans doute leur insuffisance d'être par excellence. Pour lui, si Girard a raison d'affirmer « la puissance de la rivalité pure ou mimétique », il a tort de nier « l'existence d'objets, de pouvoirs ou de freins à la contagion violente, que le mimétisme ne saurait par lui-même engendrer[102]. » Si la charge

l'intégration du tombeau aux fondations de l'habitation permettant tout à la fois l'imagination, le souvenir et l'interaction entre les maisons des couches anciennes et la dernière maison construite au-dessus et occupée (p. 17) ; des têtes d'humains et d'animaux déplacées et / ou recouvertes de plâtre dans certaines circonstances (p. 24) ; les singularités de maisons dites historiques (p. 26) ; des chasseurs représentés parfois sans tête face au gibier chassé (p. 90-91)…

[97] *Ibid.*, notamment p. 136, 217 et 292. À l'instar de la psychanalyse et de l'anthropologie structurale…

[98] Thème majeur de Scubla, principalement à travers la distinction frère-sœur. In SCUBLA, *Donner la vie, donner la mort*, par exemple p. 102-103 et 108-109.

[99] Telles que Leroi-Gourhan les décrypte.

[100] Scubla parle de « loi de Testart », in SCUBLA, *Donner la vie, donner la mort*, chapitre VIII. Ladite loi postule que l'impureté supposée des femmes liée à leur cycle menstruel leur confère un rôle systématiquement en retrait des hommes dans la chasse, quel que soit le degré de participation que leur culture leur reconnaît.

[101] *Ibid.*, p. 178

[102] *Ibid.*, p. 314-315. À commencer par l'amour maternel tel qu'il est représenté dans le jugement de Salomon ou la confiance abrahamique au moment du sacrifice d'Isaac.

de Scubla est puissante, elle n'est toutefois pas décisive dans la sphère du politique qui nous occupe ici.

La différenciation des genres est toutefois étroitement corrélée à la fréquence des homicides : dans *Une histoire de la violence*[103], l'historien Robert Muchembled signale une constante : leurs auteurs sont des hommes dans neuf cas sur dix et leurs victimes, dans huit cas sur dix. Sous ce rapport, il ne paraît donc pas non plus possible de faire l'impasse sur la différence des sexes dans une théorie centrée sur la contention de la violence. Girard passe probablement ainsi à côté d'un récit plus précis des origines des communautés humaines et de leurs institutions régulatrices. Il ne prend d'ailleurs pas en compte une autre institution, née chez les chasseurs-cueilleurs-stockeurs : le prix de la fiancée que le gendre acquitte au bénéfice du beau-père ou de la belle-mère, sous forme de corvées sur une longue durée, à la chasse ou au champ, ou encore de biens offerts[104]. Elle est un pendant féminin du wergeld.

Malgré cette réserve, l'idée de rites et interdits tous liés au souvenir du meurtre fondateur et à l'origine du développement institutionnel des cultures paraît solidement étayée.

Les prémisses du politique, de la royauté sacrée aux cités et empires

Au terme de ce chapitre, les fondements d'une théorie morphogénétique du politico-religieux sont posés. Une fois l'axiome de l'hominisation par les meurtres collectifs admis, l'hypothèse peut être travaillée au point de refonder la pensée du politique sur des origines sanglantes. Les pertes de différences qui provoquent et aggravent les crises ont nécessité de dépasser les vendettas par des institutions vindicatoires et, *in fine*, les institutions judiciaires. Les rites et interdits primitifs sont mobilisés en vue des mêmes fins de contention des violences susceptibles de mettre un terme à la culture. Toutes les institutions, y compris politiques et judiciaires, mais aussi religieuses ainsi que celles régissant les échanges auraient donc une origine commune.

---

103 MUCHEMBLED, *Une histoire de la violence*.
104 TESTART, *Avant l'histoire*, p. 216-218.

Les recherches archéologiques menées en Anatolie fournissent des arguments en faveur de cette chronologie, notamment au moment du passage entre Paléolithique supérieur et Néolithique, le religieux semblant précéder la sédentarisation et la domestication de la plupart des espèces animales et végétales.

Girard fournit quelques jalons et en omet d'autres, peut-être pour réserver à la révélation biblique et évangélique la part décisive. Après avoir mis l'accent sur la genèse de la royauté sacrée en Afrique de l'Est et du Sud et la naissance des cités-États, nous voyons apparaître un homme hiérarchique et religieux. Les royautés sacrées primitives dont il existe encore quelques exemples en Afrique méridionale font apparaître leur roi, lors de son sacre, comme un bouc émissaire en puissance. Des rituels d'intronisation et de rajeunissement le placent dans des situations représentant le désordre social, l'amènent à commettre des crimes d'indifférenciation dont l'inceste au sein même de sa fratrie ou de son lignage, ou encore simulent sa mise à mort suivie d'une renaissance. Girard en infère que les premiers rois auraient été des prisonniers sélectionnés pour devenir de futurs boucs émissaires lors d'un rite à organiser ultérieurement, comme le *pharmakos* athénien. Certains d'entre eux auraient alors mis à profit le délai de latence entre leur sélection et l'exécution du rite sacrificiel auxquels ils sont destinés pour prendre un ascendant et exercer à leur profit un pouvoir, au point d'échapper à leur sort. Sur une vaste aire spatiale, des monarchies pratiquent encore ou ont pratiqué des rites d'intronisation et de rajeunissement, au moins depuis l'Égypte des pharaons jusqu'au Swaziland et son Incwala.

Au Soudan, dans une aire géographique contiguë, l'ethnologue Simon Simonse montre dans *Kings of Disaster : Dualism, Centralism and the Scapegoat King in Southeastern Sudan*[105], des rois faiseurs de pluie, considérés par leur peuple comme des ennemis, susceptibles d'être immolés s'ils échouent et alors rejetés sans sépulture ; seul le succès permet survie, inhumation et vénération. Cette tradition plus récente hybride rituel et politique naissante.

---

[105] SIMONSE, *Kings of Disaster*.

Girard conclut, en généralisant son propos, sur le concept central du politique : « [...] la souveraineté, réelle ou illusoire, durable ou temporaire, s'enracine toujours dans une interprétation de la violence fondatrice centrée sur la victime émissaire[106]. » Il établit de la sorte un lien fondamental entre la genèse de l'institution royale et la question toujours actuelle du pouvoir politique *via* le concept de souveraineté[107]. En l'absence de tout pouvoir de fonction, la force de ces rois réside dans leur capacité de suggestion et dans l'adhésion qu'ils suscitent, leur capacité à bien parler et leur prestige, dépendant donc en partie de la richesse qu'ils détiennent. Leur position en est d'autant plus précaire.

Dans une période qui s'étend sur près de trois millénaires, à partir de la naissance de la civilisation mésopotamienne, Girard s'intéresse à l'ensemble des mythologies correspondantes et, de manière préférentielle, aux cités grecques, entre affaiblissement du religieux et émergence d'un premier politique, mais également à l'histoire de Rome, de sa fondation mythique par Romulus à l'assassinat de César tel que représenté par Shakespeare, signes de la récurrence toujours possible, dans ces civilisations élaborées, du meurtre fondateur. La Grèce lui offre des matériaux de prédilection au moment où des institutions politiques commencent à prendre le relais des institutions religieuses dans la structuration de la communauté et sa protection contre des menaces de violence intestine. Il y rencontre des crises sacrificielles, des boucs émissaires et des fondations violentes d'institutions ou d'un ordre social. Il y découvre surtout le *pharmakos* promené dans les rues d'Athènes pour purifier la cité de ses péchés par son sacrifice et le *diasparagmos* dionysiaque. Pour autant, il s'intéresse peu au passage de témoin entre le religieux et le politique qui s'ébauche alors dans les cités grecques. La soi-disant démocratie athénienne est, pour lui, un régime profondément inégalitaire, fondé sur l'exclusion de la plus grande partie du corps social[108].

Girard consacre ainsi une part de ses recherches à cette phase particulière de la domination des religions polythéistes et des cités-États, des

---

[106] *La violence*, p. 181.
[107] Ce concept est au cœur de notre chapitre 2.
[108] *Quand ces choses*, p. 89.

royaumes et des empires : celles-ci cristallisent au demeurant les mythes et rites des cultures agropastorales antérieures dans des civilisations aux classes ou castes fortement différenciées, permettant de les approcher indirectement. Au terme de cette évolution, il estime enfin que « ce qui donne son impulsion première à notre civilisation en Égypte, en Grèce et *surtout* chez les Hébreux, [...] c'est le renoncement à l'horrible univers religieux des prostitutions sacrées, du meurtre du roi et surtout, bien sûr, de l'infanticide rituel, du sacrifice des premiers-nés [...][109]. » Un recours à des institutions moins directement violentes est désormais possible pour contenir la violence.

Si nous suivons la chronologie logico-historique proposée par Lambert pour la naissance des religions, l'humanité paléolithique aurait recouru d'abord à des pratiques « chamanistes »[110]. Ces peuples marquent des différences dans peu de domaines, pour l'essentiel biologiques, entre les sexes ainsi que les adultes, les enfants et les vieillards. La vie au sein d'un groupe peu nombreux est centrée sur l'obtention de la subsistance par la cueillette, la chasse et parfois la pêche. Aux structurations fondées sur des différences physiologiques et déterminées par la coopération qu'exige la chasse au gros gibier, correspond une communauté d'égaux. Risqué, le départ du groupe peut constituer une faculté, voire une obligation en période de disette... quand il ne prend pas la forme d'une expulsion. Ces communautés sont plutôt égalitaires, jusqu'à un certain point libérales, coopératives et intégratrices de leurs membres. Certaines limitent leurs violences intestines sans être obligées de faire la guerre à l'extérieur, le nomadisme dans des espaces très peu peuplés limitant l'intérêt et même la possibilité de l'appropriation des terres tout en réduisant l'accumulation de biens matériels convoitables. D'où l'idée d'un âge d'or et d'abondance paléolithique[111].

---

[109] *Ibid.*, p. 129. Je souligne.

[110] Ils éprouvent un « sentiment d'une unité de vie avec la nature et en particulier avec les espèces animales [...] ; l'idée d'une équivalence entre l'âme humaine et l'esprit animal, avec possibilité d'échange entre les deux ; l'action rituelle par identification simulation, sans prière ni sacrifice, ni temple. » In LAMBERT, *La naissance des religions*, p. 61.

[111] Par exemple SAHLINS, *Âge de pierre, âge d'abondance* ou HARARI, *Sapiens*. Même si les peuples de chasseurs-cueilleurs n'évitent « ni la violence (cannibalisme,

Dans des sociétés qui précèdent la révolution agropastorale du Néolithique, Hayden établit une corrélation entre les degrés de complexité, de prospérité et d'inégalité des sociétés préhistoriques[112]. Des chefs en quête de maîtrise du surplus y auraient développé des stratégies[113] conduisant à l'augmentation de la production de la collectivité par effets successifs de contagion auprès de ses membres, les réticents s'exposant aux reproches et courant le risque d'une exclusion de la vie sociale (impossibilité d'accéder au mariage, au règlement des différends...). Dès ce moment, s'articuleraient ainsi mimésis d'appropriation, pouvoir, rivalité et volonté de s'affranchir de l'égalité pour les puissants ou aspiration à les égaler pour les membres de l'élite moins bien placés. Göbekli Tepe pourrait refléter l'aboutissement de cette évolution[114] : une capacité à construire des sanctuaires monumentaux et à se sédentariser, donc à stocker et conserver des aliments, avant toute domestication. Hayden voit alors naître au Proche-Orient une dynamique sociopolitique nouvelle : les stratégies de captation des surplus « reliaient aussi le succès dans la reproduction et les alliances défensives et offensives à la production économique, en créant de nouveaux types de pression très puissants destinés à accroître la production[115]. » Une religion agropastorale traduit les modifications socio-politico-religieuses intervenues : elle réalise l'intégration du groupe en le plaçant au centre du monde, en pro-

---

chasse aux têtes), ni la dominance d'un sexe par un autre », in PATOU-MATHIS, *La préhistoire de la violence et de la guerre*, p. 153.

[112] *Ibid.*, p. 96-100

[113] *Ibid.*, p. 57-71 : établir des droits de propriété sur des ressources particulièrement recherchées et productives en investissant dans les aménagements nécessaires ; établir le principe de dettes contractuelles [...] au moyen de festins, prix de la fiancée et dots, formations dans les arts pratiques, politiques et ésotériques des enfants, mais aussi déformations corporelles prisées par la communauté ou encore distributions d'objets de prestige ; contrôler l'accès aux objets exotiques ou demandant un travail intensif en vue d'un profit ; utiliser des tabous pour collecter des amendes et des pénalités pouvant aller jusqu'à l'esclavage mais aussi négociables pour les familles riches ; tirer avantage des guerres et des calamités lorsqu'elles se traduisent par des actions sacrificielles coûteuses pour les moins riches qui accroissent alors leur endettement ; convaincre les autres qu'ils disposent d'un accès privilégié aux esprits les plus puissants.

[114] *Ibid.*, p. 104.

[115] *Ibid.*, p. 117.

curant un fonds commun de manières de penser, de juger et d'agir. Elle explique et justifie les stratifications sociales (initiés / non-initiés, hommes / femmes, anciens / jeunes, chefs / subordonnés) ; l'ordre social et l'ordre naturel étant liés, tout dérangement du premier est susceptible de provoquer des désordres ou des maux, ce qui contribue puissamment à en motiver le respect[116]. La relative égalité et la liberté, plus relative encore, d'aller et venir des chasseurs-cueilleurs ont disparu. La contention de la violence par la religion incorpore davantage de violence avec des sacrifices animaux et / ou humains. La fixation sur un territoire est associée à la domestication d'espèces animales et végétales. L'identité du groupe suppose l'adversité et la guerre avec les peuples voisins pour gagner la gloire mais aussi pour faire des prisonniers et des esclaves, utilisables pour les sacrifices et la *vindication*.

Vient ensuite le temps des religions polythéistes auxquelles correspondent les cités-États et les empires ainsi que des structures hiérarchiques et inégalitaires. L'accumulation des biens et la sédentarité sur un territoire donné produisent des objets de convoitise en plus grand nombre et des échanges qui ne se limitent plus aux seuls rites de *potlach* et obligations du don. Servie par une prêtrise nombreuse et hiérarchisée abritée dans des temples souvent monumentaux où l'on sacrifie et productrice de récits sacrés et de prières, la religion renforce son rôle intégrateur au sein d'un espace plus vaste et complexe : elle contribue à légitimer la stratification sociale et, plus largement, le conservatisme ; ordres sacré, politique et social étant liés, un pouvoir monarchique est toutefois séparé et légifère au nom des dieux, introduisant de la contingence dans un ordre jusqu'alors conçu comme éternel ; le souverain est considéré comme le représentant d'un dieu, voire un dieu lui-même, ce qui lui confère un pouvoir quasi-absolu, tant que les malheurs ne s'accumulent pas dans le royaume.[117]

Au terme de cette histoire de l'humanité d'avant l'ère commune, un affermissement des hiérarchies s'est opéré et, plus généralement, des différences dans un cadre ritualisé à l'extrême, obligeant et interdisant dans le but de contenir une violence qu'avivent la sédentarité, la densification et la production de surplus. Face à une menace aggravée de

---

[116] LAMBERT, *La naissance des religions*, p. 142.
[117] *Ibid.*, p. 284.

dissolution de la communauté, l'appareil religieux vise à conserver la paix civile et légitime les conquêtes. Là où Girard agrège rapidement en une longue période d'hominisation lui permettant de faire émerger tout le symbolique d'un meurtre fondateur répété à de multiples reprises, nous proposons d'affiner une chronologie en recourant à des hypothèses formulées depuis la publication de *La violence* : les centaines de milliers d'années où seules des communautés de chasseurs-cueilleurs subsistent, nécessairement inspirées par la chasse au gros gibier ; la diffusion de *l'homo sapiens* tracée par la génétique des populations depuis 100 000 ans ; les dizaines de milliers d'années du Paléolithique supérieur qui manifestent une structuration sociale rudimentaire par la constitution de surplus et la fabrication d'objets de prestige ; la révolution agropastorale impliquant l'appropriation, l'inégalité et la contention de la violence par les institutions religieuses et des systèmes *vindicatoires* ; enfin la naissance des cités et des empires, les premiers à délivrer des témoignages écrits sur leurs croyances et leurs modes de vie.

Disposant de ressources matérielles inédites, ces derniers donnent naissance une première fois au politique dans sa triple dimension d'aspiration à la souveraineté, d'édiction de législations et de régulation par un ordre juridictionnel, le tout restant enchevêtré dans un système d'institutions religieuses et de représentations symboliques avec lesquelles il partage la fonction de contenir une violence toujours prête à mettre en péril la communauté.

Cette époque s'achève sur un affaiblissement du sacré et l'avènement concomitant des premiers préceptes politiques et concepts philosophiques et moraux dans de nombreuses civilisations éloignées les unes des autres, au point d'échapper pour l'essentiel à des effets de contagion, entre le VIIIe et le IIIe siècle avant l'ère commune. Cette période voit enseigner des sages connaissant un renom durable, liés le plus souvent à des systèmes de croyance universalistes, religieux ou philosophiques : Zoroastre, Socrate et Platon, Bouddha et Mahâvîra, Lao Tseu et Confucius , les prophètes juifs pré- et postexiliques… Cette thèse de la période axiale, proposée par Karl Jaspers, a été reprise, entre autres, par Lambert, pour élaborer sa théorie sur la naissance des religions. Avant Jaspers, Hocart entrevoyait lui aussi cette convergence dans *Rois et courtisans* : « Vers 500 av. J.-C., la pensée religieuse connut une mutation considérable : la prospérité et le bien-être matériel deviennent des buts indignes d'être poursuivis, et c'est pourquoi les chefs religieux consacrèrent toutes leurs énergies à l'élévation de leur esprit[118]. » Il y voit l'origine de religions qu'il qualifie d'éthiques, partant à la poursuite du Bien. Ce tournant semble coïncider avec le moment où le souci de la prospérité délaissé par les religions devient l'affaire du politique et de l'économie dans des sociétés où pouvoir et administration se sont structurés dans l'ombre et pour les besoins du religieux[119].

Face à l'approche insistant sur la concomitance des évolutions de Jaspers, Girard tend à distinguer de son côté l'évolution qu'ont connue la Grèce et Rome, très marquées par la violence sacrificielle religieuse et le déni philosophique de la violence, de celle dont les prophètes juifs témoignent à partir de Jérémie, mettant le dévoilement des persécutions au centre de leurs récits. Là où Jaspers insiste sur les ressemblances, Girard privilégie la différence qu'il estime majeure entre les écrits bibliques adoptant le point de vue des victimes quand les mythes des autres cultures et civilisations préfèrent celui des foules persécutrices.

Plus de quarante ans après *La violence*, les données fournies par l'archéologie et la génétique des populations, de même que par l'éthologie, ont beaucoup augmenté et gagné en précision. L'ouvrage de Girard serait différent aujourd'hui. Pour autant, l'hypothèse initiale ne semble pas être fondamentalement remise en cause par ces faits nouvellement connus. La thèse morphogénétique d'ensembles humains persistant dans leur être malgré une violence toujours menaçante reste ainsi en travail. L'institution de la justice pénale et de l'État de droit se comprend mieux à partir de la généalogie proposée. Et la question du pouvoir, en particulier son incarnation dans un bouc émissaire en sursis, fait écho à la situation précaire des élus de nos gouvernements représentatifs : l'expulsion, désormais non sanglante, est consubstantielle à la désignation pour assumer la charge de la souveraineté.

---

[118] HOCART, *Rois et conseillers*, p. 146.

[119] Incidemment, en ajoutant Jésus et Mahomet à la liste, la plupart des révolutions religieuses ou parareligieuses ont eu des répercussions plus larges et durables que nombre de révolutions politiques et d'épopées impériales.

Chapitre 2

De l'aristocratie à la démocratie, l'égalisation des conditions

Après une montée vers une structuration de plus en plus inégalitaire et complexe des communautés allant du Paléolithique supérieur aux sociétés antiques, une nouvelle période débute qui est restée jusqu'à présent la nôtre : elle tend à l'égalité croissante des conditions telle que Tocqueville l'a énoncée pour le dernier millénaire et une émancipation des croyances superstitieuses au profit d'un point de vue scientifique, ou du moins non-religieux sur la « nature ». Girard articule cette histoire avec celle de la mimésis d'appropriation, d'une part, et, d'autre part, celle du déclin de l'efficacité du mécanisme victimaire. Il affronte aussi la question du travail de la Révélation *via* l'expansion du christianisme.

Le premier temps va de la fin de l'Antiquité à la Renaissance. La deuxième séquence traite de l'avènement de la souveraineté. Une troisième section est réservée à Tocqueville, historien et sociologue du passage à la médiation interne. Dans un dernier temps, le singulier XXe siècle, suicidaire et génocidaire, est analysé à la lumière de la théorie mimétique.

La christianisation de l'Europe jusqu'à la fin du Moyen-Âge

Comme les autres religions de salut devenues majoritaires dans la période et depuis lors, la foi chrétienne place l'ensemble des croyants, voire de l'humanité, dans une position d'égalité de principe : chacun peut espérer faire individuellement son salut et, par voie de conséquence, dispose d'un espoir *a priori* égal. Le mouvement d'égalisation des conditions induit par ce type de croyances est donc plus large que celui initié par la naissance du seul christianisme. Ces religions ne remettent toutefois pas en cause classes, castes ou esclavage, mais leur représentation du monde les mine à terme.

Ce qui finira par devenir un projet politique, et jusqu'à un certain point une réalité, est alors amorcé par la formule de Paul dans son Épître aux Galates (3, 28) : « Il n'y a plus ni Juif, ni Grec ; il n'y a plus ni esclave, ni homme libre ; il n'y a plus l'homme et la femme ; car tous vous n'êtes qu'un en Jésus-Christ. » Les versets qui précèdent explicitent le renversement : « Ainsi donc, la loi a été notre surveillant [...]. Mais après la venue de la foi, nous ne sommes plus soumis à ce surveillant [...]. » La conversion des comportements relève désormais du libre arbitre : « Tu n'es donc plus esclave [de la loi], mais fils [par la foi] » (Galates, 4, 7). Ouverte à tous, la foi nouvelle se veut aussi intégratrice, « car tous vous n'êtes qu'un en Jésus-Christ ». Et elle exige la coopération de tous les croyants[1]. L'image d'un idéal est ainsi formée par l'égalité devant Dieu, la liberté par Dieu, l'intégration en Dieu, la solidarité entre croyants et la coopération pour Dieu. Cet horizon de la foi est comparable à l'espérance placée à partir du XVIIIe siècle dans les systèmes politiques républicains et démocratiques.

Le succès du christianisme laisse pourtant perplexe. Si Girard croit en la force irrésistible de la Révélation[2], l'historien Paul Veyne propose une vision plus événementielle, en se focalisant sur le crucial IVe

---

[1] « [...] travaillons pour le bien de tous, surtout celui de nos proches dans la foi. » (Galates, 6, 10).

[2] Il suffit d'en savoir les mécanismes pour s'affranchir des pièges du désir et de la violence. En cela, il suit l'enseignement de Jésus rapporté par Jean (8, 32) : « La vérité fera de vous des hommes libres. »

siècle, *Quand notre monde est devenu chrétien*[3]. Certes, l'historien reconnaît la supériorité spirituelle du christianisme sur un paganisme usé. Mais la diffusion de cette religion si originale se fait d'abord au sein d'une élite représentative des urbains alphabétisés, au plus un dixième de la population de l'Empire. La répression de la nouvelle foi suscitée par son intransigeance à l'égard des autres croyances ne dissuade pas cette élite. Elle connaît ensuite un développement rapide par la volonté du pouvoir impérial d'un Constantin guidé par une foi personnelle[4]. Ce dernier se mêle de débats théologiques au sein d'une Église encore instable dans l'espoir d'en faire un instrument au service de l'Empire. Le christianisme s'appuie enfin sur l'efficacité d'un réseau d'évêchés qui structure l'Empire et finit par en prendre le contrôle. L'institutionnel, le politique, le militaire et l'administratif semblent déterminants dans les premiers succès du christianisme.

Toutefois, telle que pratiquée, la conversion des masses évite le recours à la force durant deux siècles. Constantin a opté pour une politique tolérante, se contentant d'inciter ses sujets par le renforcement des prérogatives chrétiennes et l'abolition progressive des formes du culte païen[5] : « la paix religieuse détermine la paix civile aussi sûrement que la persécution entraînerait une guerre intérieure[6]. » Il énonce ici la vocation du politique à pacifier et réduire les persécutions à leur niveau le plus bas tout en satisfaisant autant de revendications que possible. Le IVe siècle voit l'abolition des sacrifices sanglants d'animaux dans l'Empire, décrétée en 342 puis en 392 : en privant le paganisme de son principal rituel, elle le condamne[7]. La fin des sacrifices sanglants puis des jeux du cirque exige alors leur remplacement par d'autres outils de prévention des crises et de réconciliation sociale.

---

[3] VEYNE, *Quand notre monde est devenu chrétien*.

[4] In *ibid.*, p. 72 : « Sans le choix despotique de Constantin, il n'aurait jamais pu devenir la religion coutumière de toute une population. » Également p. 77 et chapitre IV.

[5] *Ibid.*, p. 21.

[6] *Ibid.*, p. 184.

[7] Les jeux du cirque, institutions sacrificielles participant au retardement des crises, sont aussi l'objet de critiques chrétiennes. Le code de Théodose indique que « les spectacles sanglants ne sont pas admissibles dans une société tranquille et un pays paisible. » In *ibid.*, p. 156 et p. 184 : référence du code de Théodose, XV, 12, 1.

L'arrivée sur le trône impérial de Julien l'Apostat en 361 et sa tentative avortée de retour au paganisme suggèrent que ce qui vient d'être accompli aurait pu être aisément défait. En 400, le christianisme est ainsi religion d'État dans l'Empire, même si des coutumes païennes y survivent longtemps, notamment dans les campagnes. La pérennisation du christianisme bénéficie ensuite du choix des rois barbares qui voient un intérêt à s'y convertir et le protéger afin d'assoir leur pouvoir sur des populations issues du démembrement de l'empire romain[8]. Selon Athanase, Constantin aurait lui-même perçu, dès 325, cette contagion mimétique : « Grâce à mon adoration au service de Dieu, partout c'est la paix, et le nom de Dieu vénéré comme il doit l'être par les Barbares eux-mêmes qui ignoraient jusqu'à présent la Vérité… Oui, aujourd'hui les Barbares eux-mêmes ont connu Dieu grâce à moi, vrai serviteur de Dieu ; ils ont appris à le craindre, car ils ont éprouvé par les faits que Dieu était partout mon bouclier[9]. »

Quoi qu'il en soit, l'Empire romain d'Occident[10] sombre, sous les coups de ces mêmes Barbares, un siècle et demi après la conception du projet politico-religieux de Constantin. La puissance de la Révélation semble ultérieurement mise en échec à partir du VIIe siècle par le succès du *jihad* musulman : il entraîne en effet à sa suite, sans rencontrer une forte résistance, des conversions à une autre foi dans une moitié de l'ex-Empire romain. L'expansion chrétienne n'a donc d'emblée rien d'irréversible. Voulue par le politique, elle est susceptible d'être refoulée par un projet théologico-politique alternatif.

---

[8] In *ibid.*, p. 103, Paul VEYNE mentionne les travaux de Bruno Dumézil montrant qu'après « les Grandes Invasions, les souverains germains arboreront le christianisme comme la marque de leur haut degré de civilisation. » La plupart des rois barbares sont toutefois convertis à l'arianisme et il faut attendre Clovis pour que l'hérésie soit réduite. Cette circonstance vient confirmer la part des événements historiques dans la diffusion du christianisme.

[9] *Ibid.*, citation reprise en note de bas de page n° 4, p. 88-89.

[10] Il reste néanmoins possible de mettre au crédit du choix de Constantin la persistance millénaire de l'Empire romain d'Orient. Quoi qu'il en soit, l'Europe devient et reste majoritairement chrétienne en s'étendant jusqu'à la Russie, assez largement indifférente aux formes politiques adoptées par les royaumes qui en font leur religion.

On peut enfin mettre en perspective la décision individuelle de Constantin avec d'autres choix qui interviennent en Extrême-Orient et empêchent la diffusion du christianisme au XVIIe siècle au Japon et, surtout, au XVIIIe en Chine[11]. Ces faits bien connus restituent une place, plus importante qu'attendue par la théorie girardienne, aux aléas politiques de l'Histoire.

La multiplication des schismes et des hérésies au sein de la chrétienté pose aussi la question de la juste expression de sa vérité. Girard soutient néanmoins qu'aucune de ces contestations n'a porté sur le cœur de la Révélation : l'innocence de Jésus manifestée par la Passion. De nombreux évènements historiques ont toutefois montré que le thème de l'innocence des victimes, en écho à celle du Christ, n'a pas eu l'effet attendu de retenir la violence, y compris et peut-être surtout entre croyants partageant une foi identique pour l'essentiel.

La succession de ces événements pose deux questions : s'agit-il de hasard ou de nécessité et, en ce deuxième cas de figure, de causalités logiques ou d'interventions providentielles ?

Un retour de l'archaïque germanique se produit également en Europe, entre recul de l'ordre romain et progrès de l'influence de la religion. Dans *Les racines de l'Europe*[12], le médiéviste Michel Rouche peint le tableau des sociétés du haut Moyen Âge entre 568 et 888, dont il indique par ailleurs qu'il gagne en intelligibilité en adoptant une grille de lecture girardienne. De l'Espagne à la Scandinavie, la domination de peuples germaniques[13] se traduit par un retour aux mécanismes d'une violence déchaînée mais aussi réglée par des institutions sacrées, en cohérence avec leurs mythes fondateurs. La romanisation et la christianisation récentes des élites restent superficielles. Le plus souvent rurales et dotées de villes qui se sont rétractées, ces sociétés, contrairement à l'organisation urbaine et juridique romaine, sont fondées sur la violence, guerrière et sociale, le prestige et la solidarité au

[11] L'empereur de Chine commence à ouvrir son pays, convaincu par des jésuites, mais sous réserve que le culte des ancêtres soit maintenu, dans le cadre de la « querelle des rites », ce à quoi la papauté ne consent pas. L'enjeu est pourtant alors considérable : la population chinoise représente déjà plus du quart de celle du monde.

[12] ROUCHE, *Les racines de l'Europe*.

[13] Ainsi que les scandinaves et les celtes, autres peuples païens et non urbanisés.

sein de la parentèle ou d'une guilde. Elles se présentent comme des matriarcats : la reine, détentrice du « ventre de souveraineté », donne naissance à des descendants mâles qui, tous, ont vocation à devenir roi. Le roi-prêtre est élu ou hérite de la fonction selon des règles de dévolution successorale particulières[14], engendrant des assassinats fréquents et d'incessantes rivalités entre prétendants. Dès que la société entre en crise (mauvaise moisson ou défaite), le roi peut être mis à mort après une traque rituelle – une chasse à l'homme dans les bois à coups de trompe – ses restes étant cuits dans un chaudron et mangés par la meute de ses poursuivants[15]. Bref, le roi retrouve sa fonction de bouc émissaire en sursis, toujours prête à ressurgir[16].

Des institutions *vindicatoires* comme le wergeld, la composition fondée sur des amendes de compensation, l'ordalie, la vengeance privée obligatoire (faide) entre deux familles ou deux clans, associées à l'esclavage et à la prise d'otages constituent des solutions intermédiaires de contention *a minima* de la violence entre institution sacrificielle et droit pénal. Dans une économie peu monétarisée, le don et le contre-don dominent parmi les élites qui disposent d'un trésor pour remplir leurs obligations auprès de leur famille et de leurs affidés et faire montre de magnificence ainsi que de solidarité au sein des guildes. L'Église n'influe longtemps qu'à la marge sur ces comportements même si elle sème progressivement les ferments d'une mutation culturelle. Quand la barbarie « méprise les trois interdits fondamentaux : mentir (parjure), tuer (vengeance) et dévorer (cannibalisme, inceste)[17] », l'Église tente, elle, de favoriser : la dévolution successorale au fils aîné encadrée par un sacre ; le mariage monogame, indissoluble, non-consanguin et fondé sur le libre consentement ;

---

[14] Il s'agit du principe de la *tanistry* : dans le cas de *tanistry* successive, le successeur est choisi parmi les collatéraux, frères (le deuxième à la suite du premier etc.), cousins, neveux plutôt que parmi les descendants, de manière à avoir toujours comme roi un protecteur adulte du groupe. En cas de *tanistry* simultanée, le royaume est partagé entre les frères, règle appliquée à plusieurs reprises par les Mérovingiens et les Carolingiens.

[15] ROUCHE, *Les racines de l'Europe*, chapitre VIII.

[16] Au demeurant, l'espérance de vie des empereurs romains était particulièrement brève.

[17] ROUCHE, *Les racines de l'Europe*, emplacement Kindle 4876.

l'apprivoisement de la mort ; l'incorporation des esclaves dans la communauté des hommes par le baptême et la possibilité de leur ordination après affranchissement ; la réorientation des dons vers les pauvres et l'assemblée ecclésiale ; l'assistance charitable en particulier aux malades ou encore le droit d'asile tout en s'opposant à la vengeance privée. Évêques, curés de paroisse, missionnaires, moines – à cette époque souvent des laïcs affranchis –, ermites, reclus volontaires et saints sont des acteurs majeurs des transformations des mœurs. On passe du système du don contre-don germanique à la réclamation du don sans retour chrétien. Des rois d'ascendance germanique, tels Dagobert ou Charles Martel, sont néanmoins prompts à retirer à l'Église une partie de ses ressources. Rouche propose une interprétation de la sortie de la violence du haut Moyen-Âge : « Les Germaniques [...] n'obtenaient qu'une paix temporaire par le sacrifice humain et la faide à l'intérieur de la parentèle. Les Romains, eux, y parvenaient par le biais du pacte écrit et discuté, tant que l'un des deux contractants ne se retirait pas. Les chrétiens proposaient, par l'absolution et le pardon, la fin de la haine et de la culpabilité, c'est-à-dire la paix avec soi-même. [...] reprenant nombre d'institutions romaines, l'Église a reconnu à l'État l'exercice d'une violence légitime, ce qui n'empêcha point que leurs rapports fussent conflictuels [...][18]. » La monopolisation de la violence légitime dans le cadre d'une souveraineté qui deviendra absolue à partir du XVIIe siècle s'engage ainsi dès cette époque.

La régression vers l'archaïque que connaît le haut Moyen Âge germanique et celte illustre l'intérêt d'une histoire mimétique : dans des temps historiques suffisamment bien documentés[19] pour ne pas laisser trop de place à l'interprétation des données, elle laisse apparaître un maximum de la violence supportable par les grands ensembles humains, toujours à la limite de la crise incontrôlable, et des mécanismes traditionnels de sa contention avant que le christianisme ne change la donne. Celui-ci finit par rendre possible une régulation politique, en jetant un pont entre l'antiquité grecque et romaine, premier âge du

[18] *Ibid.*, conclusion.
[19] Grégoire de Tours, Bède le Vénérable, code de Théodose ou de Receswinthe, « bréviaire » d'Alaric, actes des conciles et des synodes, décrétales, lois, connaissance des langues et des étymologies qui en dérivent...

politique dans l'histoire européenne et son second âge à partir de la fin des guerres de religion où l'ordre public souverain prend le relais. Entre temps, la féodalité et la lutte entre papauté et monarques apparaissent comme le moment d'un établissement progressif des fondements d'un État chrétien, refermant une période du retour de la violence archaïque. Le christianisme antique et médiéval a infusé à la suite des élites politiques de l'Empire romain. Mais il reste alors sacrificiel pour Girard : une religion porteuse d'une vérité partielle, une « forme religieuse intermédiaire[20] ». Si le christianisme s'est un peu paganisé avec le culte des saints et des reliques, les processions en cas de sécheresse, les rogations, les guérisons miraculeuses[21]..., il reste le vecteur des Évangiles contre une violence moins enchaînée par le mécanisme dévoilé du bouc émissaire.

Le poids d'un politique renaissant semble pourtant l'emporter progressivement au sein de la chrétienté. Girard donne ainsi un récit du conflit millénaire entre le Pape et l'Empereur. En 800, « Charlemagne, qui décide de christianiser l'Empire et d'"impérialiser" le christianisme »[22] se laisse couronner par Léon III, lequel ne s'agenouille pas au préalable devant l'Empereur, contrairement à l'usage byzantin[23]. Une rivalité mimétique au long cours s'ensuit, « où les empereurs vont imposer leur couronnement aux papes et les papes excommunier les empereurs[24]. » Le conflit entre la papauté et l'empire pourrait être « un des noyaux essentiels, à partir desquels s'organisent la plupart des rivalités politiques en Europe[25]. » À l'instar de l'Angleterre, la papauté s'institue en tiers arbitre du conflit entre la France et le Saint-Empire romain germanique, et mène un jeu fondé sur son poids spirituel, quand bien même sa puissance temporelle se réduit. Sa stratégie

---

[20] *Des choses cachées*, p. 310.
[21] VEYNE, *Quand notre monde est devenu chrétien*, p. 173-174.
[22] *Achever Clausewitz*, p. 340.
[23] Voulue par un empereur, la puissance du christianisme encourage ainsi des velléités d'émancipation du Pape face à ses lointains successeurs à la tête du Saint-Empire romain germanique.
[24] *Achever Clausewitz*, p. 340. *Cf.* la querelle des investitures et Canossa à la fin du XIe siècle.
[25] *Ibid.*, p. 341.

consiste à résister « à la domination impériale, d'où qu'elle vienne[26]. »

La relation politique fondamentale est bien le duel. Elle polarise les oppositions qui se superposent pour n'en faire plus qu'une entre deux champions, deux peuples. Elle évite, ce faisant, le mécanisme de la victime émissaire qui, lui, focalise les oppositions sur un seul. En fait, elle lui succède. Le tournoi substitue le un contre un (létal seulement par accident comme chez les autres mammifères) au tous contre un incontrôlable. À l'époque contemporaine, la compétition électorale peut s'envisager comme un nouveau progrès, celui d'une joute collective, la forme du duel se combinant à celle de la sélection / élection d'un seul pour prendre en charge les revendications de la foule. À cette vision du rôle des grandes figures de l'Histoire qui s'affrontent deux à deux en représentant les oppositions pendantes, Tocqueville ajoute sa perception d'une égalisation des conditions engagée très tôt : « à partir du XIe siècle, […] en France de cinquante en cinquante années, vous ne manquerez point d'apercevoir qu'une double révolution s'est opérée dans l'état de la société. Le noble aura baissé dans l'échelle sociale, le roturier s'y sera élevé […][27]. »

De fait, dès cette époque, la médiation interne n'est pas absente. Girard s'est sporadiquement intéressé aux doubles mimétiques de la littérature médiévale. Le contexte politique et social du féodalisme est celui d'une « anarchie à peine institutionnalisée [...] où l'autorité du roi est purement nominale et honorifique[28]. » Il reste, à certains égards, peu différent des cultures agropastorales, en repli par rapport à l'organisation politico-juridique de l'empire romain. Dans *Yvain, le chevalier au lion*, Chrétien de Troyes met ainsi en évidence l'importance de la renommée dans l'univers compétitif de la chevalerie : l'amour et le pouvoir y vont au vainqueur[29]. Nos deux chevaliers sont égaux en tout et donc incapables de vaincre l'autre, sauf à se tuer simultanément, comme Étéocle et Polynice : si le tournoi auquel ils

---

[26] *Ibid.*, p. 342.
[27] In TOCQUEVILLE, *De la démocratie en Amérique I*, Introduction, p. 41.
[28] *Ibid.*, p.41.
[29] La trame du roman semble s'inspirer du mythe du roi de Nemi, gardien de la fontaine d'Artémis et renvoyer à la thématique du roi sacré, in HECKMANN et LENOIR, 2012, article de Nicolas LENOIR, « *Yvain, la mervoille provée* : Figures et critiques de la royauté sacrée », p. 29-55.

participent anonymement, chacun caché aux yeux de son rival par son armure, les oppose pour des raisons de prestige, une longue amitié les réunit. Les allégories Haine et Amour se juxtaposent, préfigurant la rivalité des doubles oscillant entre modèle et obstacle. Chrétien de Troyes repère ici certains mouvements du désir mimétique. Girard découvre par ailleurs l'amour suggéré par la lecture chez Dante, dans l'histoire de Paola et Francesca s'identifiant au modèle de Lancelot et Guenièvre[30]. Près de trois siècles avant Shakespeare et Cervantès, le désir mimétique est donc déjà présent dans la littérature sous sa forme de médiation interne. Toutefois, dans ces sociétés à la fois hiérarchiques et à l'autorité politique instable et mal définie, la médiation joue entre égaux compartimentés, chevaliers également valeureux ou jeunes nobles découvrant l'amour. Cette rivalité existe tout autant entre les jeunes paysans au sein de bandes qui s'entretuent à l'arme blanche à la première occasion[31]. L'histoire ultérieure de l'égalisation des conditions est celle du décloisonnement de la médiation interne, probablement présente de tout temps, à l'ensemble d'une population : les séparations tomberont les unes après les autres, jusqu'à celle qui distingue le détenteur de la souveraineté des sujets ou des citoyens.

Girard identifie d'autres indices de l'évolution préalable à la généralisation de la médiation interne, par exemple lorsque la peinture occidentale invente la perspective : « on cesse de se représenter en grand les gens importants, et en petit les autres. C'est l'égalité absolue dans la perception[32]. » Les conditions d'un débridement du désir sont ainsi progressivement réunies.

Dans le domaine politique, la rivalité mimétique s'observe dès que les institutions le permettent. Dans ses *Principes du gouvernement représentatif*, le politologue Bernard Manin cite les considérations d'un chroniqueur génois de 1190 dans une république communale : « *Les discordes civiles, les intrigues remplies de haines et les divisions* ont

---

[30] Commentant dans *Achever Clausewitz* (p. 345) son article de 1963, « De *La Divine Comédie* à la sociologie du roman » (in *Géométries du désir*, p. 48-64), Girard indique avoir voulu montrer « que l'enfer du désir tient tout entier dans notre refus de voir l'imitation. »

[31] MUCHEMBLED, *Une histoire de la violence.*

[32] *Quand ces choses*, p. 75.

surgi dans la cité à cause de *l'envie mutuelle* d'une multitude de citoyens qui *rivalisent d'ardeur* pour être consuls de la commune. Aussi, les sages et les conseillers de la cité se réunirent et décidèrent que, dès l'année suivante, le consulat de la commune devrait prendre fin et presque tous furent d'accord pour avoir un *podestà*[33]. » La mimésis d'appropriation du pouvoir, ou de la vertu civique, débouchant sur l' « envie mutuelle », est donc attestée au XIIe siècle entre ces citoyens également éligibles aux fonctions d'administration de la cité et les factions qu'ils constituent, lesquelles « rivalisent d'ardeur ». La solution imaginée pour écarter les risques engendrés par ces conflits mimétiques pour l'accès aux fonctions publiques les plus élevées est en l'espèce de constituer une hiérarchie non contestable par ceux qui y sont soumis en recourant à un étranger doté pour une courte période des pouvoirs exécutif et judiciaire. Le recours à un étranger établit un lien avec les royautés sacrées évoquées au chapitre précédent : le *podestà* revêt lui aussi certains traits d'un bouc émissaire en sursis.

Girard trouve enfin dans le Moyen-Âge les éléments qui permettent de relier ce qui est seulement connu par l'archéologie, la mythologie et l'historiographie antique, et une histoire médiévale suffisamment proche pour qu'on puisse démêler les faits relatés des croyances du temps. Il réunit sous le terme de « chasse aux sorcières » des violences légales « [...] dans leurs formes mais généralement encouragées par une opinion publique surexcitée [... qui] se déroulent de préférence dans des périodes de crise qui entraînent l'affaiblissement des institutions normales et favorisent la formation de foules [...] susceptibles de se substituer entièrement à des institutions affaiblies ou d'exercer sur celles-ci une pression décisive[34]. » Il s'agit alors d'assouvir cette violence collective pour « purger la communauté des éléments impurs qui la corrompent, des traitres qui la subvertissent[35]. » Lorsque Guillaume de Machaut impute la peste à l'empoisonnement des rivières par les juifs, la croyance aux forces occultes se réduit pourtant déjà : « la

[33] Cité in Manin, *Principes du gouvernement représentatif*, p. 75. Les italiques sont ceux de l'auteur. Significativement, le *podestà* « devait être étranger à la cité et, de préférence ne pas venir d'une commune voisine. Cela venait assurer qu'il soit "*neutre* à l'égard des dissensions et des intrigues". »

[34] *Le bouc émissaire*, p. 21.

[35] *Ibid.*, p. 26.

chimie prend le relais du démoniaque pur[36]. » La dimension sacrée a disparu : les victimes des persécutions ne sont plus un objet d'adoration. À l'époque, le juriste Jean Bodin, un des pères de la science politique, croit à la sorcellerie et encourage les persécutions[37]. Cette période est cruciale pour Girard qui inverse le sens de la causalité généralement admise entre fin de la chasse aux sorcières et développement de l'esprit scientifique[38]. Il note ailleurs que « dans un univers technique, on ne peut plus se payer le luxe de remplacer les causes techniques par des coupables[39]. »

L'importance particulière prise par les accusations de sorcellerie au sein d'un système culturel dominé par l'Église[40] et en particulier durant les guerres de religion, fausse croyance largement partagée et mise en application par des laïcs, peut toutefois étayer une thèse inverse. Le christianisme a probablement eu une part dans la mise à distance du sacré permettant le développement de l'esprit scientifique en Occident – ne serait-ce qu'en substituant aux emballements collectifs la médiation de procès soigneusement instruits où la recherche de la preuve finit par favoriser des appréciations rationnelles –, mais il paraît insuffisamment prouvé qu'il en ait été le seul préalable. Girard indique d'ailleurs lui-même qu'à partir du XVe siècle, soit en pleine période d'intensification de la chasse aux sorcières, « la démocratisation est une donnée capitale, inséparable de l'importance que prennent tout de suite, dans notre monde, les applications techniques dont la science aristocratique de l'antiquité ne se soucie guère [...][41]. » Quoi qu'il en soit, les maladies épidémiques et les crises locales s'expliquent désormais par d'autres causes que la malfaisance des

---

36 *Ibid.*, p. 27.
37 *Ibid.*, p. 61.
38 « [...]c'est parce [que les hommes] ont cessé de chasser les sorcières qu'ils ont inventé la science. L'esprit scientifique, comme l'esprit d'entreprise en économie, est un sous-produit de l'action en profondeur exercée par le texte évangélique. » In *ibid.*, p. 300.
39 *Quand ces choses*, p. 21.
40 In OUGHOURLIAN, *Un mime nommé désir*, p. 83 et suivantes, on trouve un manuel de deux inquisiteurs, le *Malleus Maleficarum* édité en 1486, qui répond à tous les critères d'un texte de persécution (accusations mythiques, procès inique et sacrifice public de la victime).
41 *Quand ces choses*, p. 82.

médecins juifs, maîtres des remèdes et des poisons, ou le mauvais œil et les pactes sataniques des sorcières. Quant aux cas de possession démoniaque, on finit par ne plus croire suffisamment au diable comme médiateur externe[42] pour préférer y voir les symptômes de crises d'hystérie et de faire de cette dernière LA maladie psychique du XIXe siècle. La perspective persécutrice a incontestablement régressé.

De la souveraineté des monarques à celle des peuples

À partir de la Renaissance, les organisations politiques qui se mettent en place précipitent le mouvement de l'égalité des conditions. Cette période voit naître la science politique. En arrière-fond de ces évolutions, Girard brosse à grands traits l'histoire de la fin de l'aristocratie comme une suite de déclins accompagnés d'ultimes sursauts violents, qui se poursuit jusque dans celui des nationalismes et donc du politique contemporain même : « Le déclin de la féodalité a exaspéré les conflits féodaux. Après la réforme, lorsque l'ardeur religieuse faiblit, les guerres religieuses se multiplient. À la fin du XVIIIe siècle, en France, la "réaction nobiliaire", suscitée par l'affaiblissement de la noblesse, contribue au déclenchement de la Révolution. Le moment paroxystique des conflits nationaux, la Première Guerre mondiale, annonce le déclin des nationalismes[43]. » Après l'avènement de la figure du souverain, l'absolutisation de ce dernier prépare l'irruption révolutionnaire de peuples d'individus. Cet enchaînement historique contribue au rejet par Girard du paradigme dominant de la science politique, le contrat social, probablement pour lui une sorte d'équivalent au mensonge romantique.

Notre première partie a pointé la centralité du souverain : il occupe la position du modèle dans la psychologie *interdividuelle* et celle de Dieu dans l'anthropologie évangélique. La souveraineté est l'enjeu du désir : supposée chez le modèle, prétendue dans le cas du pseudo-narcissisme ou concédée dans celui du pseudo-masochisme. Logiquement, une histoire mimétique recoupe, du XVIe au XIXe siècle,

---

[42] OUGHOURLIAN, *Un mime nommé désir*, p. 122 : « Le Diable était donc condamné par l'histoire, car rejeté par les revendications du moi. Il fallut cependant le remplacer […] par le biais […] de la médecine. »
[43] « Les appartenances », p. 33.

celle de la souveraineté. Le politique s'ordonne désormais « sur un fondement profane dont l'État historique est l'organisation[44]. »

L'histoire de la science politique intéresse peu Girard. Ce qui suit ne lui emprunte donc que sporadiquement. Elle donne pourtant une forme politique aux modèles de la médiation externe avec les figures du prince machiavélien puis du monarque absolu. Machiavel est le premier à faire de la politique une affaire humaine. *Le Prince*[45] pourrait se lire comme un manuel de maîtrise d'une mimésis d'appropriation qui prend pour objet le pouvoir à conquérir et à conserver. Ainsi que Manent[46] le note, il formule à l'impératif une exigence nouvelle qui fonde la modernité : agir de la façon dont on se conduit et non de la façon dont on devrait le faire, le réel plutôt que l'idéal.

Bodin est, quant à lui, le premier à donner une définition de la souveraineté[47] : elle « est la puissance absolue et perpétuelle d'une République » ainsi que son fondement principal dont tout pouvoir procède[48]. Une définition qui convient à tout modèle du désir mimétique. Il marque une rupture avec la royauté sacrée, en dissociant la fonction du rite, l'origine humaine du pouvoir étant dépouillée de son origine divine : « Combien que le Roi ne laisse pas d'être Roi sans le couronnement, ni la consécration : qui ne sont point de l'essence de la souveraineté. » Pour autant, comme Hobbes l'indiquera au frontispice du *Léviathan* : « *Non est potestas super terram quae comparetur* ». S'il n'y pas d'autre puissance comparable, elle est le bien à convoiter par excellence. Cette situation a pour complément la soumission volontaire. Elle est la contrepartie de la libre volonté d'un souverain qui dit la loi[49].

Dans son *Discours sur la servitude volontaire*[50] Étienne de La Boétie déplore que la multitude se soumette à un seul ou à quelques-uns :

---

[44] MAIRET, *Le principe de souveraineté*, p. 11. On suivra les analyses de cet ouvrage dans cette section.
[45] Écrit en 1513 et publié en 1531.
[46] MANENT, *Les métamorphoses de la cité*, p. 122.
[47] Publiée en 1576 (chapitre VIII du premier livre de *La République*).
[48] MAIRET, *Le principe de souveraineté*, p. 33-34.
[49] *Ibid.*, p. 31-32.
[50] Écrit en 1548 mais publié en 1576.

« Ce sont donc les peuples mêmes qui se laissent ou plutôt se font gourmander, puisque en cessant de servir, ils en seraient quittes ; c'est le peuple qui s'asservit, qui se coupe la gorge, qui, ayant le choix ou d'être serf ou d'être libre, quitte la franchise et prend le joug[51]. » Dumouchel voit dans ce paradoxe de la servitude volontaire celui du pouvoir politique lui-même[52]. La Boétie repère la fréquence du retournement paradoxal de l'État contre ses membres[53] : « Chacun paie au pouvoir le tribut de sa soumission, parce qu'il espère en retour l'exploiter à son avantage[54]. » Les hommes admettraient pour cette raison leur exclusion du pouvoir par leur servitude volontaire. La Boétie condamne implicitement la monarchie de droit divin et met ses espoirs dans la rationalité individuelle : « Soyez résolus de ne servir plus, et vous voilà libres[55]. » L'égalité des conditions est en marche. Avant même l'avènement du gouvernement représentatif, la science politique naissante se fonde sur la citoyenneté, la souveraineté, la compétition et l'exclusion. Le souverain est en général identifié à une personne et sa légitimité ne dépend pas exclusivement des citoyens. Il décide de qui participe à ses côtés au souverain et donc de qui en est exclu. Aussi bien chez Bodin que La Boétie, les aristocrates apparaissent déjà illégitimes, coincés entre monarque et peuple : la souveraineté est indivisible[56] pour le premier ; le second condamne les parasites de la cour[57].

Enfin, nos trois penseurs de la Renaissance pensent la science politique dans un contexte de pouvoirs incapables de maintenir la paix civile : la contention de la violence est donc leur préoccupation commune. Cette révolution dans la pensée politique coïncide avec la Ré-

---

[51] LA BOÉTIE, *Discours sur la servitude volontaire*, p. 136.
[52] DUMOUCHEL, *Le sacrifice inutile*, p. 92.
[53] *Ibid.*, p. 94-95.
[54] *Ibid.*, p. 95.
[55] LA BOÉTIE, *Discours sur la servitude volontaire*, p. 139.
[56] « [...] la souveraineté indivisible et incommunicable est à un seul, ou à la moindre partie de tous, ou à la plupart : qui sont les trois sortes de Républiques que nous avons posées. » In *La République*, fichier UCAQ, p. 148.
[57] LA BOÉTIE, *Discours sur la servitude volontaire*, p. 163 : « [...] dès qu'un roi s'est déclaré tyran, [...] toute la lie du royaume, [...] ceux qui sont possédés d'une ardente ambition et d'une notable avarice se groupent autour de lui et le soutiennent pour avoir part au butin et être, sous le grand tyran, autant de petits tyranneaux. »

forme et les guerres de religion qui s'ensuivent. Non seulement sont alors instaurés le principe de non-ingérence et l'égalité théorique entre les États[58], mais la souveraineté du monarque sur son territoire s'étend ainsi jusqu'au choix de la religion de ses sujets (principe « *cujus regio, ejus religio* » édicté par le Traité de Westphalie en 1648 qui vient solder ces conflits). Les religions ont, elles, renoncé dans le même temps à distinguer entre violences légitime et illégitime, laissant cette charge au souverain. Tout est en place pour que la médiation interne gagne progressivement l'ensemble de la population ; la médiation externe tend, elle, à être monopolisée par l'unique détenteur de la souveraineté et de la violence légitime, lequel s'arroge tous les pouvoirs, y compris religieux, laissant cheminer ses sujets vers l'égalité des conditions[59].

Girard propose une analyse du règne de Louis XIV emblématique de sa vision historique : « La monarchie absolue est une étape vers la révolution et les formes les plus modernes de la vanité. À Versailles, [...] l'existence est une imitation perpétuelle de Louis XIV. Le roi-soleil est le médiateur de tous les êtres qui l'entourent. Et ce médiateur reste séparé de ses fidèles par une distance spirituelle prodigieuse. Le roi ne peut pas devenir rival de ses propres sujets. [...] La théorie du “droit divin” définit parfaitement le type particulier de médiation externe qui fleurit à Versailles et dans la France entière pendant les deux derniers siècles de la monarchie[60]. » Fort de son apparent triomphe, le roi pousse en fait le chant du cygne de la médiation externe : monarchie absolue et société d'ordres, la France n'est plus qu'un souverain unique, modèle universel, et un peuple de sujets qu'une segmentation en ordres ne différencie plus qu'optiquement. La Révolution française en prend acte dès 1789 en proclamant l'égalité entre tous[61]. La « prodigieuse distance spirituelle » que Louis XIV a instaurée a été difficile à assumer par ses successeurs. La monarchie absolue est vouée à l'échec tant elle dépend d'un ensemble de croyances profanes que seul un monarque quasi divin peut inspirer. Moins de deux siècles plus

---

[58] DUMOUCHEL, *Le sacrifice inutile*, p. 141.

[59] C'est aussi le moment où Shakespeare et Cervantès apparaissent sur la scène girardienne.

[60] *Mensonge romantique*, p. 140.

[61] DUMOUCHEL, *Le sacrifice inutile*, p. 146-147.

tard, Louis-Philippe boursicote, abolissant toute distance avec son peuple[62].

Philosophe de l'État qui entend fonder une science du politique comme la physique des corps, Hobbes est le penseur de la souveraineté absolue. Il est lui aussi le témoin direct d'un état de guerre civile en Angleterre[63], le contemporain du moment où le jeune Louis XIV est aux prises avec la Fronde en France mais aussi de la guerre de Trente Ans au cours de laquelle les souverainetés s'affrontent comme pour se conforter mutuellement. Il fait de l'exclusion des groupes intermédiaires (et donc du laminage de la médiation externe) la condition de la paix intérieure : « Politiquement, l'expulsion des groupes hors de l'État équivaut à l'unanimité, car elle pose les sociétaires face à l'État comme des individus isolés, dans la mesure où il n'existe pas à l'intérieur de l'État de groupe qui puisse assurer leur défense. Tous sont identiquement soumis au même pouvoir auquel ils accordent leur soutien en échange de sa protection[64]. »

Girard nourrit des sentiments ambivalents à l'égard du philosophe anglais. Il applaudit au chapitre XIII du *Léviathan* où il trouve un état de nature présenté comme une inévitable guerre de chacun contre chacun, chaque belligérant étant suffisamment égal aux autres pour leur faire craindre la mort, état proche de la situation préalable au déclenchement du mécanisme de la victime émissaire. Il serait probablement prêt à s'accommoder d'une conception de la souveraineté qui se présente comme une auto-transcendance. Il ne peut en revanche se satisfaire de la formulation d'un mythe moderne « état de nature-pacte-état de société [...] fondateur de l'avènement historique de la loi[65] », une solution en forme de contrat social : la volonté du peuple institue le souverain qui l'assujettit à la loi, dessinant ainsi une hiérarchie enchevêtrée. L'engagement contractuel est exprimé au chapitre XVII de *Léviathan* en ces termes : « J'autorise cet homme ou cette assemblée d'hommes, et je lui abandonne mon droit de me gouverner moi-même, à la condition que tu lui abandonnes ton droit et autorises toutes ses

---

[62] *Mensonge romantique*, p. 141.
[63] VINOLO, *La violence différante*, p. 89.
[64] DUMOUCHEL, *Le sacrifice inutile*, p. 117.
[65] MAIRET, *Le principe de souveraineté*, p. 49-50.

actions de la même manière. Cela fait, la multitude, ainsi unie en une seule personne, est appelée un ÉTAT [...][66]. » La condition de réciprocité simultanée est la clé de l'adhésion de chacun et donc de tous : un mécanisme d'imitation conditionnelle généralisée est indispensable ; mais il est impossible à obtenir pour Girard. Le désir du contractant n'est pas d'imiter l'autre mais que l'autre l'imite pour permettre une réciprocité nécessaire au contrat. Chacun revendique ici l'antériorité de son désir. Or une telle situation conduit au conflit plus souvent qu'au contrat. Même si Hobbes évite de faire du souverain un contractant lié par le contrat, il n'échappe pas au paradoxe de la pré-identification nécessaire de sa personne.

Quoi qu'il en soit, entre l'action de Louis XIV et la science de Hobbes, la médiation externe d'un seul ouvre désormais un champ infini à la médiation interne entre tous les autres.

La monopolisation de la violence par le souverain et un système pénal qui se substitue aux institutions *vindicatoires* produisent des effets spectaculaires sur la violence individuelle. Dans la plupart des pays du Nord de l'Europe jusqu'à la France, dont l'absolutisme est le plus puissant, s'enclenche un mouvement de baisse spectaculaire des taux d'homicide, « lié à la nette diminution des confrontations masculines à l'arme blanche qui affecte en premier lieu les aristocrates, avant de diffuser lentement et inégalement au sein des couches populaires[67]. » La réglementation puis l'interdiction du duel et la pénalisation des meurtres remplacent la composition. Le roi n'accède plus aux demandes de rémission. La modification des principes d'éducation des adolescents propage une transformation des comportements et des valeurs des jeunes mâles jusqu'alors prompts à prouver leur virilité dans des combats entre pairs, principalement entre 15 et 30 ans, célibataires ou jeunes mariés. Le dégoût du sang en vient à l'emporter sur la défense de l'honneur, accompagnant l'émergence d'une nouvelle conception de la personne, responsable de ses actes et, de ce fait, en voie d'autonomisation. Actrice majeure de cette inflexion, la justice pénale du souverain applique désormais la sanction à celui qui est reconnu coupable du crime, rétablissant l'imputation directe de la

---

[66] HOBBES, *Léviathan*, p. 288

[67] MUCHEMBLED, *Une histoire de la violence*, p. 455.

vengeance tout en se prémunissant contre le risque de vendetta. La peine de mort est appliquée aux crimes pour lesquels elle est prévue au terme d'un procès en bonne et due forme comme dernier mot de la violence. Quant à l'exécution, elle est publique, le bourreau n'étant que le bras armé de la foule. L'accusation publique, le jury populaire et le procès ont pour rôle de réunir toute la communauté dans l'unanimité de la condamnation. L'incarcération, à l'instar de l'expulsion archaïque, éloigne la source du désordre. Dès le XVIIIe siècle en France, de moins en moins toléré en milieu urbain, le meurtre tend à diminuer[68]. Après le juriste Antoine Garapon, Muchembled estime que le rituel judiciaire construit l'objet social « accusé » par opposition à l'honnête homme, « au cours d'un processus légal qui permet à l'État d'affirmer son autorité de manière symbolique et d'offrir aux citoyens un idéal d'égalité devant la loi[69]. » Le modèle du bouc-émissaire reste ainsi en arrière-plan.

Si l'Église joue un rôle pédagogique en faveur du recul de la violence, le renforcement de l'institution monarchique et l'extension du champ de compétence de la justice du roi constituent les facteurs déterminants de l'inflexion. Les comparaisons dans l'espace et le temps révèlent de grandes différences, certains pays profondément christianisés échappant au mouvement (en Europe de l'Est) ou le suivant avec retard et écart (quelques régions italiennes). Il est probablement envisageable de relier le comportement des princes chrétiens au sortir des guerres de religion et de la guerre de Trente ans à leur éducation religieuse et une meilleure compréhension de la révélation évangélique mais, à l'évidence, ce facteur n'explique pas à titre principal le recul de la violence. Celui-ci contredit au demeurant la prédiction de la théorie mimétique selon laquelle la décrédibilisation par la Révélation et l'inefficacité croissantes du mécanisme de la victime émissaire auraient dû engendrer un surcroît de violence. *A contrario*, cette situation manifeste une régulation de la violence de plus en plus par des institutions politiques et de moins en moins par des institutions religieuses.

---

[68] *Ibid.*, p. 329. Simultanément le vol augmente chez des enfants du peuple qui s'estiment mal lotis.
[69] *Ibid.*, p. 365.

Du XVIe au XVIIIe siècle, une évolution majeure a été amorcée. Après sa dispersion doctrinale, le religieux chrétien n'est jamais parvenu à asseoir complètement la souveraineté que le Pape a un temps revendiquée et cède la place au politique pour monopoliser l'usage de la violence qu'il a la capacité de qualifier de « bonne » pour juguler la « mauvaise ». Simultanément, la structuration hiérarchique des sociétés tend à se défaire, écrasée par la toute-puissance de l'État de droit. La médiation a entamé sa mutation dans un espace social en cours de décloisonnement.

Tocqueville, témoin et historien de la transformation de la médiation

Aux temps où Tocqueville écrit, la souveraineté est encore en débat en France au terme d'une longue Révolution qu'il estime inachevée. Il élabore *De la démocratie en Amérique*[70] sous la Monarchie de Juillet[71] ; publié en 1856, *L'Ancien Régime et la Révolution*[72] est conçu au début du Second Empire. Sa réflexion, fondée sur une double opposition entre âges aristocratique et démocratique d'une part, Amérique et France de l'autre, se veut « une science politique nouvelle pour un monde tout nouveau[73]. »

Plutôt avare de définitions, Tocqueville préfère la dynamique des faits générateurs à la statique des concepts. Il en livre néanmoins une pour la souveraineté, lapidaire : « le droit de faire les lois[74]. » Elle signale ainsi l'enchevêtrement au cœur du concept : si la souveraineté est « le droit de faire les lois », dans un État de droit, c'est la loi qui est créatrice de droits. Il focalise son attention sur la souveraineté du peuple. Ses analyses anthropologiques en font de plus un observateur précieux des mœurs de l'époque.

---

[70] TOCQUEVILLE, *De la démocratie en Amérique I et II*.
[71] Le premier tome paraissant en 1835 et le second en 1840.
[72] TOCQUEVILLE, *L'Ancien Régime et la Révolution*.
[73] TOCQUEVILLE, *De la démocratie en Amérique I*, Introduction, p. 43. Tocqueville, tout comme Hobbes avant lui, ne semble pas nourrir de préjugé défavorable à l'encontre de la science politique, contrairement à Girard.
[74] *Ibid.*, première partie, chapitre VIII, section « En quoi la position du Président des États-Unis diffère d'un roi constitutionnel en France », p. 197.

« S'il y a une science politique, c'est Tocqueville [...] qui trouve la différence entre la démocratie et la monarchie en la fondant sur le modèle unique de cet animal sacrificiel qu'est le roi. La démocratie, où il y a autant d'obstacles que d'individus dans la société, donne l'impression que, le roi supprimé, tous les obstacles sont supprimés[75]. » Dès 1960-1961, Girard réunit les contemporains Tocqueville et Stendhal en raison de la proximité de leurs appréciations sur les mœurs de leur temps[76]. Stendhal « cherche la source de ce poison spirituel [le ressentiment] dans l'imitation passionnée d'individus qui sont au fond nos égaux et que nous dotons d'un prestige arbitraire[77] » et « seuls méritent la liberté ceux qui sont capables de la conquérir [...]. Seul l'être fort peut vivre sans vanité[78]. » De son côté, Tocqueville introduit en 1835 son propos sur le basculement qui s'opère alors : « [...] je voyais de plus en plus, dans l'égalité des conditions, le fait générateur dont chaque fait particulier semblait descendre, et je le retrouvais sans cesse devant moi comme un point central où toutes mes observations venaient aboutir[79]. » Pour lui, « ce qui attache le plus vivement le cœur humain, ce n'est pas la possession paisible d'un objet précieux, c'est le désir imparfaitement satisfait de le posséder et la crainte incessante de le perdre[80]. » L'égalité des conditions, loin de faire disparaître la rivalité, la suscite au contraire[81]. Cette tendance à l'égalité relève de la fatalité, même si Tocqueville la revêt des habits de la Providence. Il voit aussi dans la multiplication des obstacles et l'excitation des ambitions les raisons de la montée de l'inquiétude dans les sociétés démocratiques : « Ils ont détruit les privilèges gênants de quelques-uns de leurs semblables ; ils rencontrent la concur-

---

[75] *Celui par qui*, p. 151-152.

[76] Conférence prononcée à Toronto en 1960 et rééditée in *Mimesis & Theory*, p. 42-48.

[77] *Mensonge romantique*, p. 28-29.

[78] *Ibid.*, p. 81.

[79] TOCQUEVILLE, *De la démocratie en Amérique I*, Introduction, p. 37

[80] Tocqueville, *De la démocratie en Amérique II,* deuxième partie, chapitre X, p. 181.

[81] Viard note que Tocqueville comprend le premier que « la vérité de l'individualisme n'est pas l'autonomie mais l'aliénation », in VIARD, *Amour-propre*, p. 115.

rence de tous.[82] » L'inquiétude tocquevillienne traduit le sentiment d'insuffisance d'être[83]. Avant Girard, il repère ici en outre le rôle majeur de la foule unanime : « La théorie mimétique du désir rejoint sur beaucoup de points la pensée de Tocqueville dans la seconde partie de *La démocratie en Amérique* [...][84]. » Tocqueville pense ensemble l'égalité des conditions et la concurrence qui opposent les égaux. Il témoigne de l'expansion de la médiation interne dans les sociétés démocratiques. Il permet d'aborder la souveraineté que Girard a évoqué plus allusivement, préférant narrer les progrès de la médiation interne au XIXe siècle.

Si la souveraineté nationale correspond en Amérique à l'affirmation d'une indépendance, elle prend en France la forme d'une construction de l'esprit pour tenter de façonner la réalité. Elle apparaît dans la déclaration des droits de l'homme et du citoyen de 1789 en son article 3 : « Le principe de toute souveraineté réside essentiellement dans la nation : nul corps, nul individu ne peut exercer d'autorité qui n'en émane expressément. » L'abstraction de la nation, appelée à se substituer au droit divin d'un monarque expulsé et même exécuté, transcende l'assemblée des individus qui la composent, aucun d'entre eux ne pouvant plus monopoliser la souveraineté. Cette modalité évite la question de savoir si ce sont le droit ou les lois qui commencent : la nation précède et l'un et les autres, leur autorité en « émane ».

La nation est l'abstraction souveraine vers laquelle les désirs des citoyens convergent pour se muer en patriotisme. Elle accroît l'espace de la solidarité et l'identité entre citoyens sans les faire dépendre d'un quelconque lien personnel[85]. Mais la nation ainsi conçue doit confier la désignation de ses représentants à une partie de ses membres, les mieux éduqués ou les plus fortunés. La représentation nationale devient l'enjeu de la compétition mais aussi le moyen d'exclure les porteurs de certaines revendications. Le tiers-état aspire ainsi à être tout,

---

[82] TOCQUEVILLE, *De la démocratie en Amérique II*, deuxième partie, chapitre XIII, p. 193.

[83] Girard rapproche l'inquiétude tocquevillienne de la vanité stendhalienne, « triste et soupçonneuse ; elle craint atrocement le ridicule », in *Mensonge romantique*, p. 143.

[84] *De la violence à la divinité*, p. 13.

[85] DUMOUCHEL, *Le sacrifice inutile*, p. 148-150.

mais en excluant ceux qui refuseraient de s'y fondre : la famille royale[86], la noblesse émigrée, les prêtres réfractaires à la constitution civile du clergé, ou encore les exclus du cens en font rapidement l'expérience. La conception de la souveraineté nationale doit beaucoup à Joseph Sieyès. L'article 26 de son projet de constitution énonce : la loi « doit être l'ouvrage d'un corps de représentants choisis dans un temps court, médiatement ou immédiatement par tous les citoyens qui ont à la chose publique intérêt avec capacité. Ces deux qualités ont besoin d'être positivement et clairement déterminées par la Constitution[87]. » La citoyenneté est ainsi d'emblée couplée à l'exclusion. Sieyès interprète fidèlement les attentes de la bourgeoisie repérées par Tocqueville dans *L'Ancien Régime et la Révolution*[88]. La Constituante recourt au cens dès 1791. Le sujet reste d'actualité quand Tocqueville écrit *De la démocratie en Amérique* : Louis-Philippe l'abaisse dans l'espoir vain de le maintenir. Il suit les idées de François Guizot, son ministre, qui a le projet d'une oligarchie au cœur d'une monarchie constitutionnelle[89].

Dans ce contexte, Tocqueville pose la question qui le préoccupe : « Pense-t-on qu'après avoir détruit la féodalité et vaincu les rois, la

---

[86] Il n'est pas la peine d'insister sur les rapports entre le procès et la mort de Louis XVI et l'interprétation de la naissance de la royauté sacrée à partir d'un bouc émissaire en sursis. À noter l'ironie d'une condamnation à mort qui n'est plus un fait unanime mais celui de la plus courte des majorités en l'espèce. Majorité qui inclut toutefois Philippe Égalité, donnant à la chose un semblant d'unanimité. Girard note par ailleurs que Marie-Antoinette appartient à plusieurs catégories victimaires préférentielles : reine et étrangère durant une grande crise, et même accusée d'avoir commis un inceste avec son fils in *Le bouc émissaire*, p. 32.

[87] In FAURÉ (éd.), *Les déclarations des droits de l'homme de 1789*, p. 106. En posant la question *Qu'est-ce que le Tiers état ?* en titre de son pamphlet, SIEYÈS répond qu'il est la nation dans son entier.

[88] P. 173-174 : Lors de la réforme municipale de 1764, un intendant consulte les officiers municipaux d'une petite ville sur la question de savoir s'il faut conserver aux artisans et *autre menu peuple* le droit d'élire les magistrats. Ils répondent que « le peuple n'a jamais abusé de ce droit, et qu'il serait doux sans doute de lui conserver la consolation de choisir ceux qui doivent le commander ; mais qu'il vaut mieux encore, pour le maintien du bon ordre et la tranquillité publique, se reposer de ce fait sur l'assemblée des notables. »

[89] Voir par exemple in LESCUYER, *Histoire des idées politiques*, pp. 374-376.

démocratie reculera devant les bourgeois et les riches ?[90] » Et il voit un peu plus loin des législateurs ne songeant « qu'à la repousser du gouvernement[91] ». Ses considérations sur l'Amérique éclairent le mouvement historique, couplant égalité des conditions et souveraineté du peuple : toutes les fonctions publiques ne sont pas électives ni tous les citoyens, électeurs, le droit électoral étant presque partout subordonné à un cens. Mais confronté à l'égalisation des conditions, le cens va s'abaissant jusqu'à aboutir à son contraire, le suffrage universel[92].

Tocqueville voit aussi dans les règes de la transmission des fortunes entre les générations un élément clé de la transformation sociale. Dès lors que la législation transcrit dans le droit des successions la tendance à l'égalité et supprime le droit d'aînesse, elle divise les fortunes entre les descendants, ce qui se répercute sur la conception du corps électoral. Là où le cens traduit la volonté de constituer un succédané d'aristocratie, des règles de succession éparpillant les patrimoines sont un antidote démocratique. L'abstraction de la souveraineté nationale ne peut dès lors que s'effacer devant la réalité de celle du peuple que Tocqueville observe aux États-Unis dans son émergence et son déploiement historiques.

Tocqueville est l'analyste d'une situation historique exceptionnelle : il trouve dans les États-Unis naissants une citoyenneté qui se construit sur le rejet d'une souveraineté lointaine et la constitution d'une autre, que ses promoteurs souhaiteraient au demeurant tout aussi lointaine[93] ;

---

[90] TOCQUEVILLE, *De la démocratie en Amérique I,* introduction, p. 41.
[91] *Ibid*., p. 43.
[92] « Lorsqu'un peuple commence à toucher au cens électoral, on peut prévoir qu'il arrivera, dans un délai plus ou moins long, à le faire disparaître complètement. C'est là l'une des règles les plus invariables qui régissent les sociétés. À mesure qu'on recule la limite des droits électoraux, on sent le besoin de la reculer davantage ; car, après chaque concession nouvelle, les forces de la démocratie augmentent et ses exigences croissent avec son nouveau pouvoir. L'ambition de ceux qu'on laisse au-dessous du cens s'irrite en proportion du grand nombre de ceux qui se trouvent au-dessus. L'exception devient enfin la règle ; les concessions se succèdent sans relâche, et l'on ne s'arrête plus que quand on est arrivé au suffrage universel. » In *ibid*., p. 108.
[93] Il offre une confirmation inattendue de la possibilité du contrat social de Rousseau dans un grand pays alors que celui-ci ne le croyait possible que dans des petites contrées où la démocratie directe serait praticable. Au demeurant, les *covenants*

il y observe aussi la consécration de la compétition politique et économique comme régulateur de tous les conflits et une fondation sur de multiples exclusions, non seulement l'émancipation de la couronne britannique mais aussi le refoulement des amérindiens et l'esclavage des africains. Il propose une généalogie de la souveraineté du peuple américain : la doctrine des puritains – les premiers émigrants – contient en germe des éléments d'une théorie démocratique et républicaine[94] fondée sur le *covenant*. Il trouve la trace d'un *quasi* contrat social (*covenant*) en Nouvelle-Angleterre dès 1620 : les colons y conviennent de la promulgation des lois et de l'institution, selon les besoins, de magistrats auxquels ils se soumettront et obéiront[95]. D'autres manifestations de cette origine suivent : « On les [y] voit faire à chaque instant acte de souveraineté[96]. » Les principes constitutionnels que les philosophes anglais et français développent à la fin du XVIIe et au début du XVIIIe siècle, y sont déjà mis en pratique : « [...] l'intervention du peuple dans les affaires publiques, le vote libre de l'impôt, la responsabilité des agents du pouvoir, la liberté individuelle et le jugement par le jury[97]. » L'indépendance communale enracine le principe de la souveraineté du peuple. Les communes se dessaisissent ensuite d'une portion de leur indépendance au profit de l'État pour les seuls intérêts qu'elles partagent avec d'autres[98]. L'organisation démocratique commence au plus bas niveau territorial à partir de la commune ou du comté et remonte à l'État, enfin à l'Union. L'échelon du dessus dispose d'attributions limitativement définies. Lors de la révolution américaine, « le dogme de la souveraineté du peuple sortit de la commune et s'empara du gouvernement ; toutes les classes se compromirent pour sa cause ; on combattit et on triompha en son nom ; il devint la loi des lois.[99] » La loi qui consacre la souveraineté du peuple

initiaux concernent des petites communautés dont l'agrégation pyramidale est ultérieure.

[94] TOCQUEVILLE, *De la démocratie en Amérique I*, première partie, chapitre II, p. 76.

[95] *Ibid.*, p. 79-80. Nous pouvons noter incidemment que la réalité aurait ici été concomitante des réflexions de Grotius et précèderait la fiction théorique hobbesienne ainsi que, *a fortiori*, *Du contrat social* de ROUSSEAU.

[96] *Ibid.*, p. 82.

[97] *Ibid.*, p. 85.

[98] *Ibid.*, première partie, chapitre V, section « De l'existence communale », p. 119.

[99] *Ibid.*, première partie, chapitre IV, p. 107.

domine les autres : principe *supra* constitutionnel, elle est *la loi des lois,* un principe d'intelligibilité : « Le peuple participe à la composition des lois par le choix des législateurs, à leur application par l'élection des agents du pouvoir exécutif ; il gouverne lui-même, tant la part laissée à l'administration est faible et restreinte, tant celle-ci se ressent de son origine populaire et obéit à la puissance dont elle émane. Le peuple règne sur le monde politique américain comme Dieu sur l'univers. Il est la cause et la fin de toutes choses ; tout en sort et tout s'y absorbe[100]. »

Sorte de fait générateur second, la souveraineté du peuple décline politiquement l'égalité des conditions. Elle irrigue toutes les relations, de la base au sommet de la société[101] et articule le particulier et le collectif à chaque niveau d'agrégation sociale. Souveraineté du peuple et démocratie lui semblent deux mots corrélatifs : l'un représente l'idée théorique ; l'autre sa réalisation pratique[102]. Il n'y a plus dès lors place pour l'un et les autres comme la monarchie pouvait l'induire[103] ni pour les uns distincts des autres des âges aristocratiques[104] ; dans une société de semblables, chacun est désormais l'autre des autres[105]. Cependant, la diffusion générale d'un certain goût de l'indépendance et de la liberté aux États-Unis limite les ravages de l'égalité des conditions poussée à son extrême. Dans les âges démocratiques, la raison

---

[100] *Ibid.*, p. 109. À noter ici le choix du verbe *émaner* : « l'administration [...] obéit à la puissance [du peuple] dont elle *émane* » qui semble faire écho à l'article 3 précité de la déclaration française des droits de l'homme et du citoyen de 1789 : « nul corps, nul individu ne peut exercer d'autorité qui n'*émane* [de la nation] ... »

[101] *Ibid.*, deuxième partie, chapitre IX, section « Des institutions aux États-Unis : quelles sont leurs chances de durer », p. 577.

[102] SCHLEIFER, *The making of Tocquevilles's Democracy in America*, p. 15 et p. 329.

[103] TOCQUEVILLE, *De la démocratie en Amérique II*, deuxième partie, chapitre Ier : « On est l'égal de tous ses semblables, moins un, qui est, sans distinction, le maître de tous, et qui prend également, parmi tous, les agents de son pouvoir. »

[104] Par exemple : « Chez les peuples aristocratiques, le pauvre est apprivoisé, dès l'enfance, avec l'idée d'être commandé. De quelque côté qu'il tourne ses regards, il voit aussitôt l'image de la hiérarchie et l'aspect de l'obéissance. » In *ibid.*, troisième partie, chapitre V, p. 248-249.

[105] « [...] soumettre leur volonté à celle des autres, et à subordonner leurs efforts particuliers à l'action commune, toute chose qu'il n'est pas moins nécessaire de savoir dans les associations civiles que dans les associations politiques. » In *ibid.*, deuxième partie, chapitre VII, p. 168.

remplace la tradition : la souveraineté du peuple fournit le cadre d'une allégeance libre à un système de contraintes collectives pourvu qu'il ménage une place suffisante aux initiatives personnelles et adhésions associatives. Cette conclusion provisoire optimiste ne vaut toutefois que si la liberté n'est pas confisquée par un despote et si l'esprit d'indépendance résiste à l'opinion majoritaire.

La tyrannie de l'opinion majoritaire s'exerce quand « la majorité [...] se prétend l'unique organe de la raison[106]. » L'opinion majoritaire est un nouvel avatar de la foule omnipotente. Si le peuple gouverne, la majorité gouverne au nom du peuple[107]. Cette toute-puissance de la majorité et l'absence de recours corrélative qu'elle induit sont décrites de façon saisissante : « Lorsqu'un homme ou un parti souffre d'une injustice aux États-Unis, à qui voulez-vous qu'il s'adresse ? À l'opinion publique ? c'est elle qui forme la majorité ; au corps législatif ? il représente la majorité et lui obéit aveuglément ; au pouvoir exécutif ? il est nommé par la majorité et lui sert d'instrument passif ; à la force publique ? la force publique n'est autre chose que la majorité sous les armes ; au jury ? le jury, c'est la majorité revêtue du droit de prononcer des arrêts : les juges eux-mêmes, dans certains États, sont élus par la majorité[108]. »

Thomas Jefferson l'avait prévu : « La tyrannie des législateurs est actuellement, et sera pendant bien des années encore, le danger le plus redoutable[109]. » Pour limiter ce risque, les comportements induits par le désir mimétique sont cadrés et simultanément encouragés : chaque individu forme une portion égale du souverain et participe également au gouvernement de l'État ; chacun obéit à la société parce que l'union avec ses semblables lui paraît utile ; chaque citoyen est à la

[106] TOCQUEVILLE, *De la démocratie en Amérique I,* première partie, chapitre V, section « Des effets politiques de la décentralisation administrative aux États-Unis », p. 151.
[107] *Ibid.*, deuxième partie, chapitre 1er, p. 265.
[108] *Ibid.*, chapitre VII, section « Tyrannie de la majorité », p. 378. Tocqueville relate la mise à sac des locaux d'un journal et l'assassinat d'un journaliste par des bellicistes, en définitive acquittés par un jury populaire.
[109] Lettre de Jefferson à Madison du 15 mars 1789, in *ibid.*, section « Que le plus grand danger des républiques américaines vient de l'omnipotence de la majorité », p. 389.

fois « électeur, éligible et juré »[110] ; la liberté d'expression passe par l'absence de censure de la presse[111] et, plus encore et malgré ses dangers, par la liberté illimitée d'association[112], les deux se renforçant ; l'absence de centralisation administrative et politique, instrument indispensable à la tyrannie et au despotisme, limite leur déploiement[113] ; le pouvoir judiciaire est garant des libertés individuelles[114], il est juge de la constitutionnalité des lois et protège de l'arbitraire des fonctionnaires dans l'exercice de leurs fonctions[115] ; la cour suprême a la compétence d'établir la compétence des autres juridictions. Pour n'être pas opprimante, la souveraineté doit donc être partagée selon de multiples axes : entre chaque citoyen ; entre chacun des niveaux d'exercice du pouvoir ; entre de nombreux magistrats à chaque niveau territorial ; entre chacun des trois pouvoirs indépendants les uns des autres, le pouvoir judiciaire étant effectivement séparé de l'exécutif (quant au pouvoir législatif, il est lui-même réparti entre deux chambres) ; enfin entre une opinion majoritaire et des associations politiques jouissant d'une liberté illimitée de se constituer et de s'exprimer[116]. Toujours dangereuse, une souveraineté unanime doit être fragmentée en de multiples composantes appelées à se concurrencer pour limiter les risques d'abus de positions dominantes, sous l'égide, en dernier ressort, d'un

---

[110] *Ibid*, deuxième partie, chapitre VIII, section « Du jury aux États-Unis comme institution politique », p. 405. Un peu plus loin, p. 406 : « le jury est avant tout une institution politique ; on doit le considérer comme un mode de la souveraineté du peuple [...]. » Et « l'institution du jury place le peuple lui-même [...] sur le siège du juge. »

[111] *Ibid.*, deuxième partie, chapitre III, p. 277 : « La souveraineté du peuple et la liberté de la presse sont donc deux choses entièrement corrélatives : la censure et le vote universel sont au contraire deux choses qui se contredisent. »

[112] *Ibid.*, deuxième partie, chapitre III, p. 277 et suivantes et chapitre IV, p 286 et suivantes.

[113] TOCQUEVILLE *De la démocratie en Amérique I*, deuxième partie, chapitre VIII, p. 390-391.

[114] TOCQUEVILLE *De la démocratie en Amérique II*, deuxième partie, chapitre IX, section « Comment les lumières, les habitudes et l'expérience pratique des Américains contribuent au succès des institutions démocratiques », pp. 445-446.

[115] TOCQUEVILLE *De la démocratie en Amérique I*, première partie, chapitre VII, p. 168 et suivantes.

[116] *Ibid.*, deuxième partie, chapitre IV, p. 292 : « il n'y a pas de pays où les associations sont plus nécessaires pour empêcher le despotisme des partis ou l'arbitraire du prince que ceux où l'état social est démocratique. »

contrôle de constitutionalité des agissements de la majorité. Au-dessus, une souveraineté du genre humain justifie la désobéissance à une loi injuste qu'édicterait le peuple : « la justice forme la borne du droit de chaque peuple[117]. » La souveraineté perd ainsi sa valeur absolue par soumission à un droit naturel.

Toutefois le modèle fédératif américain n'est pas pour lui universel : « Le peuple qui, en présence des grandes monarchies militaires de l'Europe, viendrait à fractionner sa souveraineté, me semblerait abdiquer, par ce seul fait, son pouvoir, et peut-être son existence et son nom[118]. » La Révolution française succédant à l'Ancien Régime apparaît, elle, comme une entreprise de concentration sans précédent : « [...] vous apercevez un pouvoir central immense qui a attiré et englouti dans son unité toutes les parcelles d'autorité et d'influence qui étaient auparavant dispersées dans une foule de pouvoirs secondaires, d'ordres, de classes, de professions, de familles et d'individus, et comme éparpillées dans tout le corps social[119]. » Aux États-Unis, la répartition du « droit de faire les lois » portant sur les mêmes objets entre les États fédérés, présente aussi l'avantage de lutter contre leur uniformité, tendance favorable à la concentration des pouvoirs[120]. La décentralisation prémunit ainsi contre la tyrannie administrative de la majorité[121]. Si l'on regarde maintenant le pouvoir exécutif central, « la souveraineté, aux États-Unis, est divisée entre l'Union et les États, tandis que, parmi nous, elle est une et compacte ; de là naît la première et la plus grande différence [...] entre le président des États-Unis et le

[117] *Ibid.*, deuxième partie, chapitre VII, section « Tyrannie de la majorité », p. 376.
[118] *Ibid.*, première partie, chapitre VIII, section « Ce qui fait que le système fédéral n'est pas à la portée de tous les peuples, et ce qui a permis aux Anglo-Américains de l'adopter », p. 261.
[119] TOCQUEVILLE, *L'Ancien Régime et la Révolution*, livre premier, chapitre III, p. 66.
[120] TOCQUEVILLE, *De la démocratie en Amérique II*, quatrième partie, chapitre II, p. 397 et suivantes.
[121] TOCQUEVILLE, *De la démocratie en Amérique I*, deuxième partie, chapitre VIII, p. 391 : « Les corps municipaux et les administrations des comtés forment donc comme autant d'écueils cachés qui retardent ou divisent le flot de la volonté populaire. »

roi en France[122]. » Tocqueville pointe une autre différence : le président des États-Unis exécute des lois qu'il ne peut empêcher d'exister, il ne participe donc pas au souverain[123]. Il conclut en plaçant toutefois les deux chefs de l'exécutif sous la coupe de leur opinion publique, expression quotidienne du peuple souverain aux âges démocratiques, la multitude contre l'un, la foule face aux autorités.

Est-ce un hasard, la première occurrence du terme de souverain, au début de *De la démocratie en Amérique*, place sous le patronage de la Providence le projet de l'humanité : « Si de longues observations et des méditations sincères amenaient les hommes de nos jours à reconnaître que le développement graduel et progressif de l'égalité est à la fois le passé et l'avenir de leur histoire, cette seule découverte donnerait à ce développement le caractère sacré de la volonté du souverain maître. Vouloir arrêter la démocratie paraîtrait alors lutter contre Dieu même, et il ne resterait aux nations qu'à s'accommoder à l'état social que leur impose la Providence[124]. »

Au terme de cette évolution, un système institutionnel élaboré s'est mis en place aux États-Unis séparant et combinant les pouvoirs, donnant, au moins en théorie, au justiciable la capacité de lutter à égalité avec l'État ou l'opinion publique. L'égalité des rivaux se joue dans les prétoires où chacun peut réclamer son droit à la puissance d'être, mais aussi à la libre entreprise de s'approprier revenus et patrimoines. Et l'individu isolé dispose de la faculté de rivaliser à égalité avec d'autres en s'associant avec ceux dont il partage les intérêts.

Tocqueville est ainsi le premier théoricien de la rivalité des égaux : ses réflexions sur la souveraineté constituent un complément indispensable au propos de Girard qui en a l'intuition mais n'en a pas mené l'étude. Il lui offre de surcroît une caution, ayant démontré la capacité de ses concepts à féconder le champ politique. L'approche socio-historique de Tocqueville est aussi précieuse pour rendre compte de ce moment exceptionnel, entre XVIIIe et XIXe siècles, du basculement dans la médiation interne.

---

[122] *Ibid.*, première partie, chapitre VIII, section « En quoi la position de président des États-Unis diffère de celle d'un roi constitutionnel en France », p. 196.
[123] *Ibid.*, p. 197.
[124] *Ibid.*, Introduction, p. 42.

Le XXe siècle, entre rapports de doubles politiques et génocides

Le XXe siècle peut s'analyser comme une série de duels mimétiques montant aux extrêmes. Il est le siècle du commencement de la fin de la souveraineté étatique et, par voie de conséquence, du politique moderne, après une apogée marquée par la rivalité des idéologies les plus empreintes de volonté de puissance hégémonique et l'extension de la sphère publique à des niveaux inédits[125]. Sa contestation passe par l'émergence de l'économie marchande, comme nouvel avatar de la régulation des sociétés humaines[126]. Il est aussi le siècle des génocides.

Girard fait remonter l'origine de la rivalité mimétique entre la France et l'Allemagne du serment de Strasbourg en 842 ; celle-ci prend un tour nouveau avec la Révolution française et la montée en puissance d'une Prusse qui renoue avec le projet du Saint-Empire. La date charnière est 1806 : la victoire française d'Iéna a confirmé la force de la conscription et de l'engagement d'une nation entière mais aussi suscité un désir irrépressible de revanche d'une Prusse engagée dans la fédération progressive de tous les peuples parlant allemand en application de l'isomorphie postulée par le triptyque nationaliste : un peuple, un territoire, une langue[127]. Girard en souligne les conséquences désastreuses : « Il y a là l'un des foyers d'indifférenciation les plus virulents de l'histoire de l'Europe. Le fait que cette rivalité ait fini par produire ce monstrueux dérapage sacrificiel qu'est l'entreprise d'extermination des juifs – crime d'État, froidement pensé et organisé [...] – doit rester constamment à l'esprit[128]. »

Le XIXe siècle a été celui de la constitution ou de l'affermissement de bien des États-nations, ces communautés imaginaires semblables dans

---

[125] Valorisant la redistribution des richesses aux populations à une hauteur atteignant la moitié du revenu national, voire davantage dans certains pays européens dont la France.

[126] GOMEZ et KORINE, *L'entreprise dans la démocratie* et DUPUY, *L'économystification.*

[127] Ce nationalisme traduit la pensée de Fichte notamment, enfant du romantisme et des Lumières.

[128] *Achever Clausewitz*, p. 290-291.

leurs désirs communs et imités de différer les unes des autres[129]. Les plus précocement constitués ont alors étendu leurs empires coloniaux, rivalisant à longue distance à la conquête des mêmes territoires[130], s'affrontant militairement pour en prendre possession, les considérant comme *terra nullius*, biens convoitables parce que convoités par les rivaux du vieux continent ; d'autres ont commencé à s'émanciper, à l'instar des États-Unis et de plusieurs autres contrées américaines. L'Allemagne, agrégée tardivement et, de ce fait, privée d'empire colonial, met alors en péril l'équilibre du Congrès de Vienne. À la rivalité des monarques succède celle, autrement plus virulente, des nationalismes.

Trois guerres conduisent, au moins pour un temps, à l'impossibilité de nouveaux conflits armés majeurs en Europe occidentale mais aussi à la fin de la domination européenne du monde. La diplomatie s'est révélée incapable de dépasser la mimésis d'appropriation motivant les deux nations, d'abord avec la prise puis la reprise de l'Alsace et de la Lorraine, ensuite par l'occupation de la Ruhr, alors même que les Allemands ont des raisons objectives d'estimer ne pas avoir perdu la Grande Guerre[131]. En occupant la Ruhr, les Français sont tombés dans un piège politique en s'interdisant dans les faits de répondre[132] : « Hitler a profité du fait que les Allemands étaient considérés comme des victimes : exactement comme ses compatriotes en 1810[133]. » Girard met en évidence les paradoxes mimétiques des relations internationales dont il renouvelle les axes d'analyse : « [...] bellicisme et paci-

---

[129] ANDERSON, *L'imaginaire national.*

[130] Le Pape avait déjà dû partager le monde en deux entre les empires espagnols et portugais naissants, deux ans après le premier voyage de Christophe Colomb par le traité de Tordesillas en 1494.

[131] Ayant subi deux fois moins de pertes humaines que leurs ennemis et préservé leur territoire de l'invasion.

[132] *Achvever Clausewitz*, p. 308 : « [...] c'est en raison même du désastre de 1914-1918 que personne n'osa bouger quand Hitler décida d'envahir la Rhénanie en 1936. » Et p. 308-309 : « Si la France était entrée en Allemagne, elle aurait été celle qui aurait refusé le pacte Briand-Kellog du 27 août 1928, par lequel quarante-sept pays condamnaient la guerre. Il n'y aurait jamais eu d'Hitler, mais personne ne l'aurait jamais su. [...] Pour le monde entier, la France aurait été celle qui n'aurait pas voulu en finir avec la guerre. »

[133] *Ibid.*, p. 309.

fisme sont des doubles mimétiques [...]. Si les deux adversaires veulent la guerre en même temps, ils peuvent se neutraliser : ce sera le cas de la dissuasion nucléaire. Mais si l'un des deux *la veut plus que l'autre*, l'autre peut avoir tendance à *la refuser d'autant plus.*[134] »

La répétition des erreurs et les relations inextricables des deux modèles-obstacles réciproques les conduisent à une inexorable montée aux extrêmes[135]. Pour y mettre un terme, une seule issue, la renonciation à la violence et le pardon, ce que comprennent enfin en 1958 le général de Gaulle et Konrad Adenauer[136]. Après 1945, il n'y a plus que des victimes et des vaincus aptes à pardonner, condition nécessaire, mais pas suffisante, pour sortir d'un cycle de vendettas internationales et entrer dans la réconciliation par la vérité. Encore faut-il que de grands hommes imaginent ensemble les formes adéquates du renoncement à la violence.

Le XXe siècle s'articule plus largement autour des questions que Marx a posées au gouvernement représentatif libéral. À sa suite, Lénine substitue le parti unique au peuple souverain : un oxymore en remplace un autre. La souveraineté se révèle à l'usage un concept qui ne fonctionne sans paradoxe qu'avec l'absolutisme d'un monarque, c'est-à-dire un détenteur unique du pouvoir. Pour tenter de le résoudre, le marxisme-léninisme exclut l'alternance, en définitive la modalité la plus performante du gouvernement représentatif : la mise en compétition électorale périodique partage en effet le pouvoir, et dans le temps et dans l'espace, en donnant l'occasion aux revendications concurrentes de s'agréger partiellement dans des programmes auxquels une majorité d'électeurs donne une légitimité pour la durée d'une manda-

---

[134] *Ibid.*, p. 310.

[135] *Ibid.*, p. 310 : « *La France continue à jouer comme Napoléon*, qui avait envahi l'Allemagne pour maintenir la paix. Elle n'a rien compris. Hitler n'aura rien compris non plus quand il retournera son offensive vers l'est, après sa victoire fulgurante contre la France, et il refera à son tour la même erreur que Napoléon. Exemple parfait de ce que j'appelle *méconnaissance*. Plus je veux la paix, c'est-à-dire conquérir, plus je cherche à affirmer ma différence et plus je prépare une guerre que je ne maîtriserai pas, qui se servira de moi. C'est ainsi que l'indifférenciation devient planétaire, que la violence mimétique croît à l'insu de ses acteurs. »

[136] *Ibid.*, p. 293-294 : ils « voient tous deux que l'Europe doit être pardonnée, en quelque sorte, là où elle a péché. »

ture. Le projet est d'en finir avec la lutte des classes qui porte sur l'appropriation des moyens de production. La victoire du prolétariat sur la bourgeoisie vise la fin du droit à la propriété individuelle. Marx et Engels croient apporter ainsi une réponse définitive aux problèmes engendrés par la mimésis acquisitive : pour abolir la mimésis, il suffirait de supprimer l'objet de la convoitise ou d'exclure la possibilité juridique de son appropriation. Un communisme intégral peut ainsi aller, au bout de sa logique, jusqu'à une rupture des liens familiaux, lesquels sont réputés empêcher la circulation des corps et soumettre les enfants à leurs parents. Une fois encore, la mimésis d'appropriation est au cœur du politique.

Le projet communiste est celui d'un au-delà du politique qui ramène à son en-deçà archaïque, à certains égards jusqu'aux communautés de chasseurs-cueilleurs d'avant le stockage et la circulation des biens de prestige. La société civile réconciliée n'a plus besoin de l'État, auquel il ne reste plus qu'à dépérir, ni d'ailleurs de religion dès lors que les différences sont interdites, la concurrence abolie et l'unanimité obligatoire, ce que Girard dénonce comme une croyance naïve en « l'identité paisible, la fraternité accessible sur le plan purement humain ». Une telle ignorance des réalités anthropologiques ne peut que conduire à multiplier les exclus pour faire disparaître les différences, réelles ou supposées, et conserver l'unanimité de ceux qui restent inclus dans la société civile, par adhésion ou par peur. Le souci de moindre violence n'a plus cours : « le stalinisme fait aussi penser, *mutatis mutandis*, à la multiplication démente des sacrifices humains dans l'Amérique précolombienne[137]. » L'unanimité est recherchée dans le procès stalinien dont l'aveu est la modalité de preuve privilégiée : « Renforcer la communauté et renforcer la transcendance socioreligieuse ne sont qu'une seule et même chose. Mais ce renforcement exige un mécanisme victimaire sans bavure, un accord parfaitement unanime sur la culpabilité de la victime[138]. » Le marxisme fonctionne comme un mécanisme émissaire dans lequel les victimes « sont délibérément choisies en fonction d'une théorie. » Son effondrement est « celui d'un

[137] *Ibid.*, p. 18.
[138] La question est abordée in *La route antique*, p. 165.

système de persécution quasi mythique »[139]. Ni la disparition de l'objet ni celle du sujet ne règlent l'affaire. Et le système finit par imploser : « Avant l'effondrement de l'URSS, le communisme était une réalité historique si formidable que, même discrédité en tant qu'idéologie, elle gardait le prestige d'une grande puissance [...]. [Son] effondrement s'est produit aussi rapidement, aussi furtivement que les obsessions du souterrain quand elles finissent par disparaître, [...] dans un souffle[140]. »

Au sein du socialisme, l'affrontement oppose d'ailleurs d'emblée communisme et social-démocratie dans un rapport de doubles. Et il produit symétriquement au sein du libéralisme la différenciation entre confiance en l'équilibre optimal des marchés dans le cadre d'une concurrence pure et parfaite et impératif d'une redistribution correctrice de l'État-providence. De surcroît, un rapport de doubles supplémentaire s'établit également parmi les idéologies totalitaires entre nazisme et stalinisme. Le nazisme a pour programme de « [...] faire des victimes *en le sachant*, et pour des raisons quasiment spirituelles, pour refermer la communauté sur le dos de boucs émissaires. Le marxisme, au contraire, est d'inspiration super-chrétienne. [...] C'est du christianisme dévié, dans la mesure où l'utopie, forcément échoue.[141] »

La fin de la deuxième guerre mondiale simplifie durant près d'un demi-siècle la situation en empilant ces multiples dichotomies au sein d'un monde bipolaire. Le conflit idéologique se transforme en un affrontement de puissances qui se veulent à peu près égales, un nouvel avatar de la montée aux extrêmes : d'un côté, les « démocraties populaires » superposent communisme, totalitarisme et capitalisme monopoliste d'État ; de l'autre, le « monde libre » sous domination étatsunienne se réclame du libéralisme, du gouvernement représentatif et de l'économie de marché selon la modalité de l'État-providence. La situation semble alors limpide : l'Est et l'Ouest avec un « rideau de fer » tiré entre les deux, un tiers-monde hétéroclite se soumettant peu ou prou à l'hégémonie de l'un ou l'autre des deux protagonistes principaux.

---

[139] *Quand ces choses*, p. 17.
[140] In *La voix méconnue*, « Le désir mimétique dans le souterrain », p. 220-221.
[141] *Quand ces choses*, p. 20.

La social-démocratie et l'État-providence, fondus dans la recherche d'une réponse pertinente à opposer au défi communiste, proposent néanmoins une approche concurrente d'un même objectif : dépasser les conflits d'appropriation par la poursuite de l'égalisation des puissances d'être et d'agir. Ils promeuvent la redistribution des surplus, le resserrement de l'écart des revenus et des patrimoines, le rapprochement des opportunités par l'éducation et des espérances de vie grâce aux assurances sociales... Ils tentent de répondre aux multiples revendications de leurs citoyens. Pourquoi refuseraient-ils le consensus si chacun sait qu'il aura assez à défaut d'avoir autant et peut nourrir l'espoir d'avoir davantage pour lui-même ou sa descendance ? Un tel espoir, aussi illusoire que le communiste, débouche également sur une déception. L'effondrement du bloc soviétique et l'avènement quasi-concomitant à partir de la décennie 1980 de l'idéologie néolibérale en témoignent.

La fécondité de l'hypothèse mimétique appliquée aux grands événements de l'époque contemporaine est mise en évidence par Dumouchel qui identifie un paradoxe du XXe siècle : officiellement protecteurs de leurs populations, certains États sont les principaux responsables des massacres perpétrées contre elles[142]. Et ce, alors que l'État est dépositaire de l'autorité morale de distinguer la bonne et la mauvaise violence[143]. Le politique assume en principe une fonction protectrice face à la mauvaise violence : il limite la violence que les individus peuvent exercer les uns contre les autres et celle qui vient d'ennemis extérieurs. Cette protection est toutefois elle-même violente : elle suppose une force coercitive ainsi que le monopole de la violence physique légitime qui provient de l'accord de ceux qui s'y soumettent. Lorsque ce n'est pas le cas, l'État est lui-même conçu comme violence[144]. Le Kampuchéa détruit de manière méthodique l'ensemble des modérateurs de la violence, le sacré, le politique, mais aussi la monnaie[145]. Au Rwanda, « l'essentiel était de se montrer "mé-

[142] Cambodge, Rwanda, Turquie, Union Soviétique, Argentine, Chili, Chine...

[143] DUMOUCHEL, *Le sacrifice inutile*, p. 11.

[144] *Ibid.*, p. 23

[145] *Ibid.*, p. 31-32 : « Les Khmers rouges, en détruisant systématiquement les relations traditionnelles de solidarité au sein de la société cambodgienne, en atomisant radicalement les rapports entre les personnes, ont posé les conditions d'une complète

ritant" : c'est-à-dire d'approuver la politique génocidaire, ou du moins de ne pas manifester son désaccord, quitte à se révéler particulièrement faible, incompétent ou maladroit dans l'exécution des ordres[146]. » Ce faisant, en n'ayant d'autre échappatoire que de faire mine d'adhérer au consensus meurtrier, même celui qui s'abstient de perpétrer la violence, participe de l'unanimité du groupe persécuteur. La norme sociale est désormais de tuer et elle ne doit pas être mise en cause[147]. Les guerres (quasi-) civiles entre les peuples issus de l'ex-Yougoslavie que rien d'essentiel ne sépare aboutissent à des comportements semblables : une sorte de « narcissisme des petites différences » emprunté à Freud par Michel Ignatieff semble à l'œuvre. Palaver précise que seule la théorie mimétique explique ce phénomène : les limitations sociales qui préviennent ou retiennent le désir mimétique manquent entre égaux et voisins, d'où la brutalité des guerres civiles et fratricides[148].

Dumouchel explicite à partir de ces situations « la banalité du mal » repérée par Arendt, expression de son étonnement, lors du procès d'Eichmann, provoqué par l'écart entre la médiocrité des ambitions bureaucratiques du bourreau dépourvu de toute sacralité et l'immensité du mal commis[149]. Il s'agit d' « un mal désormais à la portée de tout le monde[150] ». Le politique régresse vers une situation pré-politique : « Or lorsque l'État se retourne contre ses citoyens, ce n'est pas simplement le pouvoir qui s'en prend à des personnes isolées et sans défense, ce sont aussi les individus qui, retombant dans l'état

---

indifférence aux autres. En abolissant l'argent, c'est-à-dire l'échange, ils ont institué la convergence des conflits privés et de l'antagonisme politique, retirant ainsi aux agents toute façon de se défendre ou d'améliorer leur sort autre que la rivalité politique. »

[146] *Ibid.*, p. 45.

[147] *Ibid.*, p. 60 : « La disparition des liens de solidarité réciproque dissocie les conflits de la communauté et les abandonne à leur évolution spontanée parce qu'elle diminue leur pouvoir de contagion. Alors que les liens de solidarité cherchent à empêcher le surgissement de la violence et facilitent sa diffusion une fois que l'affrontement a commencé, en l'absence de ces liens les conflits et la violence sont plus libres de surgir, mais leur propagation devient plus difficile. »

[148] PALAVER, *René Girard's Mimetic Theory*, p. 63-64.

[149] DUMOUCHEL, *Le sacrifice inutile*, p. 65-66.

[150] *Ibid.*, p. 69.

de nature, s'entre-déchirent. […] On peut voir les dénonciations politiques comme un exemple de "banalité du mal" […] comme un phénomène qui se situe à mi-chemin entre une violence politique et une violence privée, à mi-chemin aussi entre un crime et une violence légale, institutionnalisée et sanctionnée par l'État[151]. »

Dumouchel emprunte à l'anthropologue Nancy Scheper-Hughes les notions de « continuum génocidaire » et de « crime de paix », violences légalement commises dans un pays dont certaines peuvent être par la suite qualifiées de crimes contre l'humanité par un tribunal international[152]. Cela, dans l'indifférence générale d'individus qu'une distance morale maximale sépare. L'État se retourne au demeurant d'autant plus facilement contre sa population que la dénonciation politique devient à la fois un moyen de prévenir d'éventuels agissements de celui qu'on dénonce et de lui régler son compte à la suite de querelles de voisinage ou familiales, mêlant inextricablement violence politique et violence privée[153].

La théorie mimétique invite de la sorte à une interprétation renouvelée de la conflictualité des rapports politiques au XXe siècle. Ces événements viennent rappeler à l'*hubris* démocratique la probabilité d'un retour prochain d'un emballement mimétique d'une violence dévastatrice dans un monde qui a fait de la concurrence entre égaux son régulateur. Sur cette base, que peut-il advenir au XXIe siècle ? Le sacrifice semble avoir épuisé ses ultimes capacités régulatrices. Quant au droit public, il perd son efficacité dès qu'il ne peut plus prendre appui sur une entité monopolisant effectivement la violence légitime.

---

[151] *Ibid.*, p. 89.
[152] *Ibid.*, p. 76 -78.
[153] *Ibid.*, p. 81-89.

Chapitre 3

En route vers l'apocalypse ou la rétroprojection d'un avenir redouté

La théorie mimétique tire de l'expérience historique du XXe siècle et du début du XXIe la vision d'un avenir à éviter en le représentant d'une manière qui se rapproche de celle des prophètes de l'Ancien Testament : l'époque contemporaine est vue comme un probable nouveau point d'inflexion dans la très longue histoire. Girard indique son intention d'avancer « des choses jamais dites avec la violence et la clarté qu'elles exigent. La *possibilité* d'une fin de l'Europe, du monde occidental et du monde dans son ensemble[1]. » Cette perspective n'est pas une lubie tardive. Dès 1978, Girard évoque la « dimension apocalyptique du présent », laquelle montrerait que « la crise actuelle n'est pas une impasse absurde où nous nous serions jetés sans raison » ; et un peu plus loin, « une humanité nouvelle est en gestation, à la fois très semblable et très différente de celle dont nos utopies agonisantes ont rêvé[2]. » Cette apocalyptique manifeste la tension entre une approche se voulant en prise avec le réel – refusant de se bercer d'illusions et de faire le pari d'un progrès continu – et la confiance en la puissance d'un texte de référence qui a révélé les mécanismes victimaires et fourni des outils de compréhension des signes des temps. Il pronostique alors : « [...] tout progrès dans le savoir du mécanisme

[1] P. 9. Il ajoute : « C'est dire s'il s'agit d'un livre apocalyptique. »
[2] In *Des choses cachées*, p. 576.

victimaire, tout ce qui débusque la violence de son repaire, représente sans doute pour les hommes, au moins potentiellement, un progrès formidable sous le rapport intellectuel et éthique mais, dans l'immédiat, tout cela va se traduire aussi par une recrudescence effroyable de cette même violence dans l'histoire [...][3]. » Or tout son travail consiste à accomplir justement un « progrès » décisif « dans le savoir du mécanisme victimaire ». Son éventuelle réussite pourrait bien précipiter les choses. Lorsque *Des choses cachées* est publié, l'état de crise économique dure depuis seulement cinq ans en Occident, si on date son démarrage du premier « choc pétrolier »[4] ; peu prévoient alors une baisse tendancielle du taux de croissance des économies développées, même si, dès 1972, le club de Rome a publié un rapport sur les limites à la croissance. Le néolibéralisme n'est alors qu'une idée émergente[5]. La globalisation des économies et des cultures est encore rarement identifiée comme inéluctable...

Un quart de siècle plus tard, les attentats du 11 septembre 2001 ont enclenché un regain d'intérêt chez certains tenants de la théorie mimétique pour les questions politiques. La ressemblance souvent soulignée par Girard entre l'effondrement environnemental et social contemporain et les formules employées dans certains textes apocalyptiques du Nouveau Testament interroge : « La pensée apocalyptique s'oppose [...] à cette sagesse qui croit l'identité paisible, la fraternité accessible sur le plan purement humain. Elle s'oppose aussi à toutes les pensées réactionnaires qui veulent restaurer de la différence, et qui ne voient dans l'identité qu'uniformité destructrice ou conformisme niveleur. La pensée apocalyptique reconnaît dans l'identité la source du conflit. [...][6]. » La « pensée apocalyptique » désigne la partie cosmopolitique de l'anthropologie mimétique : elle pose son problème essentiel, la conciliation de l'égalité des conditions et du développement harmo-

---

[3] *Ibid.*, p. 133.

[4] Ou deux ans de plus si on fait partir la tendance de la fin des accords de Bretton Woods en 1971.

[5] Les économistes de l'école de Chicago feront leurs premières expérimentations dans le Chili d'Augusto Pinochet avant de partir à l'assaut du monde sous l'impulsion conjuguée de Margaret Thatcher et Ronald Reagan.

[6] *Achever Clausewitz*, p. 98.

nieux de sociétés post-étatiques. Et met en garde contre deux écueils symétriques : l'identité paisible et la restauration de la différence.

Rivaux parce qu'égaux, une analyse du terrorisme du XXIᵉ siècle

L'importance prise par un terrorisme mondialisé au début du troisième millénaire incite à importer les concepts de la théorie mimétique dans la sphère du (post-)politique.

Le 11 septembre serait l'équivalent d'un meurtre fondateur pour une théorie mimétique cosmopolitique. L'élaboration des théories politiques est souvent concomitante d'événements porteurs de significations qui marquent une rupture avec l'état antérieur du monde. Les attentats contre le World Trade Center ont ainsi réorienté la production de la théorie mimétique vers des préoccupations contemporaines et prospectives. Girard y voit une rupture à ne pas banaliser[7]. Les événements ultérieurs lui donnent raison. On passe d'une mondialisation qui se veut paisible, après la fin de la guerre froide, porteuse de la promesse d'un commerce international créant des interdépendances, disqualifiant les rêves d'autarcie et intégrant au développement les contrées jusqu'alors tenues à l'écart, à une résurgence de la violence et un renouvellement de ses manifestations : « La guerre idéologique est en ce sens ce qui nous a fait passer de la guerre interétatique classique à la violence que nous connaissons aujourd'hui : violence absolument imprévisible, proprement *indifférenciée*[8]. » Cet événement et ceux d'une nature comparable qui l'ont suivi tissent ensemble sacrifice, religion, violence débridée, indifférenciation... Comme si la théorie mimétique avait été conçue par anticipation pour fournir leur cadre d'intelligibilité[9]. Dupuy pose à cette occasion la question *Aurions-*

---

[7] « La pensée apocalyptique » : « [...] je le vois comme un événement déterminant, et c'est très grave de le minimiser aujourd'hui. [...] nous avons affaire à une nouvelle dimension qui est mondiale. Ce que le communisme avait tenté de faire, une guerre vraiment mondiale, est maintenant réalisé, c'est l'actualité. »

[8] *Achever Clausewitz*, p. 86.

[9] In « La pensée apocalyptique » : « [...] si j'avais écrit *La Violence et le Sacré* après le 11 Septembre, j'y aurais très probablement inclus cet événement. [Il] rend possible une compréhension des événements contemporains, car il rend l'archaïque plus

nous oublié le mal ?[10], titre d'un ouvrage dont le sous-titre circonstancie le propos : « Penser la politique après le 11 septembre ». L'attentat suicide crée une indifférenciation nouvelle, le sacrifice de soi vecteur du sacrifice des autres : ce que Salomon a distingué par son jugement entre les deux prostituées, ce qui permet à Girard de reconnaître la similitude et la différence dans le sacrifice du sacrifié et du sacrificateur, est ici inextricablement mêlé.

Si Oussama Ben Laden s'est affiché comme radicalement opposé à l'Occident, Girard doute de cette posture. Il fonde son interprétation sur l'identité réciprocitaire entre l'Occident et ceux qui déclarent vouloir sa fin[11]. Dès 1998, Ben Laden explicitait effectivement sa logique, en universalisant son propos : « Ce sont les Américains qui ont commencé. La riposte et le châtiment doivent s'exercer en suivant scrupuleusement le principe de réciprocité, surtout lorsqu'il est question de femmes et d'enfants. Ceux qui ont lancé des bombes atomiques et eu recours à des armes de destruction massive contre Nagasaki et Hiroshima, c'étaient les Américains. Est-ce que les bombes pouvaient faire la différence entre les militaires, les femmes et les enfants ?[12] » Le principe de réciprocité qu'il invoque, la vengeance, est aux antipodes du critère rawlsien. Cet usage donne raison à l'emploi qu'en fait Girard contre l'idéalisme. Faisant écho aux dires de Ben Laden, Dupuy rappelle aussi que le non-respect des principes de la guerre juste édictés par l'Occident a été massivement le fait d'Occidentaux dès la seconde guerre mondiale. Quant à l'identité entre les terroristes et leurs adversaires, elle tend à l'emporter ne serait-ce que sur le plan de

---

intelligible. Le 11 Septembre représente un étrange retour à l'archaïque à l'intérieur du sécularisme de notre temps. »

[10] DUPUY, *Avions-nous oublié le mal ?*

[11] « Ce qui se joue » : « Lorsque j'ai [...] constaté ses allusions aux bombes américaines tombées sur le Japon, je me suis senti d'emblée à un niveau qui est au-delà de l'islam, celui de la planète entière. [...] on trouve une volonté de rallier et de mobiliser tout un tiers-monde de frustrés et de victimes dans leurs rapports de rivalité mimétique avec l'Occident. Mais les tours détruites occupaient autant d'étrangers que d'Américains. Et par leur efficacité, par la sophistication des moyens employés, par la connaissance qu'ils avaient des États-Unis, par leurs conditions d'entraînement, les auteurs des attentats n'étaient-ils pas un peu américains ? On est en plein mimétisme. »

[12] Cité in DUPUY, *La marque du sacré*, p. 231.

l'occidentalisation des terroristes. Girard considère la situation comme un rapport de doubles montant aux extrêmes inédit : « Le terrorisme a encore fait monter d'un cran le niveau de la violence. Ce phénomène est mimétique et oppose deux croisades, deux formes de fondamentalisme [...]. Mais l'islamisme n'est qu'un symptôme d'une montée de la violence beaucoup plus globale. Il vient moins du Sud que de l'Occident lui-même, puisqu'il apparaît comme une réponse des pauvres aux nantis[13]. » Il perçoit d'emblée ce qui deviendra plus tard manifeste : de nombreux jeunes « djihadistes » volontaires pour aller combattre en Syrie ou en Irak ont été élevés dans des pays occidentaux quand ils ne sont pas des convertis. Ils se recrutent parmi les Occidentaux. En outre, le terrorisme a su adapter à ses besoins le concept de réseau que le libéralisme encourage dans le but de réaliser son projet de dissolution des États[14].

On assiste à « une montée aux extrêmes devenue planétaire[15] ». L'Europe a fini par se déprendre de son esprit guerrier[16]. Pour autant, les pays qui renoncent à la guerre ne peuvent échapper à de nouvelles formes de belligérance : « Les guerres idéologiques, justifications monstrueuses de la violence, ont en effet mené l'humanité à cet au-delà de la guerre où nous sommes aujourd'hui entrés. L'Occident va s'épuiser contre le terrorisme islamiste, que l'arrogance occidentale a incontestablement attisé[17]. » La géographie et les formes des conflits s'en trouvent bouleversées : la continuité territoriale, un temps garantie par les frontières et les organisations internationales, cède la place

---

[13] *Achever Clausewitz*, p. 352.
[14] MARTRES, « De la nécessité d'une théorie des relations internationales », p. 34.
[15] *Achever Clausewitz*, p. 353.
[16] *Ibid.*, p. 321 : après la France à l'issue de la première guerre mondiale, « [...] l'esprit guerrier a quitté l'Allemagne et la Russie, après Stalingrad. [...] Chaque pays européen a été brisé à son tour par cette tornade. C'est ce que l'Amérique comprend mal. » Les fiascos à répétition des expéditions internationales étatsuniennes vont peut-être finir par ajouter ce pays qui effectue à lui seul la moitié des dépenses militaires de la planète à la liste de ceux qui ne croient plus aux avantages d'une hypothétique victoire et ne supportent plus les pertes humaines engendrées par les conflits, aussi minimes soient-elles par rapport à celles que les conflits du XXe siècle ont provoquées.
[17] *Ibid.*, p. 352.

à une logique de sanctuaires[18]. Cette forme est l'ultime avatar des multiples transformations récentes de la guerre durant les trois derniers siècles : après la guerre en dentelles, la levée en masse, la guerre totale, la guerre de partisans et la guerre asymétrique, advient un terrorisme cosmopolitique auto-sacrificiel.

Contre la fausse évidence des dissymétries apparentes, Girard a apporté, à chaud, une analyse dissonante des attentats du 11 septembre 2001. Il ajoute une perspective historique qui renforce la ressemblance : « [...] la gémellité des islamistes et des occidentaux [...] n'est pas nouvelle. On peut en effet se demander dans quelle mesure les excès des Croisades au XIIIe siècle ne sont pas une réponse mimétique au *jihad*, dont nous subissons aujourd'hui les conséquences en Europe et au Proche-Orient[19]. » Il pose alors une hypothèse : « La haine de l'Occident [...] provient [...] de ce que l'esprit concurrentiel leur est aussi familier qu'à nous-mêmes. Loin de se détourner vraiment de l'Occident, ils ne peuvent pas s'empêcher de l'imiter, d'adopter ses valeurs sans se l'avouer à eux-mêmes et ils sont tout aussi dévorés que nous le sommes par l'idéologie de la réussite individuelle ou collective. Cette conception rivalitaire que notre exemple impose à la planète entière ne peut pas faire de nous des vainqueurs sans faire en d'autres lieux d'innombrables vaincus, d'innombrables victimes[20]. » Alors l'idéologie terroriste « produit avant tout un désir brûlant de briser une fois pour toutes le ressort de la défaite personnelle et nationale, l'énorme machine concurrentielle que sont devenus les États-Unis, suivis de près par l'Occident dans son ensemble[21]. » Ce terrorisme relève d'une logique proche de celle des guerres asymétriques. La mise en avant d'un fondamentalisme musulman renvoyant à la conception du *jihad* la plus archaïque ajoute à ce sentiment illusoire de différence radicale : il se pose face à un Occident croyant s'être

---

[18] DUMOUCHEL, *Le sacrifice inutile*, p. 38 : « [...] une séparation entre lieux sûrs et zones abandonnées à la violence et au désordre. [...] Selon les endroits, le réseau des sanctuaires est plus ou moins dense, la communication entre les lieux protégés plus ou moins forte, mais partout l'espace situé entre les mailles du filet est de moindre importance politique. »

[19] *Achever Clausewitz*, p. 90.

[20] OUGHOURLIAN, *Psychopolitique*, p. 23-24.

[21] *Ibid.*, p. 24.

débarrassé de ses derniers démons irrationnels et se glorifiant de la pseudo-rationalité de son système politique ainsi que de sa régulation par des marchés dits efficients.

Le soupçon se généralise, y compris contre ses concitoyens, et débouche sur la peur. Résultat de l'humiliation, de la pauvreté et de la faiblesse, « le terrorisme est une violence réciproque différée, c'est-à-dire une vengeance[22]. » Les suites des attentats du 11 septembre s'élaborent selon le schéma à travers les deux rhétoriques réciproques de Ben Laden et de George W. Bush Jr. Cette logique est identique à celle à l'œuvre dans les affrontements de doubles, qui calquent leurs actions violentes l'un sur l'autre. Ainsi les États-Unis ont-ils renoncé au respect des droits de l'homme et du droit de la guerre pour mettre leurs transgressions à l'unisson de celles d'Al Qaeda et de Daesh. Oughourlian ajoute : « La tendance à l'indifférenciation est renforcée par tous les moyens techniques et militaires dont l'Occident dispose. D'une certaine manière, cette tendance témoigne d'un *dépassement* du politique par le technologique[23]. »

Le retour de la violence est sans doute moins ce qui est aujourd'hui mesurable que ce dont ces concurrences exacerbées sont grosses. On peut s'essayer à classer ses sujets de préoccupation.

Les engagements de l'économie d'assurer la moindre violence n'ont pas été tenus : le marché et la libre concurrence promettent, à l'intérieur, la concorde des intérêts antagonistes au moyen de la fixation de prix d'équilibre et, à l'extérieur, la paix engendrée par un commerce international jugé bénéfique depuis Montesquieu et qui doit être encouragé par l'abaissement des barrières douanières[24]. Cette approche est néanmoins impuissante face à un terrorisme qu'elle tend plutôt à exacerber, car il « est la seule forme possible de guerre face à la technologie. Les événements actuels en Irak le confirment. La supériorité de l'Occident, c'est sa technologie, et elle s'est révélée inutile en Irak[25]. » Girard hésite sur l'interprétation. Il évoque le ressenti-

[22] *Ibid.*, p. 53 et 52.
[23] *Ibid.*, p. 87.
[24] *Cf.* les analyses développées par André ORLÉAN in *L'empire de la valeur* (voir *infra* notre chapitre 5).
[25] In « La pensée apocalyptique », 2007, article cité.

ment[26]. Il ne semble pas convaincu par l'explication religieuse, en dépit ou à cause des discours des terroristes[27]. Il voit un religieux archaïque reparaître, mais doté d'armes modernes, l'islam étant la seule religion du Livre à légitimer la violence comme divine. Pour nous, ce ressentiment est constitutif d'une identité rassembleuse et nourri par elle. Nous le qualifions en conséquence de ressentiment identitaire.

Qu'elles soient ou non évoquées par Girard, un ensemble enchâssé d'oppositions structure les conflits contemporains et à venir. Le tableau ci-après tente de rendre compte schématiquement de ces conflits de doubles. Ces oppositions fournissent une matrice tout en cartographiant les foyers potentiels de risques de montée aux extrêmes. La première distingue à la racine le matérialisme et les religions[28]. Les islamistes proclament d'abord faire rempart aux ravages du matérialisme imposé au monde entier par l'Occident chrétien[29]. Au sein du champ religieux, la rhétorique islamiste reprend à son compte le concept de choc des civilisations en identifiant l'Occident aux « croisés », semblant accréditer l'explication de la situation par un ressentiment ancien. Mais les islamistes démentent immédiatement leur argument en s'affrontant à titre principal entre sunnites et chiites, voire entre sunnites aux conceptions et intérêts divergents. Les attentats sont beaucoup plus fréquents et meurtriers dans les pays musulmans où se

---

[26] In *ibid.* : « Il y a là du ressentiment, évidemment. [...]Mais est-ce qu'il représente l'unique force ? La force majeure ? Peut-il être l'unique cause des attentats suicides ? Je n'en suis pas sûr. La richesse accumulée en Occident, comparée au reste du monde, est un scandale, et le 11 Septembre n'est pas sans rapport avec ce fait. »

[27] In *ibid.* : « L'autre force serait religieuse. Allah est contre le consumérisme, etc. En réalité, le musulman pense que les rituels de prohibition religieuse sont une force qui maintient l'unité de la communauté, ce qui a totalement disparu ou qui est en déclin en Occident. Les gens en Occident ne sont motivés que par le consumérisme, les bons salaires, etc. Les musulmans disent : "leurs armes sont terriblement dangereuses, mais comme peuple, ils sont tellement faibles que leur civilisation peut être facilement détruite". »

[28] In *Quand ces choses*, p. 18 : Après le nazisme et le communisme, le troisième effort pour remplacer le religieux susceptible d'effondrement est « celui des démocraties capitalistes, qui serait l'échec du scientisme, de tous les efforts entrepris pour réduire les problèmes à une fausse objectivité, dans le style du libéralisme sauvage, des psychanalyses, etc. »

[29] Le discours constant de la papauté contre le matérialisme va se renforçant.

côtoient les islamistes de différentes obédiences. Girard ne l'ignore pas[30].

Tableau 1 : Les grands conflits de l'époque pris en compte par Girard

confits de l'époque	religion	islam	islam sunnite
			islam chiite
		christianisme	christianisme laïque
			christianisme fondamentaliste
	matérialisme	économie	régulation redistributrice
			régulation par le libre marché
		écologie	écologie politique
			deep ecology

Le christianisme se trouve en quelque sorte rehaussé par l'opposition exprimée par les islamistes qui établissent une chaîne d'équivalences et d'indifférenciations entre christianisme, matérialisme et Occident. Quoique résistant dans l'ensemble à la tentation de la riposte en se refusant à confondre islam et islamisme, le christianisme se trouve lui-même au cœur d'une opposition dont Girard fut un témoin privilégié aux États-Unis entre chrétiens « laïques » et fondamentalistes qui accentuent la lecture sacrificielle et littéraliste des Écritures.

De leur côté, les matérialistes occidentaux semblent hésiter entre économie et écologie tentant de donner un contenu à l'oxymore « développement durable ». Les oppositions y sont ainsi moins frontales même si la solution par la croissance que promeut l'économie semble, dans les faits, incompatible avec l'objection de croissance[31] écolo-

[30] In « La pensée apocalyptique » : « L'Occident s'est mis dans la pire des situations en déclarant qu'il transformerait l'Irak en une démocratie jeffersonienne ! C'est précisément ce qu'il ne peut pas faire. Il est impuissant face à l'islam car la division entre les sunnites et les chiites est infiniment plus importante. Alors même qu'ils combattent l'Occident, ils parviennent encore à lutter l'un contre l'autre. »

[31] Que pressentent Jacques Ellul et Bernard Charbonneau avant que le club de Rome en fasse un mot d'ordre en 1972 avec le rapport Meadows.

gique. Chacune des deux idéologies dominant et polarisant le débat matérialiste se décompose à son tour, mais sur le mode plus policé du débat public, ponctuellement durci par l'objection de conscience et la désobéissance civile plus ou moins violente. Au sein de l'économie, le débat politique oppose redistribution et libre marché. Quant aux écologistes, ils se répartissent entre écologie politique et « *deep ecology* » conférant des droits à la nature contre l'humanité.

Chaque idéologie semble ainsi vouée à se dédoubler en rivales. Mais Girard ne se contente pas des oppositions par trop simples et systématiques[32] de notre tableau. Pour lui, dans son rapport à l'Occident chrétien et matérialiste : « [...] l'intégrisme islamique, qui paraît creuser le fossé entre le monde chrétien et le monde musulman, n'est peut-être qu'une réaction "dialectique" au phénomène inverse, autrement plus profond, qui est l'entrée de l'Islam dans le monde moderne : d'ailleurs, le fondamentalisme n'est pas anti-technique, n'est pas antimoderne. Il naît de la constatation que la modernisation de ces pays est forcément une imitation de l'Occident[33]. » Il observe ainsi une synthèse inattendue entre l'intégrisme islamiste et la technique.

Dumouchel dessine de son côté un horizon possible, indifférencié, sans limites temporelles ni frontières claires, où l'opposition guerre / paix cède la place aux « états de violence », mais aussi où les affaires publiques se distinguent de moins en moins des privées[34]. Si les ad-

---

[32] Ramond note que le dédoublement des concepts et des situations, omniprésent dans la théorie mimétique, « ne doit cependant faire croire en aucune façon à un retour chez Girard des "dualismes" ou "essentialismes" figés qu'il ne cesse de combattre et dont il entend démonter la genèse. [...] Girard essaie au contraire de reconstruire des concepts paradoxaux pour rendre compte d'une réalité elle-même paradoxale : [...] l'indécidable théorie du "mimétique" ruine dès l'origine la distinction entre "l'intérieur" et "l'extérieur", c'est-à-dire au fond la distinction elle-même. » In RAMOND, *Le vocabulaire de René Girard*, p. 68-70.

[33] *Quand ces choses*, p. 98.

[34] « Des conflits caractérisés par la longue durée, qui n'opposent pas des adversaires "égaux" mais des forces multiples dont certaines sont privées, d'autres publiques, certaines nationales ou régionales, et d'autres internationales. Contrairement aux guerres qui ont un commencement et une fin sanctionnés par le droit international, et qui en conséquence restent, jusqu'à un certain point, des conflits ritualisés, les "états de violence" [expression empruntée par Dumouchel à Frédéric GROS, *États de vio-*

versaires ne sont pas « égaux » dans ces luttes multiples, ils aspirent à une puissance suffisante pour participer aux conflits, recherchent activement une forme de parité et s'indifférencient. Le monde devient flou et les dichotomies cèdent la place à des résolutions inédites des contradictions qu'elles entendent exprimer.

D'une apocalypse environnementale, sociale et politique au « catastrophisme éclairé »

Girard repose pour l'avenir la question soulevée à propos des origines de la culture : l'improbable persistance dans l'être de l'humanité. Dupuy aborde de son côté la perspective de la catastrophe. Malgré la domination de l'économie, il croit en effet encore au politique et lui donne une dernière chance. Seule une « pensée apocalyptique » serait désormais apte concevoir le monde à venir[35]. Girard dit sa conviction que les « signes des temps » sont là. L'indifférenciation parviendrait alors à son acmé, la violence tous azimuts des hommes aboutissant à la confusion du naturel et de l'artificiel. À l'hominisation jusqu'alors au cœur de ses préoccupations, se substitue un symétrique inverse, une déshumanisation, même s'il ne la nomme pas ainsi. Après l'échec de sa tentative de devenir Dieu, l'homme lui semble désormais prêt à détruire la Création : « Même s'il était possible jadis de tenir pour “irréaliste” le Sermon sur la montagne[36], c'est impossible désormais et, devant notre puissance de destruction toujours croissante, la naïveté a changé de camp. Tous les hommes désormais ont le même intérêt vital à la préservation de la paix. Dans un univers vraiment globalisé, le renoncement aux escalades violentes va forcément devenir, de façon toujours plus manifeste la condition *sine qua non* de la survie[37]. » Il identifie deux types de menace pour « notre monde complètement

---

lence], n'ont ni début ni terme clairement marqués dans le temps. » In DUMOUCHEL, *Le sacrifice inutile*, p. 39.

[35] *Achever Clausewitz*, p. 11. Également, in « La pensée apocalyptique » : « Lorsque les puissances seront vaincues, la violence deviendra telle que la fin arrivera. Si l'on suit les chapitres apocalyptiques, c'est bien cela qu'ils annoncent. Il y aura des révolutions et des guerres. Les États s'élèveront contre les États, les nations contre les nations. Cela reflète la violence. »

[36] Et en particulier le conseil de tendre l'autre joue (Matthieu, 5, 38-40).

[37] *Celui par qui*, p. 43.

"déréglé", déritualisé. Il y a une menace globale : la guerre nucléaire ou biologique, les catastrophes écologiques, les convulsions politiques gigantesques. Il y a également un autre type de violence dont se plaignent les hommes de notre monde, plus insidieux et mystérieux, l'impression de se trouver dans une société où les rapports intimes sont soumis à des pressions destructrices fantastiques. On retrouve les deux types de violence dans les textes apocalyptiques[38]. »

Les effets cumulés des croissances – démographique, économique et technologique– et de l'expansion inédite de l'espèce humaine sur la surface de la planète aboutissent à l'épuisement des ressources disponibles et à l'accroissement des résidus de l'activité humaine, en particulier des gaz à effet de serre et autres émanations chimiques. Ces phénomènes résultent au demeurant tous de contagions mimétiques : le cycle consommation ostentatoire-obsolescence programmée de la production, la dialectique de l'avantage compétitif par l'innovation technique et du rattrapage par l'imitation des concurrents ou encore la diffusion des progrès de la santé et de l'hygiène.

L'éventualité d'un bouleversement global du climat est aujourd'hui considérée comme probable par les climatologues. Pollution, empoisonnement par les pesticides et les engrais, épuisement des principales ressources non-renouvelables, développement des bio-nanotechnologies dont l'innocuité est loin d'être garantie, inégalités sociales redevenues croissantes, surpopulation humaine au regard des ressources non renouvelables... ne sont plus susceptibles d'être traités isolément. Le dérèglement climatique produit des effets en cascade sur les êtres vivants, les océans, les réserves d'eau potable en montagne, l'atmosphère, les sols... Les dirigeants semblent incapables de prendre acte de la situation, ne serait-ce que de décider des initiatives convergentes à la poursuite d'un objectif commun[39]. Guerre économique oblige, notre mode de croissance, irresponsable, doit être maintenu dans l'espoir de surmonter une crise sociale endémique, y compris dans les pays les plus développés. En effet, non seulement « notre

[38] In « Violences d'aujourd'hui », article cité, p. 23.
[39] Intervenu en décembre 2015 à Paris, l'accord concluant la conférence dite COP 21 ne sera probablement pas mis en œuvre au niveau des engagements de chacun des États signataires.

univers se révèle capable d'absorber l'"indifférenciation" à hautes doses », mais il en tire « comme une force nouvelle qui lui permet de s'épanouir sur une base [...] toujours plus élargie, toujours plus apte à absorber et à assimiler des éléments culturels et des populations qui étaient restées jusqu'alors en dehors de son orbite[40]. »

Cette capacité est en passe de devenir une faiblesse. Loin d'être simplement économique, le phénomène est avant tout culturel[41]. Il observe les retrouvailles sacrificielles de la « culture » et de la « nature » : « La violence est aujourd'hui déchaînée au niveau de la planète entière, provoquant ce que les textes apocalyptiques annonçaient : une confusion entre les désastres causés par les hommes, une confusion du naturel et de l'artificiel : réchauffement global et montée des eaux ne sont plus aujourd'hui des métaphores. La violence, qui produisait du sacré, ne produit plus rien qu'elle-même[42]. » La distinction des modernes entre nature et culture perd toute signification, propos désormais largement partagé, de Bruno Latour à Philippe Descola. Les activités humaines transforment la nature et les hommes sont en retour victimes de celle que l'on nomme de nouveau Gaïa[43].

Après une première période de compétition politique en Grèce et à Rome, nous avons vu naître au XVIe siècle la science politique avec le concept de souveraineté. Peut-elle survivre à l'effritement de la souveraineté ? Au terme de l'histoire de ce concept, Mairet estime que « le principe de souveraineté est désormais impuissant à produire de l'historique, tant l'histoire qu'il a suscitée jusqu' [au XXe] siècle de fer et de feu semble bien avoir épuisé ses possibles[44]. » Girard, lui, conclut d'emblée : « Le monde actuel pose des problèmes que la

---

40 In *Des choses cachées*, p. 381.

41 In *Les origines*, p. 100 : « Parce qu'elle rend les objets trop faciles à acquérir, la société de consommation travaille à sa propre destruction. Comme tout mécanisme sacrificiel, cette société a besoin de se réinventer de temps à autre. Pour survivre, elle doit inventer des gadgets toujours nouveaux. Et la société de marché engloutit les ressources de la terre, un peu comme les Aztèques qui tuaient toujours plus de victimes. Tout remède sacrificiel perd son efficacité avec le temps. »

42 *Achever Clausewitz.*, p. 11.

43 L'environnementaliste James Lovelock, le chimiste Paul Crutzen, Isabelle Stengers... Voir LATOUR, *Enquête sur les modes d'existence* et surtout *Face à Gaïa*.

44 MAIRET, *Le principe de souveraineté*, p. 13.

science politique ne parvient pas à résoudre. [...] Pour mobiliser, il faut un objectif clair, bien défini. Nous faisons face à des problèmes qui sont diffus, mondiaux : pandémies, crises financières planétaires, fonte des glaciers, réseaux terroristes mystérieux et protéiformes. [...] l'ennemi c'est la surconsommation mondiale, le développement industriel... La menace écologique [...] doit unir les hommes parce qu'ils sont tous menacés également. Institutions internationales et moyens d'information ne sont pas à la hauteur : [...] il faudrait faire peur aux gens pour les convaincre d'agir [...][45]. » Avec l'amenuisement des différences nationales et étatiques et le surgissement de problèmes qui ne connaissent pas les frontières et ne peuvent être cantonnés à un espace donné pour leur traitement, le politique étatique semble dépassé. Dans un contexte où « le mimétisme s'est renforcé par la communication instantanée et le sensationnalisme des médias », Girard déplore la fréquente « poltronnerie » du politique, « sa tendance à nager dans le sens du courant, comme Pilate, par souci électoral, par impuissance à penser seul[46]. » Se méfiant d'ordinaire de la foule toujours en mesure de dicter sa loi violente aux autorités, il exprime ici une défiance également radicale envers les élites contemporaines.

Cette fin du politique cède la place à l'économie, laquelle est parvenue jusqu'alors à rendre compatibles indifférenciation et individualisme croissants d'une part, coopération et concurrence à partir de la rationalité marchande d'autre part. *L'enfer des choses* avait montré comment la logique de l'économie marchande a progressivement envahi la place évacuée par le sacré et le politique[47]. La mondialisation des échanges, l'attractivité de l'idéologie néolibérale sur les élites, le nouvel économisme et la crise des finances publiques des pays les plus développés ont amplement confirmé leur propos depuis. Le « triomphe » toujours plus hégémonique de l'économie confirme la poursuite du recul du politique moderne.

---

[45] Préface de René Girard in OUGHOURLIAN, *Psychopolitique*, p. 7-8.
[46] *Quand ces choses*, p. 68-69.
[47] DUMOUCHEL et DUPUY, *L'enfer des choses*, introduction : « [...] Nos sociétés industrielles, socialistes ou capitalistes, sont des sociétés économiques. L'économie est la forme essentielle du monde moderne, et les problèmes économiques sont nos préoccupations principales. »

Au terme d'une longue histoire, le point central de la pensée « politique » girardienne apparaît clairement : le retour de la violence toujours possible que rend vraisemblable l'origine violente de l'humanité et envisageable la perspective apocalyptique. Les trois idées majeures qui constituent sa théorie peuvent au demeurant s'ordonner selon l'axe du temps : origine de la culture dans les mécanismes de bouc émissaire, désir mimétique dans une phase de médiation interne aggravée, perspective apocalyptique du fait du dévoilement chrétien des mécanismes sacrificiels. La vie en société doit donc être abordée à partir du risque permanent du retour d'une violence incontrôlée et susceptible de diverger vers une destruction globale. Il rappelle que « les premiers textes chrétiens édités sont les *Lettres aux Thessaloniciens* qui répondent à la question : pourquoi le monde continue-t-il alors qu'on en a annoncé la fin ? Paul dit qu'il y a quelque chose qui retient les pouvoirs, le *katochos* [...].[48] » Girard énonce son doute sur la capacité d'une science politique à permettre l'élaboration d'une politique susceptible « de défendre l'ordre, de ralentir l'indifférenciation avec des moyens aussi pacifiques que possible, tout en sachant qu'elle ne peut aspirer à la non-violence absolue sous peine de mettre en œuvre la plus grande violence[49]. » Il ajoute que le politique voit son rôle diminuer, reconnaissant « un caractère de *katechon* » aux satisfactions apportées par l'économie, au moins pour un temps, en permettant la consommation, laquelle commence à ne plus suffire à combler les attentes[50]. Si après le religieux et le politique, l'économie comme *katechon* donne à son tour des signes de faiblesse, on ne voit guère se pro-

---

[48] In « La pensée apocalyptique ». Il ajoute : « L'interprétation la plus commune est qu'il s'agit de l'Empire romain. La crucifixion n'a pas encore dissout tout l'ordre. Si l'on consulte les chapitres du christianisme, ils décrivent quelque chose comme le chaos actuel, qui n'était pas présent au début de l'Empire romain. Comment le monde peut-il finir alors qu'il est tenu si fortement par les forces de l'ordre ? »
[49] *Celui par qui*, p. 148-149.
[50] *Ibid.*, p. 153-154. Il indique emprunter l'idée de l'économie comme *katechon* à Dumouchel et Dupuy. Il précise dans *Les origines*, p. 153 : « [Le politique] joue un rôle de moins en moins grand [...] l'économie moderne a aussi un caractère de *katechon* parce que l'économie satisfait. Les gens disent : nous voulons tous de la même chose. Cette réponse les satisfait pour un temps. Mais les gens sentent que la société de consommation commence à ne plus être le *katechon* qu'elle était, surtout depuis la deuxième guerre mondiale. Aujourd'hui, l'augmentation du niveau de vie ne suffit plus à combler les gens [...]. »

filer de successeur apte à maîtriser les mécanismes de la violence sociale.

Si les anciens croyaient mais ne savaient pas, les contemporains savent la catastrophe certaine même si sa probabilité est faible[51] mais ne croient pas qu'elle soit possible[52]. Pour Dupuy, nous sommes entrés dans une époque où l'impossible est désormais certain[53]. Il s'interroge de même sur la capacité de l'économie à contenir la violence et donc à prendre le relais du politique avec *L'avenir de l'économie : Sortir de l'économystification*, celle d'une croissance indéfinie et insoutenable à terme, mais désirée par la plupart des acteurs économiques : « Faire de la richesse son objectif, s'assurer de l'être au travers de l'avoir, c'est se soumettre à la versatilité du jugement de la foule[54]. » Persuadé que le monde dispose pour la première fois de son Histoire de multiples moyens de s'anéantir, Dupuy s'essaie à imaginer « les procédures politiques qui permettront à une démocratie scientifique et technique [...] d'éviter les autoroutes qui mènent tout droit et très vite au désastre[55]. » L'économie ayant asservi le politique[56], il est temps de sortir du « mensonge à soi-même » qui facilite « le glissement de la citoyenneté en direction de son contraire, une société d'individus réfugiés chacun dans le monde privé de la consommation[57]. » La déception, entendue comme auto-tromperie, aboutit à une auto-exclusion de la citoyenneté et de la souveraineté[58].

Il faut donc combattre notre incrédulité. Il suit Hans Jonas dans sa recherche d'une éthique de responsabilité quand ce dernier s'exclame : « Qu'est-ce qui peut nous servir de boussole ?

---

[51] DUPUY, *Pour un catastrophisme éclairé*, p. 141.
[52] *Ibid.*, p. 142 : « Nous ne croyons pas ce que nous savons. »
[53] Il enchaîne après le 11 septembre 2001 plusieurs ouvrages aux titres évocateurs : *Avions-nous oublié le mal ?*, *Pour un catastrophisme éclairé*, sous-titré *Quand l'impossible est certain*, *Petite métaphysique des tsunamis*, *Retour de Tchernobyl : Journal d'un homme en colère* et *La marque du sacré*.
[54] DUPUY, *L'économystification*, p. 260.
[55] DUPUY, *Pour un catastrophisme éclairé*, p. 21.
[56] DUPUY, *L'économystification*, p. 12.
[57] *Ibid.*, p. 20 et 23.
[58] Dupuy se défie en outre d'une rationalité collective procédurale qui prétend que ce qui en découle est nécessairement juste et bon sans avoir identifié auparavant les critères de l'inacceptable et du mal.

L'anticipation de la menace elle-même ![59] » Mais Jonas estime que nous n'avons pas la capacité de prévoir les conséquences lointaines que nous avons pourtant l'obligation morale de prendre en compte. Dupuy ne se résigne pas : il distingue le « temps de l'histoire », passé fixe et avenir ouvert, supposant des bifurcations possibles et le « temps du projet » qui « a la forme d'une boucle dans laquelle le passé et le futur se déterminent réciproquement », l'avenir étant tenu pour fixe. Le temps du projet n'est ni plus ni moins fictif que le temps de l'histoire. Il s'agit d'une coordination par l'avenir[60], à l'instar de la planification française des années 1950-1970 qui « visait à obtenir par la concertation et l'étude une image de l'avenir suffisamment optimiste pour être souhaitable et suffisamment crédible pour déclencher les actions qui engendreraient sa propre réalisation[61]. » Le catastrophisme opère une inversion en se donnant pour image du futur la catastrophe redoutée : « Le catastrophisme éclairé consiste à penser la continuation de l'expérience humaine comme résultant de la négation d'une autodestruction qui serait comme inscrite dans son avenir figé en destin[62]. » La logique proposée mêle le contrefactuel et le causal : si l'humanité était certaine de son autodestruction dans l'avenir, alors elle prendrait dans le présent les mesures nécessaires à sa continuation et agirait de manière à supprimer les causes de son autodestruction. Dupuy relie cette logique à la sagesse amérindienne devenue une des maximes de l'écologie : « la Terre nous est prêtée par nos enfants[63]. » Cette logique est également celle de l'assurance de destruction mutuelle de la dissuasion nucléaire supposée éviter la première frappe, « la menace de la réciprocité violente[64]. » Comme chez Girard et

---

[59] JONAS, *Le principe responsabilité*, p. 16. Cette configuration est celle du héros d'une tragédie grecque se fixant sur l'oracle pour tenter d'échapper au désastre, in DUPUY, *Pour un catastrophisme éclairé*, p. 175.

[60] In DUPUY, *L'économystification*, p. 234 : « l'avenir détermine contrefactuellement le passé qui le détermine causalement. L'avenir est fixe, mais sa nécessité n'est que rétrospective. »

[61] Roger GUESNERIE, *L'Économie de marché*, p. 75, cité in DUPUY, *Pour un catastrophisme éclairé*, p. 197.

[62] DUPUY, *Pour un catastrophisme éclairé*, p. 216.

[63] DUPUY, *Petite métaphysique des tsunamis*, emplacement 131.

[64] In RAMOND (éd.), *De l'apprentissage à l'apocalypse*, son article, « *Achever Clausewitz* ? Catastrophisme et apocalypse contemporains », p. 212. Il souligne le para-

Oughourlian, la solution prend la forme d'une conversion collective radicale. Elle suppose que les promesses sont faites pour être tenues, ce qui suffit à induire des doutes sur la probabilité de respect de son impératif. Elle suppose aussi un modèle à suivre pour se conformer à de telles règles éthiques, ce qui nous renvoie aux problèmes précédents. Elle pointe le problème et rend incontournable sa prise en considération en insistant sur la question écologique dans une théorie mimétique jusqu'alors principalement centrée sur la seule violence intraspécifique. Ce faisant, elle met en évidence un degré accru de complexité dans les rapports humains plus qu'elle ne fournit une échappatoire commode.

Girard distingue deux moments de l'histoire : d'abord cyclique et sans perspective de progrès intégrée en elle, elle serait devenue ensuite ouverte sous l'effet de la Révélation[65] : « On pourrait décrire notre histoire comme une spirale ouverte vers le haut, vers une autre dimension qui n'est plus circulaire. Cette ouverture c'est notre liberté, et les hommes en feront un usage que nul ne peut prédire[66]. » Cette proposition soulève au moins deux difficultés. L'histoire ouverte ne débute pas aux premiers temps de l'ère chrétienne mais plutôt, et encore pour une élite restreinte, à la Renaissance, probablement à cette époque que nous avons identifiée tout à la fois comme celle de la naissance de la souveraineté, de la libération de la science applicable par la technique et des débuts du processus d'universalisation de la médiation interne à un moment où l'effet de la Révélation est moins facile à corréler avec les transformations qui se produisent alors. Deuxième difficulté, la « prospective » évangélique apocalyptique a été comprise par les premiers chrétiens comme une parousie imminente et non comme une histoire ouverte. Girard voit l'objection et y répond, sans convaincre, en signalant que l'Évangile de Luc distingue une apocalypse judaïque

---

doxe de la réciprocité de la menace nucléaire comme facteur de paix, dans la réalité comme dans l'imaginaire collectif.

[65] In *Des choses cachées*, p. 284 : « Désormais aucun retour en arrière n'est possible ; l'histoire cyclique est terminée du fait même que son ressort commence à apparaître. » Et in *Quand ces choses*, p. 124 : « [...] je cro[i]s en une Histoire ouverte. Pour penser comme Fukuyama, il faut croire en l'"esprit absolu" tel que Hegel le concevait. »

[66] *Quand ces choses*, p. 107.

prochaine et une apocalypse mondiale située « après le temps des païens[67] » ou « dans le temps des nations », selon les traductions.

Quoi qu'il en soit, Dupuy propose une troisième conception de l'histoire, laquelle se présenterait désormais comme ultime du fait de son contenu : substituer à l'ouverture du progrès, la clôture permanente de la catastrophe prophétisée. Si elle laisse éventuellement à l'humanité le choix entre diverses échappatoires à l'issue annoncée, celle-ci revient, à chaque nouvelle étape, à buter sur la fatalité d'une catastrophe aux modalités toujours renouvelées. Dupuy propose en définitive une vision cosmopolitique où le politique jouerait son dernier rôle après s'être émancipé d'une *économystification* qui mène sûrement à la catastrophe[68] : contenir la violence fatale des forces capables de détruire l'humanité en focalisant l'attention et les efforts de cette dernière prise comme un ensemble et ceux de chacun de ses membres sur une catastrophe inéluctable de manière à l'éviter. Ce faisant, après un long détour, on reviendrait à la situation que nos ancêtres ont toujours connue : des procédures, à l'instar des interdits et des rites archaïques, pour prévenir le retour de la crise mimétique susceptible de détruire la communauté. Avec une différence toutefois : au mythe fondateur à l'origine des institutions serait substituée la certitude de la catastrophe finale pour définir notre organisation et nos comportements. L'histoire fermée par une boucle reliant l'avenir postulé pour l'éviter et le présent à maîtriser redeviendrait une histoire cyclique, un éternel retour sur la très longue durée. Et l'histoire ouverte serait alors ravalée au rang de parenthèse. Après cette nouvelle tentative d'une résolution laïque et rationnelle des crises mimétiques à venir, Dupuy n'échappe pas davantage à la seule alternative que Girard envisage : l'instauration du Royaume ou la mort de l'humanité telle que nous la connaissons.

[67] *Ibid.*, p. 283. Voir Luc 21, 20-28.
[68] L'économie et ses fausses promesses, *skandalon* par excellence, in DUPUY, *L'économystification*, p. 13.

Un ordre mondial formellement égalitaire et toujours conflictuel

Revenons au présent. La vision de l'histoire de Girard est en partie déterminée par l'époque durant laquelle sa vie s'est déroulée. Chaque penseur a tendance à conceptualiser à partir de son terrain d'observation le plus immédiat, de ses craintes et de ses désirs, voire de ses ambitions. Or, l'ordre bâti à partir de 1945 postule que tous les États sont juridiquement égaux et entend en finir avec la guerre comme modalité acceptable et réglementée des relations internationales : la rivalité violente est mise hors la loi entre les États souverains après qu'elle l'a été par l'État de droit entre ses ressortissants. Pour autant, les conflits n'ont pas disparu sous l'effet de cette norme. En affirmant l'égalité des États, le droit international est lui aussi trompeur et, du coup, décevant, comme une assertion romantique supplémentaire. Ainsi le libéralisme entend-il « déduire la politique d'un parti pris pacifiste, laissant supposer qu'il y aurait une liaison mécanique entre l'économie de marché, la coopération politique, et l'institutionnalisation des relations internationales[69]. » Il répond formellement à la revendication d'une égale puissance que tous les États formulent comme le minimum à leur garantir.

La détention d'armes nucléaires revendiquée par un certain nombre d'États, en général mal considérés par la communauté internationale[70], manifeste ce désir dont la souveraineté étatique est porteuse et les obstacles sur lesquels il est susceptible d'achopper. Un des mensonges fondateurs de l'ordre international est l'égalité des États quand un petit nombre d'entre eux seulement a acquis un droit historique à la fabrication d'armes nucléaires. Les initiatives de l'Iran en la matière, puissance régionale majeure à portée des tirs d'Israël qui a, lui, été tacitement autorisé à en disposer, visent à demander : pourquoi faire aussi peu de cas de notre souveraineté ? Que signifie que d'autres ont

[69] MARTRES, « De la nécessité d'une théorie des relations internationales », p. 22.
[70] Comme la Corée du Nord, détentrice de l'arme nucléaire, et l'Iran y aspirant, mais aussi l'Inde, le Pakistan et Israël, tous non-signataires du traité de non-prolifération des armes nucléaires.

vu leurs initiatives aboutir sans entraves des « grandes » puissances ? La dissuasion nucléaire est, elle aussi, mimétique[71].

Un deuxième mensonge sur l'égalité des États est reflété par le statut de membre permanent du conseil de sécurité de l'ONU réservé à cinq États et le droit de véto qu'il permet d'opposer aux décisions les plus graves de conséquence : un seul peut remettre en cause l'effectivité des décisions de l'assemblée générale des États dès lors qu'elles portent sur des décisions jugées, unilatéralement, contrevenir à ses intérêts majeurs ou à ceux d'un de ses affidés.

Une troisième ambiguïté porte sur la souveraineté dans les affaires intérieures des États, qu'ils soient ou non membres de l'ONU. Celle-ci peut en effet décider d'interventions armées, sous réserve des règles de majorité et d'absence d'exercice de leurs droits de véto par les pays en disposant. Cette reconnaissance *de facto* et *de jure* d'une instance dotée d'une forme de souveraineté limite d'autant celle des États. Combinée aux deux règles précédentes, elle produit une inégalité entre États vulnérables aux ingérences internationales et d'autres en pratique non. L'égalité entre les États proclamée par l'ONU est donc mythique. Cette croyance doit pourtant être partagée quand bien même chacun la sait illusoire et irréaliste. Au-delà des textes, les capacités d'action des États, selon qu'ils sont des micro-États ou des superpuissances, suffiraient pourtant à convaincre tout observateur extérieur du caractère fictif de l'égalitarisme du droit international. Cette fiction est malgré tout répétée, tant par ceux qui se savent radicalement supérieurs que par ceux qui ont conscience de leur infériorité.

Pour la spécialiste des relations internationales Monique Chemillier-Gendreau, au début des années 1980, « les structures de la société internationale réactivent le processus mimétique[72]. » Elles engendrent des rapports de doubles[73] et une « uniformisation culturelle » des peuples : « La perte des différences provient essentiellement de la

---

[71] DUPUY, *La marque du sacré*, p. 229-253.
[72] CHEMILLIER-GENDREAU, « L'État contemporain à la lumière de l'œuvre de René Girard », p. 134.
[73] L'exemple choisi est celui du Tchad, alors objet de convoitise pour les États-Unis, les manœuvres libyennes dans la région leur semblant inspirées par le désir des Soviétiques d'étendre leur sphère d'influence en Afrique.

généralisation universelle du modèle étatique[74] » sur fond d'échec de l'interdiction du recours à la force. Par ailleurs, malgré le passage d'un monde bipolaire Est-Ouest à un monde multipolaire ou non-polarisé après la disparition de l'URSS, les déconvenues à répétition des États-Unis et les effets apparemment dissolvants de la globalisation, une logique dyadique demeure incontournable dans les affaires internationales. Les politiques d'équilibre des puissances (*balance of power*) et l'égalisation des rivaux dans les relations internationales président aux alliances et pondèrent les soutiens. Autre signe de l'égalité paradoxale d'acteurs inégaux : la nature « conflictuelle de la société internationale », laquelle n'a pas permis « d'enclencher un processus d'union juridique de type quasi fédéral »[75].

Si les guerres asymétriques semblent signifier l'absence de polarisation, la bipolarité demeure le mode dominant de l'agrégation politique, l'absence de polarisation apparente pouvant servir de masque à sa prolifération : le politologue Robert Farneti propose ainsi une analyse du conflit israélo-palestinien auquel il accorde une valeur matricielle tant il se répercute sur de multiples lignes de clivage qui lui sont extérieures, les deux protagonistes se ressemblant de plus en plus au fil du temps[76]. Il estime que « la théorie mimétique contribue à amender la logique des "NWs [*new wars*]" en resituant "l'asymétrisation" en regard de la réciprocité mimétique, c'est-à-dire la transformation progressive de protagonistes symétriques en jumeaux mimétiques[77]. » Une forme de polarisation post-sacrificielle se produit entre deux groupes plutôt que sous la forme d'un tous contre une victime unique. Dans des conflits supposés fondés sur des revendications identitaires, par exemple en ex-Yougoslavie dans les années 1990, une crise mimétique préexiste à la radicalisation des identités[78] : une territorialisation des identités et une obligation d'engagement dans un des camps s'ensuivent, particulièrement dans des zones où les mariages « mixtes » sont fréquents. Farneti bâtit une analyse de ce qu'il appelle

---

[74] CHEMILLIER-GENDREAU, « L'État contemporain à la lumière de l'œuvre de René Girard », p. 135.
[75] MARTRES, « De la nécessité d'une théorie des relations internationales », p. 33.
[76] FARNETI, *Mimetic Politics*, emplacements 1105, 768 et 773.
[77] *Ibid.*, emplacement 810, ma traduction.
[78] *Ibid.*, emplacement 1070.

les conflits internationaux dyadiques, constatant la ressemblance des rivaux qui s'y affrontent, repérable d'emblée et augmentant au fur et à mesure de leur déroulement, et la volonté corrélative des protagonistes d'accentuer leurs pseudo-différences : « La théorie mimétique déconstruit les affirmations d'identité en indiquant que les marqueurs d'identité sont des "restes de différence" dans une situation d'escalade mimétique, ces marqueurs servant à supprimer et rationaliser le nivellement de toutes les différences entre les rivaux[79]. » Toute résolution des conflits suppose alors la description de l'origine de la discorde en dehors des motifs les plus souvent allégués : pauvreté, surpopulation, incompatibilité des buts, dégradation de l'environnement ou absence d'autorités politiques légitimes...[80] Des tensions mimétiques existent y compris dans des situations à l'évidence asymétriques, par exemple entre un groupe victime et un dominant identifié comme criminel[81].

Dans les faits inégaux, les États sont en tout état de cause de moins en moins souverains : les frontières ne sont plus étanches ; une identité nationale plus ou moins imaginaire n'a pas toujours réussi à voir le jour et peine à se maintenir entre migrations, globalisation de l'information et résurgences d'identités particulières antérieures ; le pouvoir de faire la guerre est démenti par les résultats des conflits récents, y compris pour les puissances les mieux armées ; la capacité à lever l'impôt s'amenuise, tant la globalisation offre d'occasions « d'optimiser » sa contribution en choisissant les lieux où l'acquitter ; il en va de même de l'autorité sur les citoyens à laquelle ceux-ci consentent moins... S'y ajoutent, dans le cas de l'Union européenne, des transferts volontaires de compétences et l'usage d'une monnaie unique par plus de la moitié des pays de l'Union[82]. Des fonctions régaliennes comme la justice ou l'incarcération peuvent être exercées partiellement dans le cadre de « délégations de service public » par des opérateurs privés[83]. Les réveils sporadiques des États contre les

---

[79] In *ibid.*, emplacement 980.
[80] *Ibid.*, emplacement 1676.
[81] *Ibid.*, emplacement 1845-1847.
[82] Sans parler de ce que signifie la prolifération des *bitcoins* et autres monnaies sans souveraineté, au moins sur un plan symbolique dans un premier temps.
[83] DUMOUCHEL, *Le sacrifice inutile*. Dumouchel insiste sur les effets de la politique carcérale américaine.

multinationales, les paradis fiscaux ou encore la montée des votes nationalistes aux élections ne suffisent pas à rendre crédible une reprise en mains du sort de leur population. Après l'Église à l'issue des guerres de religion, l'État semble renoncer progressivement à distinguer la violence légitime de celle qui ne le serait pas. Les États perdent en outre leur maîtrise sur nombre d'entreprises qui développent des activités en dehors de leurs frontières et se définissent comme multinationales, globales, voire *offshore*. Un continuum s'établit entre activités maffieuses et entrepreneuriales, entre évasion et optimisation fiscales, entre gains spéculatifs et fondés sur la conquête ou le développement de parts de marché, entre services financiers et biens matériels... Les frontières, indispensables à la définition de l'étendue d'une souveraineté et à l'identification à une nation ou un ensemble de nations partageant une communauté de destin, ne jouent plus ce rôle. Les États perdent ainsi toujours davantage leurs capacités différenciatrices. Le principe de l'égalité souveraine de tous ses membres proclamée par la Charte des Nations-Unies étant inaccessible, leur pseudo-égalité pseudo-souveraine est transformée en indifférenciation. Elle est de ce fait incapable d'ériger et, *a fortiori*, de perpétuer un ordre culturel stable.

La promesse de l'article 2 § 4 de la Charte des Nations Unies n'a pas été davantage tenue : « Les membres de l'organisation s'abstiennent dans leurs relations internationales, de recourir à la menace ou à l'emploi de la force, soit contre l'intégrité territoriale ou l'indépendance politique de tout État, soit de toute autre manière incompatible avec les buts des Nations Unies. » Ce projet de contention de la violence internationale est ambitieux, comme un écho au projet du Royaume de Dieu sur Terre. S'il remet en cause la manifestation de la souveraineté externe des États, une autre disposition de la Charte vient en limiter la portée : « Le droit de légitime défense individuelle ou collective peut être exercé dans le cas d'une "agression armée" contre un Membre de l'ONU. Les États portent à la connaissance du Conseil les mesures prises et les cessent dès que ce dernier aura pris les mesures nécessaires pour le maintien de la paix internationale. » La juxtaposition des deux textes démontre l'impossibilité d'une paix perpétuelle promue et maintenue par une organisation internationale gouvernementale, autrement dit non-souveraine. La théorie mimétique pointe la contradiction : prétention à expulser la violence fondatrice d'un côté et renforcement de l'indifférenciation de l'autre[84].

Le droit des peuples à disposer d'eux-mêmes est perverti en étant réduit au droit de devenir un État, « modèle culturel imposé, support bureaucratique uniforme d'un certain type de développement, facteur primordial d'effacement des différences en même temps qu'outil inutile dans la recherche de l'égalité réelle[85]. » Pour autant certains peuples restent sans États : Palestiniens, Tibétains, Kurdes, Sahraouis...

Un élément apparente toutefois l'ordre mondial à un souverain : l'émergence progressive d'un droit international pénal. Mais celui-ci souffre d'une discrimination entre les victimes et les auteurs présumés de crimes de guerre ou contre l'humanité : les grandes puissances et leurs proches alliés échappent à ce jour à toute inculpation[86] ; et l'activité du tribunal pénal international permanent de La Haye se concentre depuis une décennie qu'il fonctionne sur l'Afrique.

L'égale souveraineté des États apparaît ainsi comme illusoire alors qu'elle est solennellement énoncée et qu'elle correspond à leur revendication d'égale puissance. Le droit international public est à ce jour incapable de maîtriser la violence entre les peuples auxquels il a imprudemment concédé le droit à l'autodétermination, c'est-à-dire une égale capacité théorique à revendiquer leur souveraineté. Le droit proclame l'égalité des individus, des peuples et des États, autorisant formellement toutes sortes de revendications potentiellement conflictuelles sans s'être doté des moyens de trancher les litiges qui en résultent ni, *a fortiori*, de ceux de faire exécuter la chose jugée. L'existence même d'une communauté internationale fait débat.

La situation à l'intérieur des États n'est pas plus véridique. Le recul des hiérarchies fondées sur la différence des sexes, des « races » ou des

---

[84] CHEMILLIER-GENDREAU, « L'État contemporain à la lumière de l'œuvre de René Girard », p. 139.
[85] *Ibid.*, p. 136.
[86] Dupuy remarque que les bombardements nucléaires de Hiroshima et Nagasaki auraient pu valoir aux dirigeants Américains une inculpation de crime contre l'humanité, s'ils n'avaient été vainqueurs et maîtres du nouvel ordre international. In DUPUY, *La marque du sacré*.

appartenances nationales a constitué une des évolutions significatives du XXe siècle. Il en va de même pour les agents économiques : « Même s'il y a entre les hommes de grandes différences de pouvoir d'achat, il n'y a plus parmi nous de différence de *caste* ou de classe au sens traditionnel. Les gens appartenant au plus bas niveau social désirent ce qu'ont les gens au plus haut niveau. Ils pensent qu'ils devraient posséder ces mêmes choses, ils sont harcelés par la même publicité, alors que dans le passé, l'égalité dans le désir restait sans doute inconcevable. L'accès à certains biens ou certaines marchandises était très limité ou strictement codifié et contrôlé par des différences sociales rigides[87]. » Ainsi l'égalité des conditions s'est-elle diffusée[88]. L'épître de Paul aux Galates est en train de devenir une réalité, même si elle diffère de son projet. L'idéologie des droits de l'homme produit de même une forme de réalité perceptible. Que des victimes revendiquent des droits est le signe qu'elles sont persuadées de pouvoir obtenir réparation. L'inégalité est devenue politiquement insupportable et incorrecte : « [...] tout le monde s'est rallié aux *droits* de l'homme. [...] Le thème est unificateur, et il ne fait qu'un, au fond, avec les droits des victimes potentielles, qui sont posées contre les gouvernements, contre les collectivités, les majorités auxquels il peut arriver de devenir oppressifs à l'égard des individus ou des minorités, ou même meurtriers. [...] Personne avant nous n'avait jamais affirmé qu'une victime, même unanimement condamnée par sa communauté, par les instances qui exercent sur elles une juridiction légitime, pourrait avoir raison contre cette unanimité[89]. » Chacun a désormais en théorie autant d'importance que l'unanimité. Et donc vaut tous les autres. L'égalisation parvient à donner le poids suffisant à certaines victimes isolées pour faire triompher parfois leurs revendications face à la foule ou aux autorités.

---

[87] *Les origines*, p. 68-69.
[88] Est citée pour illustrer cet effondrement de la médiation externe et des hiérarchies sociales une déclaration d'Andy Warhol qui traite de la situation inverse parmi les buveurs de *Coca-Cola*. In *ibid.*, note de bas de page n° 10. Un bon siècle auparavant, Tocqueville pronostiquait : « En fait de jouissances matérielles, les plus opulents citoyens d'une démocratie ne montreront pas des goûts fort différents de ceux du peuple, soit que, étant sortis du sein du peuple, ils les partagent réellement, soient qu'ils croient devoir s'y soumettre. » In TOCQUEVILLE, *De la démocratie en Amérique II*, deuxième partie, chapitre XI, p. 186.
[89] *Quand ces choses*, p. 123.

La démocratie représentative se manifeste pour l'essentiel par la désignation des détenteurs du pouvoir à la majorité et pour une durée limitée, permettant de mettre un terme à un mandat qui n'aurait que trop duré du point de vue des électeurs. Il s'agit d'occuper provisoirement, sans pour autant s'approprier ni s'incorporer, le lieu du pouvoir laissé vide depuis que le prince en a été exclu[90]. Le système trouve son équilibre dans la potentielle réversibilité périodique des résultats des scrutins. Ce processus combine un principe égalitaire strict, de type arithmétique – un homme / une voix – et une inégalité profonde – du point de vue du pouvoir, la majorité tendant vers la totalité et la minorité, vers la nullité. Et on arrive souvent à ce résultat après que la confrontation s'est soldée par une quasi-égalité des suffrages obtenus par deux partis ou coalitions opposés. Dans de tels cas, le vote majoritaire s'apparente de plus en plus à un tirage au sort. Néanmoins, pour s'exprimer comme Rawls, un consensus par recoupement[91] continue de former une quasi-unanimité sur le principe constitutionnel selon lequel la majorité l'emporte, pour la durée d'un mandat.

La mécanique électorale doit subsumer en un seul vote la position de chaque électeur sur un ensemble de sujets variés, présents et à venir. Pour autant, le vote ne réussit que s'il laisse subsister dans chaque camp une relative pluralité d'opinions face aux sujets d'actualité sur lesquels les électeurs sont censés se déterminer. Une bipolarisation parfaite d'opinions homogènes dans chacun des deux camps opposés rendrait illusoire toute réconciliation post-électorale d'un peuple à la souveraineté par principe indivisible. Ce nouveau paradoxe du vote que la théorie mimétique appliquée au politique permet de pointer aurait sa solution dans la dissociation des débats particuliers de la compétition institutionnelle.

Dupuy met en évidence un ensemble d'apories liées aux modalités des élections dans son essai « Loterie à Babylone[92] ». Il signale les relations du vote avec le hasard et son rôle dans la production d'une extériorité par auto-transcendance, alors même que « la politique mo-

---

[90] LEFORT, *Essais sur le politique*, « La question de la démocratie », p. 28.
[91] RAWLS, *Libéralisme politique*, Leçon IV, p. 171-214.
[92] Repris en dernier lieu in DUPUY, *La marque du sacré*, p. 163-195.

derne » est « recherche d'immanence[93] ». Il mentionne le paradoxe d'impossibilité d'une synthèse des intérêts privés dans un intérêt commun formulé par Kenneth Arrow[94] et celui de Condorcet montrant la non-transitivité des préférences[95] pour illustrer l'irréductibilité de l'arbitraire en matière électorale. Il relativise la valeur de légitimation attribuée à la quantité lors du décompte des votes comme à l'occasion des sondages. De plus, alors que l'incitation à la participation passe par la conviction que chaque vote peut déterminer le résultat du scrutin, dans les faits, aucun d'entre eux n'a ce pouvoir, au point que l'abstention serait la seule conduite rationnelle. « La procédure [apparaît] comme un moyen de renvoyer la décision à une instance qui échappe aux choix individuels[96] » ; quant au rite électoral, il « joue avec le feu en représentant l'affrontement pour mieux le dépasser[97] ». Dupuy laisse conclure Claude Lefort : « C'est précisément le moment où la souveraineté populaire est censée se manifester, le peuple s'actualiser en exprimant sa volonté, que les solidarités sociales sont défaites, que le citoyen se voit extrait de tous les réseaux dans lesquels se développe la vie sociale pour être converti en unité de compte. Le nombre se substitue à la substance[98]. » Mais si l'équilibre des systèmes démocratiques repose sur l'égalité théorique de chaque citoyen et de son poids électoral, le consensus sur la règle peut se rompre à tout moment, lorsque la foule l'emporte et forme « une espèce de creuset où viennent se fondre même les autorités les moins ébranlables en apparence[99]. » Chez Girard, le peuple ne fait qu'un avec la foule, sa manifestation concrète en tant qu'acteur de l'Histoire, qu'elle soit révolutionnaire ou guerrière. Or la foule garde la faculté de rappeler que toute souveraineté émane du peuple, ce que les constitutions ont fini

---

[93] *Ibid.*, p. 170.
[94] Aucun système de vote ne peut transformer une multiplicité de préférences individuelles (au moins trois options et deux individus) en une décision agrégée cohérente (respectant plusieurs propriétés logiques).
[95] Si A > B > C en nombre de suffrages obtenus dans une élection triangulaire, C > A est possible. Le vainqueur d'un scrutin au deuxième tour aurait pu être battu par le candidat arrivé troisième au premier tour.
[96] *Ibid.*, p. 182-183.
[97] *Ibid.*, p. 188.
[98] LEFORT, *Essais sur le politique*, « La question de la démocratie », p. 30.
[99] *Le bouc émissaire*, p. 171.

par acter, et revendiquer sporadiquement son exercice direct, remettant en cause la légitimité de ses représentants à incarner le souverain.

Si les trois décennies suivant la deuxième guerre mondiale constituent l'apogée de la puissance étatique, elles semblent, avec le recul, en être également, comme c'est souvent le cas en pareille situation, un chant du cygne. Dans l'État-providence, les vainqueurs successifs des compétitions électorales[100] se rejoignent pour promettre de satisfaire le plus grand nombre de revendications au niveau le plus élevé possible, à la recherche d'une majorité et en vue d'un apaisement des insatisfactions des minoritaires. Le développement des prestations sociales est de nature à diminuer corrélativement l'intensité et la diversité des revendications mais aussi, à l'inverse, d'en susciter d'impossibles à satisfaire, au point aussi de réduire progressivement la participation électorale, la prise en compte pérenne d'un certain nombre d'entre elles semblant garantie, quel que soit le résultat du scrutin. Ce système a longtemps conduit à un accroissement de la sphère publique avant que des difficultés répétées dans l'élargissement de l'assiette et la productivité du système fiscal ainsi que la progression constante de l'individualisme n'inversent la priorité des revendications. La dérégulation comprise comme diminution des prélèvements et du rôle de l'État étant devenue depuis la revendication d'une part croissante de la population, elle s'impose sinon à l'ensemble des partis, du moins à ceux qui peuvent espérer dégager une majorité susceptible de les porter au pouvoir. L'État se trouve ainsi pris dans un dilemme : maintenir sa protection ou réduire sa pression fiscale. Une solution cynique est d'exclure complètement ou partiellement certains bénéficiaires de la protection pour conserver l'adhésion de ceux à qui elle est maintenue ; une autre est de laisser filer les déficits jusqu'à ne plus rembourser les prêteurs.

Modalité de la rivalité des égaux dans les gouvernements représentatifs et les économies libérales, la compétition est devenue la règle entre les entreprises, parmi les salariés et entre les candidats aux fonc-

---

[100] DUMOUCHEL, *Le sacrifice inutile*, p. 99 : « L'alternance démocratique et les droits fondamentaux ne rendent pas impossibles les excès du pouvoir politique, mais ils offrent aux individus des recours, des moyens de se protéger, et limitent la capacité du pouvoir à s'exercer contre les citoyens. »

tions électives et publiques. Dans *La société des égaux*, le sociologue Pierre Rosanvallon actualise la réflexion de Tocqueville : « Dans un monde où les individus ne sont plus définis par la place qu'ils occupent en vertu de leur naissance ou de quelque autre facteur dont la stabilité repose forcément sur l'arbitraire, l'esprit de concurrence, loin de s'apaiser, s'enflamme plus que jamais ; tout dépend de comparaisons qui forcément ne sont pas "sûres", puisqu'aucun point de repère fixe ne demeure. Le maniaco-dépressif a une conscience particulièrement aiguë de la dépendance radicale où sont les hommes à l'égard les uns des autres et de l'incertitude qui en résulte[101]. » Le maniaco-dépressif est la figure contemporaine de l'homme du souterrain dostoïevskien. Comme en écho, Girard voit dans la compétition au sein d'un monde global du bénéfique comme du néfaste. Certaines nations longtemps défavorisées ont la possibilité de tirer enfin leur épingle du jeu[102]. Depuis le XIXe siècle, des nations réputées peu créatives et semblant de ce fait vouées à un rôle subalterne, ont d'abord imité ouvertement le modèle qu'elles admiraient, initialement les Anglais, suivis par les Allemands, les Américains, les Japonais, la Corée, enfin la Chine[103]. De même, au niveau microéconomique, un homme d'affaires imite ses rivaux pour rattraper son retard en termes d'avantages compétitifs (justement dénommés ainsi) et espérer devenir profitable. Mais Girard exprime tout aussi bien son scepticisme à propos de la libre concurrence et du néo-libéralisme : « [...] cette idée [...] selon laquelle la libre concurrence serait toujours bonne et généreuse [...] est une idée absurde [...]. Dans les pays occidentaux, l'écart des salaires s'accroît d'une manière considérable et on va vers des réactions explosives. Et je ne parle pas du tiers-monde[104]. » On pourrait ajouter que les chantres du néo-libéralisme visent en général des positions monopolistiques ou oligopolistiques en contradiction totale avec le dogme qu'ils professent : comme le dit l'Évangile de

---

[101] ROSANVALLON, *La société des égaux*, p. 409.

[102] *Quand ces choses*, p. 24 : « S'il y a du bon dans le capitalisme, c'est bien cela. Les affaires se déplacent en direction des pays où la main d'œuvre est bon marché. [...] ça débouche sur les seules améliorations de niveau de vie [...] réelles [...]. »

[103] *Ibid.*, p. 71. Dès 1994, Girard avait pronostiqué que la Chine pourrait être la nation suivante.

[104] « Ce qui se joue aujourd'hui est une rivalité mimétique à l'échelle planétaire », p. 20.

Jean, il ont le diable pour père qui dit des mensonge et les tire de son propre fonds, parce qu'il est menteur et père du mensonge...

Après le nazisme et le stalinisme, l'effondrement des gouvernements représentatifs capitalistes menace. Notre monde a tellement mis en valeur la compétition qu'il paraît difficile d'en faire aujourd'hui une modalité dangereuse de l'ordre social. De pernicieuse, elle est devenue l'équilibre dynamique de sociétés tenues d'accélérer sans cesse pour ne pas choir. Elle se présente comme la rivalité dans le respect de l'égalité des chances assurée par le marché, le scrutin ou le concours, sans la violence que déchaînerait une perte irrémédiable d'opportunité. Or Ramond le montre : « [...] si l'égalité des chances a pour fonction principale de permettre la *reconnaissance* d'une supériorité ou d'un accomplissement quelconque dans nos sociétés, elle enveloppe pourtant une logique qui conduit exactement au résultat contraire – à savoir, à l'*impossibilité d'une telle reconnaissance*. L'égalité des chances serait ainsi à la fois la condition de possibilité et la condition d'impossibilité de la reconnaissance[105]. » Suivons sa démonstration. Le rôle de l'égalité des chances est « de produire du consensus et de la reconnaissance, au sujet de la sélection d'élites par le moyen de la méritocratie. » Une société de l'égalité complète des chances est toutefois inimaginable[106]. La seule égalité des chances possible se rencontre dans les jeux de hasard dont les résultats ne doivent rien, par définition, au mérite des joueurs[107]. Ramond conclut sur ses effets délétères : « [...] notre obsession de l'égalité des chances nous condamne à la fois à ressentir toute inégalité comme une injustice, et à demeurer enfermés dans un tel ressentiment. »

---

[105] RAMOND, « Égalité des chances et reconnaissance ».

[106] La seule solution logique consisterait en un système de handicaps proportionnés aux talents individuels pour assurer un nivellement par le bas parfait, telle qu'imaginée dans la nouvelle de Kurt VONNEGUT JR intitulée *Harrison Bergeron*, voir la traduction française, « Pauvre surhomme », parue dans l'anthologie *Histoires de demain*, en 1975. De même, un autre auteur de science-fiction, Bernard WOLFE, propose la paralysie volontaire des membres comme seul moyen efficace de lutter contre la violence dans un roman intitulé *Limbo*, 2001.

[107] Présent dans les processus électoraux, le hasard tend ici à s'universaliser.

La Révélation évangélique a-t-elle été réellement seule au travail ?

Les indicateurs les plus aisément mesurables de la pertinence de l'histoire mimétique portent sur l'égalisation des conditions et l'évolution des violences. Sur ce dernier point, Girard postule désormais « [...] une incapacité de la politique à contenir l'accroissement réciproque, c'est-à-dire mimétique, de la violence[108]. » L'époque actuelle correspond-elle à un point d'inflexion remarquable ? L'inégalité monte à partir de la fin du Paléolithique associée à une élaboration du sacré et du symbolique, puis une longue tendance à l'égalisation croissante se dessine tandis que le politique monopolise progressivement la violence légitime tout en s'affranchissant de la religion. À un moment où la souveraineté perd à son tour sa toute-puissance et les politiques, leur autorité, le retour des inégalités est peut-être à l'ordre du jour. La citoyenneté semble simultanément perdre de sa force au moment où la question de l'identité en devient un préalable. Cette inflexion inédite pose la question des institutions qui devront assumer à l'avenir la fonction de la contention de la violence.

Au-delà de ces indicateurs quantitatifs, la question du rôle des croyances collectives reste posée. Tocqueville parle de Providence. Girard évoque la Révélation. En affirmant que l'Histoire a un sens, il ne peut échapper à ce que la question soit posée. En 2007, il réitère sa « conviction que le judéo-christianisme et la tradition prophétique peuvent seuls rendre compte du monde dans lequel nous sommes entrés[109]. » L'exclusivisme de la thèse constitue une difficulté quand des évolutions concomitantes vers des religions et philosophies universalistes se sont simultanément produites durant la période axiale. Parmi elles, bouddhisme et taoïsme notamment sont aussi à l'origine de progrès anti-sacrificiels[110].

---

[108] *Achever Clausewitz*, p. 12.
[109] P. 330.
[110] In TAROT, 2008, p. 677. Tarot reprend une opinion de Régis Debray.

Provocatrice, la prétention de Girard à se contenter de réitérer une anthropologie évangélique de la victime innocente[111] et du péché originel augustinien a nui à sa crédibilité. Pour ce faire, il met en exergue le recours par l'Évangile de Jean (15, 25) à la formule du psalmiste (35, 19) « Ils m'ont haï sans cause » et par ceux de Luc (22, 37) et Marc (15, 28) au chapitre 53 d'Isaïe « On l'a compté parmi les criminels » pour assurer qu'il contient en germe « le refus de la causalité magique et le refus des accusations stéréotypées[112] », pour lui les deux préalables à l'esprit scientifique. Cependant, du fait de la Révélation, le monde est pour lui à la fois meilleur et pire, notre univers faisant plus de victimes tout en en protégeant et en en sauvant davantage[113]. Les évolutions sont peu discutables, mais sont-elles pour autant imputables exclusivement – voire même principalement – à la cause unique qu'il met en avant ?

Ceux que l'on dénomme désormais les oligarques ont développé des outils de drainage, de captation et de capitalisation des revenus et patrimoines de plus en plus performants. Les évolutions des écarts de revenus et de patrimoines se mesurent aujourd'hui, notamment grâce à l'indice de Gini[114]. Ils tendent à se creuser à la fois dans des pays émergents à la démographie aussi importante que la Chine et l'Inde que dans les pays anglo-saxons développés – États-Unis, Royaume-Uni, Canada, Australie… – ou dans la zone constituée par les pays de l'Est de l'Europe depuis le début des années 1980. Si on abandonne cette approche par aires géographiques pour se placer à l'échelle du monde, l'indice de Gini oscille à un niveau à peu près constant autour de 0,65 depuis 1950 après une longue période de croissance. Ce niveau élevé peut sans doute être considéré comme une limite asymptotique. Or la plupart des grandes économies nationales tendent à évo-

---

[111] *Le bouc émissaire*, p. 152 : « Les Évangiles vont se révéler eux-mêmes comme puissance universelle de révélation. »

[112] *Ibid.*, p. 154-155.

[113] *Quand ces choses*, p. 25-26.

[114] Voici la définition qu'en donne l'Institut national de la statistique et des études économiques : « L'indice (ou coefficient) de Gini est un indicateur synthétique d'inégalités de salaires (de revenus, de niveaux de vie...). Il varie entre 0 et 1. […]. Entre 0 et 1, l'inégalité est d'autant plus forte que l'indice de Gini est élevé. »

luer à la hausse pour s'en approcher[115]. En 2015, le patrimoine des 62 familles les plus riches de la planète équivaudrait à celui de la moitié des plus pauvres et les 1 % les plus riches en détiendraient autant que les 99 % restants[116]. Plusieurs interprétations sont envisageables : le modèle de l'égalité croissante des conditions perd de sa valeur prédictive dans la distribution des revenus et, *a fortiori*, la consolidation des patrimoines, un point d'inflexion radical semblant désormais repérable ; ou encore des fluctuations sont toujours possibles et une tendance univoque n'est pas certaine. L'hypothèse du point d'inflexion est congruente avec le catastrophisme de Dupuy et l'apocalyptique de Girard. Cette évolution n'est pas pour autant le signe avant-coureur d'un abaissement de la menace que fait peser la rivalité des égaux, ces inégalités matérielles croissantes coexistant avec l'affirmation d'une complète égalité des conditions juridiques dans la plupart de ces contrées. Les inégalités matérielles se creusent dans un contexte renouvelé par les droits croissants reconnus aux victimes et aux minorités, laissant planer une incertitude sur l'évolution à long terme de ces situations.

Dans les sociétés agricoles limitées à un village ou une tribu, la violence serait à l'origine de 15 % des morts, proportion qui monte à 25 % pour les hommes. Les villes, royaumes et États marquent la première étape de la contention de cette violence[117]. Puis, dans un deuxième temps, les données fournies par Muchembled indiquent une tendance à la diminution très forte, jusqu'à une division par un facteur 100 des homicides depuis le Moyen-Âge en Europe. Or la théorie mimétique pronostique un accroissement des violences à partir du moment où la révélation des mécanismes de bouc émissaire se diffuse et

---

[115] Dans un ouvrage publié en 2013, *Le capitalisme au XXIe siècle*, Thomas PIKETTY montre comment dans un monde durablement en faible croissance, situation économiquement probable et, accessoirement, écologiquement souhaitable, la tendance naturelle des marchés accroît tout la fois l'avantage des mieux dotés en capital et la proportion des pauvres et des déclassés.

[116] Rapport de l'ONG OXFAM de janvier 2016 intitulé *Une économie au service des 1 %*. En 2010, la moitié du patrimoine mondial était dans les mains de 388 familles, ce qui permet de mesurer la rapidité de la concentration en cinq ans. Cette étude est sans doute critiquable, mais elle pointe une tendance à méthodologie constante.

[117] HARARI, *Sapiens*, emplacements 1533-1540.

que l'humanité se trouve ainsi privée de ses « béquilles sacrificielles[118] ». Il faut tenter de comprendre le pourquoi de cet écart à la prédiction et si son caractère est définitif. Sur le premier point, Girard n'hésite pas à suivre les suggestions faites dans *L'enfer des choses*[119] : « Tout ce que fait le capitalisme, ou plutôt la société libérale qui permet au capitalisme de fleurir, c'est d'assurer un exercice plus libre des phénomènes mimétiques et leur canalisation vers les activités économiques et technologiques[120]. » Les dangers engendrés par la concurrence des désirs trouvent leur échappatoire dans l'augmentation et le caractère multiple des objets à convoiter ainsi que l'utilisation de l'essentiel du temps des acteurs économiques à produire, consommer et reconstituer leur force de travail. Le marché parvient à faire croire aux offreurs et aux demandeurs qui s'y rencontrent qu'ils ont moins à perdre qu'à gagner à y échanger.

Sur le deuxième point, si l'évolution depuis la fin du Moyen-Âge est spectaculaire, la situation actuelle est moins tranchée. De 1650 à 1960, donc à la fin du processus de décolonisation, trois siècles ont été consacrés par les sociétés européennes à l'apprivoisement de la violence[121]. Le Japon connaît aussi un taux d'homicide parmi les plus faibles du monde. D'autres pays, en Amérique latine, aux Antilles, en Afrique ou dans l'ancienne Union Soviétique enregistrent toutefois des taux de mortalité par homicide volontaire beaucoup plus importants. Après un dégoût radical du sang au sortir de la deuxième guerre mondiale et l'instauration d'une paix durable (sauf exceptions locales) en Europe, Muchembled note la disparition des exutoires de la violence des jeunes adultes longtemps fournis par les conflits internatio-

---

[118] D'autres assertions de Girard sont dans le même temps confirmées par les données historiques, en particulier la probabilité de la survenance de violences entre égaux et proches : « Les comportements violents surgissent surtout parmi des gens qui se connaissent, et même qui se connaissent depuis longtemps. L'histoire de la violence est principalement mimétique, comme dans le cas désolant de la violence domestique. Ce genre de crime est bien plus courant que ceux qui se passent entre étrangers. » In *Les origines*, p. 96.

[119] DUMOUCHEL et DUPUY, *L'enfer des choses.*

[120] *Des choses cachées*, p. 393-394.

[121] MUCHEMBLED, *Une histoire de la violence*, chapitre VII. Même si les comparaisons statistiques sont en partie faussées par l'efficacité de la médecine et des prises en charge par les services d'urgence.

naux et les aventures coloniales. Désormais privées de ces opportunités de « sublimation », il constate le retour des bandes adolescentes[122]. Depuis 1960, la recrudescence de la violence homicide ne semble néanmoins pas certain : ainsi le triplement constaté aux États-Unis en 20 ans est suivi d'une diminution sensible dès les années 1990. En revanche, l'âge moyen de l'homicide ne cesse de diminuer. Les sévices sans suite mortelle sont en outre beaucoup plus nombreux que les homicides. Par ailleurs, la fréquence des massacres de masse augmente, notamment aux États-Unis. Dans le même temps, les viols et les violences ainsi que le harcèlement, sexuel ou moral, sont de plus en plus en plus souvent dénoncés. D'après des études récentes, les viols et violences faites aux femmes seraient pourtant en diminution sensible aux États-Unis de même que les violences faites aux enfants durant les deux dernières décennies. Il en va de même pour les victimes de génocides, de guerres et de conflits armés depuis 1945[123].

On peut néanmoins s'interroger sur les violences non mortelles, physiques et ou morales, pour lesquelles les dépôts de plainte connaissent des augmentations sans qu'il soit possible de discerner avec certitude entre l'évolution de la fréquence des faits dénoncés et l'accroissement du taux de signalement de ces faits délictueux ou criminels.

L'observation aux accents prophétiques faite par Girard au tournant du millénaire semble malgré tout entrer en résonance avec nos perceptions intuitives, même si celles-ci sont probablement distordues par des amplifications médiatiques : « C'est comme un tourbillon au sein duquel les violences les plus violentes vont se rejoindre et se confondre. Il y a les violences familiales et scolaires, celles dont se rendent coupables ces adolescents qui massacrent leurs camarades dans les écoles américaines, et il y a les violences visibles dans le monde entier, le terrorisme sans limites ni frontières. Ce dernier se livre à une véritable guerre d'extermination contre les populations civiles[124]. » Une quinzaine d'années après sa publication, ce texte n'a rien perdu de son acuité. La relation mimétique entre mouvements terroristes et

---

[122] *Ibid.*, chapitre IX.

[123] In http://www.slate.fr/story/96245/monde-chaos-paix, "Non, le monde n'est pas entré dans le chaos".

[124] Le parangon de la raison politique selon Girard, in *Celui par qui*, p. 16.

États se traduit par un retour de la violence de part et d'autre, les États libéraux considérant leurs cibles comme non couvertes par le droit de la guerre, utilisant des moyens pouvant apparaître comme déloyaux (drones), torturant leurs prisonniers... Pour leurs propres citoyens, des législations réduisant les libertés publiques sont mises en place et les agences de renseignements interviennent en dehors du cadre légal sans que la volonté d'en contrôler les abus se manifeste clairement chez les détenteurs de la souveraineté. Une violence non létale se développe sous la forme d'un viol des intimités et de détentions arbitraires. Une nouvelle indifférenciation pourrait ainsi voir le jour entre violences avec et sans brutalité, favorisant le développement à ces dernières.

Par ailleurs, notre capacité à nommer des victimes « boucs émissaires » est probablement plus générale que dans l'Antiquité. « Nous évitons de parler comme Caïphe parce que nous comprenons mieux le sens de ses paroles sans le comprendre encore parfaitement : c'est ici la preuve que la révélation fait son chemin parmi nous[125]. » Surtout, les accusations mensongères ne font plus l'unanimité et les régimes totalitaires qui recourent à l'exécution de victimes innocentes sont amenés à augmenter leur nombre : « Du fait même que les révolutionnaires recourent ouvertement à la violence, les effets désirés ne se produisent plus. Le mystère est éventé. La fondation violente n'était plus efficace, elle ne peut se maintenir que par la terreur. C'est un peu vrai déjà de la Révolution française face à la démocratie anglo-américaine, c'est encore plus vrai des révolutions marxistes[126]. » Il en conclut : « Le mécanisme fondateur révélé, le mécanisme du bouc émissaire – l'expulsion de la violence par la violence – est rendu caduc par sa révélation[127]. »

On peut néanmoins objecter à cette pétition de principe au moins deux arguments.

En premier lieu, certaines exécutions massives à visée sacrificielle ne sont pas une conséquence du dévoilement du mécanisme par la Révélation chrétienne : ainsi dans les civilisations précolombiennes

[125] *Le bouc émissaire*, p. 170.
[126] *Ibid.*, p. 172-173.
[127] *Ibid.*, p. 278.

d'Amérique centrale qui ont multiplié les sacrifices avant l'arrivée de Cortès. Si cette augmentation des victimes résulte d'une perte d'efficacité du mécanisme sacrificiel, elle ne peut être corrélée en l'occurrence avec les effets du récit de la Passion. Ensuite et surtout, la durée de maturation de la démystification évangélique paraît bien longue pour certifier l'imputation girardienne. Plus la distance temporelle entre le moment où s'opère le dévoilement – lorsque l'Europe est devenue massivement chrétienne, soit avant l'an mil – et celui où l'on constate l'épuisement du modèle sacrificiel – dans la période qui précède la Révolution française –, plus on peut supposer que d'autres phénomènes non immédiatement rattachables à la Révélation ont eu également le temps d'intervenir pour faire évoluer les mœurs en défaveur des sacrifices. On peut néanmoins admettre avec Rouche que le recul du haut Moyen-Âge provoqué par la domination de la barbarie germanique a à la fois retardé et rendu d'autant plus nécessaire l'intervention du christianisme pour restaurer les vertus de l'État romain tout en les imprégnant d'une conception nouvelle de relations familiales et sociales égalitaires et débarrassées de l'obligation de la vengeance.

Girard crédite le christianisme, entres autres évolutions bénéfiques majeures, du développement de l'esprit scientifique. Néanmoins une science a pu se développer en Mésopotamie, en Égypte ou dans la Grèce antique par exemple, sans doute parmi des milieux aristocratiques mais probablement pas guère plus qu'en Europe entre le XVIe et le XVIIIe siècles : les scientifiques ont toujours dû bénéficier d'une formation longue et d'un détachement par rapport à l'obligation de s'adonner à un travail lucratif pour disposer d'un temps suffisant à consacrer à leurs recherches, conditions d'existence qui ont été réservées jusqu'à récemment à des ressortissants des élites. Ensuite, la civilisation chinoise a fait montre de grandes capacités en matière d'inventions techniques, ne limitant donc pas ses recherches à de pures spéculations sans applications pratiques – papier, imprimerie, poudre à canon, compas magnétique... – et reste jusqu'au XVIIIe siècle la première puissance économique du monde. Une histoire mondiale relativise l'exclusivisme des sociétés chrétiennes dans les progrès de l'esprit scientifique et des technologies. Girard continue pourtant d'affirmer sa conviction, en assumant à la fois la très longue durée et le caractère secret et, pour ainsi dire, furtif du travail du dévoilement opéré par le Nouveau Testament : « La victoire de Jésus est bien acquise tout de suite dans son principe, au moment de la passion, mais elle ne se concrétise pour la plupart des hommes qu'*au terme d'une longue histoire secrètement gouvernée* par la révélation. Elle *devient évidente* au moment où nous constatons qu'effectivement, grâce aux Évangiles et non pas contre eux, nous pouvons enfin montrer l'inanité de tous les dieux violents, expliquer et frapper de nullité toute mythologie[128]. »

Il considère que « le délitement de tous les rituels et toutes les institutions » se produit « depuis environ trois siècles[129] », trois siècles seulement est-on tenté d'ajouter. Pour Dumouchel, l'ordre politique moderne correspond d'ailleurs « au moment où le sacrifice, entendu au sens propre, est devenu inutile [... car] dorénavant incapable de nous protéger de la violence et de donner naissance à un ordre stable. » Pour autant, l'impératif de « détournement de la violence vers des victimes acceptables » demeure[130], auquel a répondu le souverain, seul en mesure de monopoliser la violence légitime. Pour en imputer l'origine au travail exclusif ou même déterminant de la Révélation, aucune argumentation n'apparaît parfaitement convaincante. Il reste que l'État de droit assorti du pouvoir de mettre en œuvre les décisions de justice n'est pas nécessairement un produit exclusif de l'imprégnation chrétienne de l'Europe. Or il est bien l'institution déterminante du recul de la violence à l'époque moderne.

La relation de causalité semble plus facile à établir entre progrès de la charité chrétienne et souci croissant des victimes : son tropisme « occidental » paraît moins discutable. La création et le développement d'institutions charitables d'initiative religieuse sur une grande échelle et une longue période fournissent en effet des jalons vérifiables. Ils participent très tôt du projet anthropologique chrétien. De même les déclarations des droits de l'homme sont proclamées en terre chrétienne. Girard en marque les étapes : « [...] depuis le haut Moyen Âge, toutes les grandes institutions humaines évoluent dans le même sens, le droit public et le droit privé, la législation pénale, la pratique

[128] *Ibid.*, p. 304. Je souligne.
[129] *Achever Clausewitz*, p. 26.
[130] DUMOUCHEL, *Le sacrifice inutile*, p. 42-43.

judiciaire, le statut des personnes [...], vers l'adoucissement des peines, vers une plus grande protection des victimes potentielles. [...] Dans [...] les "droits de l'homme", l'essentiel est une compréhension du fait que tout individu ou tout groupe d'individus peut devenir le "bouc émissaire" de sa propre communauté. [...] Des sociétés qui ne voyaient pas la nécessité de se transformer se sont peu à peu modifiées toujours dans le même sens, en réponse au désir de réparer les injustices passées et de susciter des rapports plus "humains" entre les hommes[131]. »

Girard fournit plusieurs arguments, dont l'étymologie de persécution et de martyr[132]. Et il observe l'évolution influente de par le monde des mœurs aux États-Unis. La situation d'appartenance à une « minorité » y fonde désormais des revendications qui aboutissent à des discriminations positives, comme s'il fallait égaliser par l'inégalité ce que l'égalité des conditions n'a pas suffi à faire évoluer vers le nivellement visé : « Aux États-Unis et partout, on peut unifier beaucoup de phénomènes culturels en les décrivant comme la découverte de nouvelles victimes, comme leur réhabilitation concrète plutôt, car à la vérité, elles sont découvertes depuis longtemps : les femmes, les jeunes, les vieillards, les fous, les handicapés physiques et mentaux, etc. [...] On ne peut plus défendre une position quelconque [...] qu'en faisant d'elle une contribution à la croisade anti-victimaire[133]. » Girard se plaît à signaler les abus auxquels ce souci conduit[134]. Il propose en définitive une forme de sagesse : « Les hommes sont ainsi faits, malheureusement, que la correction d'une injustice ne va jamais sans risque de chute dans l'excès inverse. C'est le mimétisme des groupes

---

[131] *Je vois Satan*, p. 256-260.

[132] « En latin classique, aucune connotation d'injustice ne s'attache à persequi ; le terme signifie simplement : poursuivre devant les tribunaux. Ce sont des apologistes chrétiens, Lactance et Tertullien, qui infléchissent persecutio dans la direction moderne. [...] En grec, de même, martyr signifie témoin et c'est l'influence chrétienne qui fait évoluer le mot vers son sens actuel d'innocent persécuté, de victime héroïque d'une violence injuste. » In *ibid.*, p. 296.

[133] *Quand ces choses*, p. 63.

[134] *In ibid.*, p. 64 : « Par une sorte de surcompensation, il existe désormais une tendance à faire de la simple appartenance à un groupe minoritaire une espèce de privilège [...]. »

qui veut cela[135]. » À sa suite, Dupuy parle de la sacralisation de la victime. Quant à « l'universalisation du souci pour les victimes », elle est interprétée comme un indice de la globalisation : « Partout, c'est au nom des victimes que les autres ont réellement ou prétendument faites que l'on persécute, tue, massacre ou mutile », empruntant à Eric Gans pour qualifier cette posture l'expression de « ressentiment victimaire »[136].

La réflexion enclenchée par Machiavel et poursuivie jusqu'à Hobbes en passant notamment par Bodin a favorisé une évolution autant qu'elle l'a traduite : « [...] la souveraineté est d'abord affirmation de l'autonomie de la vie humaine : ni les dieux ni la nature ne constituent l'humanité comme telle. [...] Aucun dieu, aucune nature, en effet, ne fonde l'expérience de la modernité[137]. » Dès lors, quel statut accorder à la Révélation ? Peut-on en faire une démonstration à caractère scientifique qui a convaincu progressivement les esprits ? C'est doublement difficile : nous avons constaté, en particulier avec Veyne, à quel point les succès et les revers des débuts du christianisme ont dépendu d'options politiques ; par ailleurs, si la Révélation a été diffusée par les Églises chrétiennes, le souci croissant des victimes et la perte progressive d'efficacité du mécanisme du bouc émissaire ne deviennent évidents qu'à un moment où la déchristianisation de l'Occident est engagée.

Dumouchel[138] propose pourtant une analyse qui conforte la position de Girard en l'argumentant davantage à partir de constats historiques. Il rejoint ainsi Rouche : « [...] le pardon et la charité vont saper les bases des liens de solidarité réciproque et les obligations qui les accompagnent. Ces liens sont tous liés à la famille entendue au sens large (le clan, la tribu, la lignée), ou à des systèmes d'alliance qui prennent, plus ou moins directement, la famille comme modèle des liens qu'ils établissent (les systèmes féodaux, le clientélisme, etc.). La charité remet en cause les limites des obligations auxquelles ces sys-

[135] *Ibid.*, p. 68.
[136] DUPUY, *La marque du sacré*, p. 219-220.
[137] MAIRET, *Le principe de souveraineté*, p. 197.
[138] In *Cités* n° 53, article de DUMOUCHEL, « Girard et le politique », p. 29-31 pour les citations et les idées développées dans les lignes qui suivent.

tèmes ou la famille donnent naissance parce qu'elle s'étend par principe à tous, y compris aux ennemis. » L'abaissement des emprises familiales et communautaires coïncide avec le développement de celles de l'État et de l'économie marchande. La charité et le pardon, s'ils apparaissent comme des obligations faites aux chrétiens, n'en sont pas moins librement consentis par eux. Ils sont de ce fait des manifestations d'une liberté. Le pardon a également pour effet de s'affranchir de l'obligation de se venger. Ensemble ils « facilitent la reconnaissance de la victime du mécanisme. » Au-delà, ils auraient aidé à l'émergence de l'État moderne en défaisant progressivement les solidarités anciennes. En se posant en autorité morale seule capable de distinguer entre la violence condamnable et l'acceptable, voire la souhaitable, l'Église va au temps des Croisades ouvrir un espace de liberté supplémentaire par rapport à l'autorité du suzerain. Il faut attendre la fin des guerres de religion pour que les États européens parviennent à monopoliser la violence légitime, temps crucial de la constitution d'une souveraineté et de l'affermissement du politique moderne proprement dit. Le souverain détient désormais le pouvoir de légiférer pour distinguer la bonne violence qu'il s'autorise et la mauvaise qu'il interdit aux autres. Il trie entre des revendications collectives : « [...] dans la violence politique les victimes sont toujours visées en tant que membres d'une catégorie sociale ou d'un groupe particulier. On peut voir là une expression de ce que la communauté échoue à se réconcilier contre une unique victime[139]. »

Un argument supplémentaire réside dans la singularité de l'évolution européenne vers des pratiques politiques inédites. Pour Girard, il ne fait guère de doute que l'histoire suit une direction. Dès 1994, il assène : « Les idéologies sont mortes. Reste cette formidable différence de notre univers avec tous ceux qui l'ont précédé : *aujourd'hui, les victimes ont des droits*[140]. »

---

[139] *Cf.* SCHUMPETER, *Capitalisme, socialisme et démocratie*, p. 361-362 : « Le Sauveur est mort pour racheter tous les hommes ; il n'a pas fait de différence entre les individus de conditions différentes. Du même coup, il a témoigné de la valeur intrinsèque de l'âme individuelle, valeur qui ne comporte pas de gradations [...comme avec] la formule démocratique : "Chacun doit compter pour un, personne ne doit compter pour plus d'un." »

[140] *Quand ces choses*, p. 23.

Son œuvre est ainsi parcourue par une tension entre une exigence de vérité scientifique – écouter la voix du réel et analyser les rapports humains en termes de forces et de mécanismes – et une théodicée. Il a au moins deux raisons pour agir de la sorte : la prééminence du sacré et du symbolique pendant la quasi-totalité des temps, repérable au moins depuis le Paléolithique supérieur ; et la puissance explicative de deux textes religieux – la Bible bien entendu comme science des mythes mais aussi les Brâhmanas comme science des rites. Il est difficile de tenir ensemble ces deux points de vue : l'explication rationnelle d'une part, une herméneutique exégétique de l'autre. Au demeurant, l'attitude singulière de Girard ne lui vaut guère de reconnaissance institutionnelle, pas davantage ecclésiale qu'académique.

Contrairement à ce qu'il semble parfois croire, savoir l'innocence ou la désignation arbitraire de la victime ne conduit pas nécessairement à la décision de s'abstenir de la violence. La connaissance des mécanismes du désir n'engendre pas automatiquement le renoncement à la violence. Dans un registre moins différent qu'on ne pourrait le croire de prime abord, les acteurs politiques et économiques en sauraient déjà suffisamment pour renoncer à la croissance destructrice de l'environnement et à la spéculation financière provoquant le gonflement de bulles, leur éclatement en crises et une distribution aberrante des revenus et des patrimoines. Mais aucun n'est en mesure de prendre les décisions que cette connaissance impose, car chacun pense n'être mandaté pour prendre l'initiative que si elle est unanime et simultanée sur l'ensemble de la planète : l'unanimité et la simultanéité semblent de nouveau requises pour expulser la violence destructrice contre la planète et l'économisme déchaîné par le désir mimétique. Et aucune mesure n'a été unanimement décidée ni, *a fortiori*, suivie par l'humanité à ce jour pour mettre en pratique ce savoir. Dupuy a montré [141] qu'en cas de panique, le calcul rationnel conduit à hurler avec les loups plutôt qu'à les décider à se taire. La puissance de la foule se dresse face à des pouvoirs institués toujours prêts à céder devant elle… et la faible probabilité d'un contrat social où chacun doit se convaincre de l'adhésion de tous avant d'apposer son paraphe.

Que l'Histoire ait un sens et qu'on soit en mesure de le discerner serait

---

[141] DUPUY, *La panique*.

en tout état de cause de peu d'effets sur la marche du monde si la mimésis d'appropriation guide les choix de la multitude pour aboutir à des compositions d'effets non maîtrisables.

*

La continuité d'une structure articulant les situations relationnelles contradictoires entre individus, entre groupes comme entre États établie dans notre première partie semble confortée dans le domaine des luttes pour le pouvoir et de la pérennité des systèmes institutionnels. La question de la souveraineté apparaît centrale pour l'individu égal en droits, pour le dirigeant de parti politique en mal de conquête ou de conservation de son appareil, pour le peuple désireux de s'autodéterminer et pour l'État sur la scène internationale : elle est le désirable par excellence dans les communautés modernes qui revendiquent leur faculté à se donner leur propre loi. Dans le même temps, cette autonomie de chacun bute mécaniquement sur celle des autres, voire organise cet affrontement comme mode de partage du prestige, des avoirs et des pouvoirs. Tout arbitrage provisoire entre les revendications multiples et incompatibles se solde enfin par des exclusions, lesquelles peuvent prendre des formes diverses : pour un individu, la perte de sa possibilité réelle ou supposée d'être davantage ; pour les entités politiques, rester indéfiniment minoritaires ; pour des militants, les radiations des partis ; pour des acteurs économiques, les exploitations de toutes natures ; pour des citoyens, les privations de droits... Tous ces mécanismes fonctionnent sous la condition d'une certaine méconnaissance, allant de l'ignorance au fatalisme en passant par le déni, la mauvaise foi ou la bonne conscience, selon les formes que prend l'auto-tromperie ou l'aveuglement.

Quant à l'hypothèse de la fondation de la culture sur le mécanisme du bouc émissaire, sa consolidation passe par une plus grande ouverture aux apports récents de la génétique des populations, de la paléontologie, de l'archéologie et de l'histoire. Si séduisante soit-elle, la volonté d'un engendrement de toutes les significations à partir d'un premier cadavre doit composer avec des différences qui lui préexistent, ne serait-ce que la différence des sexes et des générations. L'univocité des rapports entre la chasse au gros gibier et l'hypothèse morphogénétique girardienne n'est pas établie. Il est par ailleurs indispensable de définir une chronologie à grosses mailles de cette morphogenèse des institutions humaines : l'approche girardienne par des mythologies indifférenciées dans le temps et l'espace pour mieux percevoir leur unité profonde tend à écraser des différences notables entre chasseurs-cueilleurs nomades, chasseurs-cueilleurs-stockeurs plus ou moins sédentaires, cultures agropastorales, cités et empires.

Reste la force de la Révélation chrétienne contre les lynchages unanimes. S'il n'est pas question de tenir son intervention et sa diffusion comme sans effet sur la marche du monde, il nous semble difficile d'adhérer pleinement à son exclusivité pour donner une orientation au sens de l'Histoire. Au demeurant, quel sens ? À suivre Harari[142] qui a tenté de retracer l'histoire de l'*homo sapiens* dans sa quadruple dimension écologique, économique, religieuse et politique, trois premières composantes sont devenues rétrospectivement manifestes : la révolution cognitive donnant la faculté aux humains de concevoir des fictions – mythes mais aussi réalités et organisations imaginaires –, préalables aux coopérations à grande échelle dont aucune autre espèce animale n'est capable ; ensuite l'expansion sur la planète et son annexion progressive qui atteint aujourd'hui des proportions dangereuses ; enfin la convergence des cultures facilitée par la domination toujours plus globale des empires depuis 4 000 ans et le développement du commerce qui n'ont cessé d'unifier des peuples et de les mettre en relation pour aboutir à une sorte d'empire mondialisé politiquement acéphale et plus ou moins auto-organisé par une élite internationale poursuivant des objectifs semblables. Ces trois tendances rendent compte d'un certain nombre d'éléments réunis dans notre esquisse d'histoire mimétique. Avec Girard, deux autres dimensions sont à y ajouter : la rivalité violente dès les origines et jusqu'à présent, même si ses modalités évoluent[143] ; et, depuis 2 000 ans, la « révélation destructrice du mécanisme du bouc émissaire » par les Évangiles à laquelle est corrélé le « souci croissant des victimes ». Ces différentes tendances, loin de se contrarier, tendent à s'impliquer mutuellement. Elles contextualisent le sens de l'histoire girardien.

Certes, le dernier millénaire a vu l'influence de « l'Occident », en par-

---

[142] HARARI, *Sapiens*.

[143] Harari confirme l'importance de la violence, notamment au sein des communautés archaïques.

ticulier fondée sur son monothéisme chrétien, s'étendre au monde entier en suivant les voies de l'impérialisme, de la science et de la technologie, de l'économie de marché, du commerce international, de l'idéologie des droits de l'homme et de la mondialisation. Mais sauf à ramener *tous* ces vecteurs de l'influence occidentale à la puissance générative d'une origine commune et exclusive qui serait la Passion du Christ, il est impossible d'adopter sans réserve le troisième postulat de la théorie mimétique. Les trois axes donnant une orientation à l'Histoire – révolution cognitive, expansion sur toute la planète et convergence impériale – qu'Harari met en évidence ont été enclenchés avant la constitution et la diffusion de la Bible et sont peu dépendants des processus engendrés par la Révélation. Leur importance pour penser une orientation de l'histoire vers une direction est pourtant peu discutable.

Notre étude historique mimétique a d'ailleurs montré quelques problèmes de synchronisation, rendant incertain le passage de la corrélation à la causalité entre Passion du Christ et évolution historique bimillénaire : entre autres, l'importance du hasard dans la sélection des détenteurs du pouvoir et la diffusion des religions ; l'indécidabilité du sens de la relation entre fin de la chasse aux sorcières et développement de la science et des technologies ; ou encore le caractère ambivalent de la Révélation libérant la connaissance nécessaire à une émancipation de la violence contre les victimes innocentes tout en déchaînant des forces apocalyptiques[144].

Si l'histoire mimétique tend plutôt à conforter l'hypothèse de l'origine violente de l'humanité et de ses institutions, y compris politiques, de la résurgence toujours possible de la violence dans les comportements humains mettant aux prises des semblables qui se suggèrent les uns aux autres des désirs, elle risque d'apparaître parfois réductrice en établissant des causalités uniques ou prééminentes. Les développements d'une histoire globale devraient permettre dans les années à venir de vérifier avec une meilleurs précision si seule la Révélation chrétienne a été en mesure de débarrasser de leurs « béquilles sacrificielles » des sociétés tout en les mettant en danger, faute de pouvoir croire encore aux vertus de la clôture victimaire.

---

[144] RAMOND, *Le vocabulaire de René Girard*, p. 15-16.

Chapitre 4

(R)établir une continuité féconde entre l'étude du religieux et du politique

Une des difficultés majeures soulevée par l'œuvre de Girard réside dans ses interférences assumées entre science et foi. Cette contradiction semble trouver chez lui sa résolution dans une apologie : il n'hésite pas à se présenter comme un zélateur du christianisme et, à la suite de Simone Weil, un thuriféraire des Évangiles comme anthropologie dans *Je vois Satan*. En distinguant dans les textes religieux entre ce qui relève de la croyance et des apports possibles à une science des rapports humains, il opère un geste comparable à celui que nous effectuons désormais à la lecture des « textes de persécution ». Cette solution consiste à ne pas faire du religieux et du sacré un simple objet d'étude à démystifier mais aussi, sous certaines conditions, un contributeur pertinent. Il (re)devient alors possible d'accepter et d'utiliser la continuité entre sacré et politique dans la perspective qui nous occupe : non seulement pour tenir compte de la quasi-totalité de l'histoire humaine durant laquelle la distinction entre savoir et croyance de même que celle entre religieux et profane, voire entre temporel et spirituel, est peu signifiante ; mais aussi pour comprendre l'intrication de ces dimensions aux époques moderne et contemporaine, malgré leur prétendue distinction. Opposé à l'expulsion du sacré par les humanités, Girard invite à réintégrer le religieux dans le champ de l'étude.

Scubla montre comment Girard s'inscrit dans la continuité un temps interrompue de la grande anthropologie religieuse, puis Tarot sur la distinction entre le symbolique et le sacré comme réponse pré-politique à la violence. Nous reviendrons ensuite à la thèse mimétique du politique comme continuation du sacré à la recherche de la moindre violence. Nous conclurons par la synthèse girardienne entre apologétique et heuristique.

Le successeur de Durkheim et Hocart

Scubla crédite Girard d'avoir réveillé l'anthropologie religieuse de sa torpeur[1] : en 1939, meurent en effet Freud qui vient de publier *L'homme Moïse et la religion monothéiste* et Hocart. Quant à Tarot, il établit une filiation avec Durkheim. Girard a non seulement redonné sa place centrale au religieux que le structuralisme lévi-straussien avait escamoté, mais aussi poursuivi une ambition disqualifiée, celle de tenter de formuler une réponse plausible à la question des origines de la culture. Girard reconnaît en Durkheim le plus grand sociologue français, auteur d'une formule d'équivalence entre le religieux et le social qu'il faut selon lui éviter d'interpréter comme un athéisme ou une mystique. Il propose de considérer l'humanité comme fille du religieux sans lequel elle n'existerait pas[2]. Il commente ainsi *Les formes élémentaires de la vie religieuse* : « Comment se fait-il que la pensée primitive produise autant de monstres. [... La] position [de Durkheim] évite deux extrêmes à la fois : celui de la mentalité dite primitive et celui du structuralisme avec sa nombreuse postérité. [...] la perspective de Durkheim est la seule qui permette de poser concrètement le problème de la culture et le problème du langage [...] il suggère une même origine pour la religion primitive et pour la pensée symbolique, une origine volcanique qui fait apparaître la réalité [...][3]. » Girard y voit son plus précieux héritage. L'expression d'effervescence[4] lui semble une intuition du mécanisme victimaire. Durkheim analyse ainsi « la Révolution française comme une religion et les religions comme la Révolution française. [... Or cette dernière]

---

[1] SCUBLA, « L'anthropologie a-t-elle fait des progrès depuis Hocart ? ».
[2] « *Le bouc émissaire* et Dieu », p. 56.
[3] In *La voix méconnue du réel*, « Différenciation et réciprocité », p. 79-80.
[4] Pour TAROT, « des événements affectifs, collectifs et "irrationnels" », in *Le symbolique et le sacré*, p. 113.

lui inspirera sa théorie du groupe effervescent, axe majeur de sa théorie du sacré[5]. » La religion est pour Durkheim à l'origine de la quasi-totalité des institutions[6]. Dupuy estime toutefois que le religieux durkheimien manque de puissance morphogénétique : il est une « interprétation toujours déjà là » de la société, « représentation collective » susceptible de la consolider[7], lacune comblée par Girard.

À la question « L'anthropologie a-t-elle fait des progrès depuis Hocart[8] ? », Scubla répond aucun. La méthode d'Hocart, morphogénétique, s'intéresse aux « conditions générales de formation, de transformation et de diffusion d[es] institutions[9]. » Scubla récapitule ses propositions fondamentales : « l'origine rituelle de toutes les grandes institutions, l'unité de tous les rites, la possibilité de dériver tous les rites de la cérémonie d'installation du roi, le caractère sacrificiel de cette cérémonie, l'identité potentielle du roi et de la victime sacrificielle[10]. » De ce point de vue, « les activités rituelles sont [à l'origine] les seules à exiger une coopération à grande échelle ainsi qu'une séparation des fonctions d'après leur degré relatif de pureté ou d'impureté, elles sont [donc] le moteur à la fois de la solidarité et de la différenciation des sociétés humaines[11]. » En cela, elles annoncent le politique.

---

[5] *Ibid.*, p. 265.

[6] DURKHEIM, Introduction de *L'année sociologique 1899*, p. IV-V. La religion « contient en elle dès le principe, mais à l'état confus, tous les éléments qui [...] ont donné naissance aux diverses manifestations de la vie collective. C'est des mythes et des légendes que sont sorties la science et la poésie ; c'est de l'ornementique religieuse et des cérémonies du culte que sont venus les arts plastiques ; le droit et la morale sont nés de pratiques rituelles. [...] La parenté a commencé par être un lien essentiellement religieux ; la peine, le contrat, le don, l'hommage sont des transformations du sacrifice expiatoire, contractuel, communiel, honoraire, etc. » S'il s'interroge sur les liens de filiation des institutions économiques en conclusion, Mauss se chargera de les établir.

[7] *Ibid.*, p. 161.

[8] SCUBLA « L'anthropologie a-t-elle fait des progrès depuis Hocart ? » Les citations de Scubla dans ce paragraphe sont issues de cet article publié en deux volets dans la Revue du MAUSS en 2001 et 2002.

[9] *Ibid.*, deuxième volet paru en 2002, p. 204.

[10] *Ibid.*, p. 206.

[11] *Ibid.*, p. 207.

Girard marque toutefois un progrès décisif[12] : en originant sacré et symbolique dans la violence, il dépasse les deux positions du meurtre unique de la horde primitive freudien et celui d'un rite d'intronisation primordial hocartien, l'une comme l'autre incapables d'assumer la longue période de maturation paléolithique et le mécanisme de la victime émissaire.

Pour Tarot, « toutes les religions combinent du sacré, ce qui sépare et repousse, avec du symbolique, ce qui relie et substitue[13] », mécanismes qui se combinent[14]. Il ordonne les pensées sur le religieux selon leur insistance sur le symbolique et / ou le sacré. Pour résumer à grands traits, Durkheim accorde une place prééminente au sacré (ce qui est séparé sans nécessairement recourir au divin et qui correspond à un contenu) tout en se trouvant aussi à l'origine d'une réflexion sur le symbolique (ce qui donne une forme, par exemple les symboles que sont le totem ou le drapeau). Pour sa part, Mauss donne plus d'importance au symbolique (en particulier le langage, le don, l'échange) en complément du sacré pour prendre en compte une plus grande complexité. Tous deux reconnaissent la centralité du sacrifice qui met en communication tout en tenant à distance le sacré[15]. Lévi-Strauss insiste quant à lui sur le tout symbolique[16], au point de faire comme si le religieux n'existait pas : il s'oppose ainsi à Durkheim tout en se réclamant de Mauss. Son approche synchronique et primitiviste

---

[12] SCUBLA concède ce progrès à Girard dans un autre article de 2003 intitulé « Roi sacré, victime sacrificielle et victime émissaire » qu'il conclut en notant (p. 216) que Girard évite les impasses dans lesquelles s'étaient engagés ses prédécesseurs « avec sa théorie de la double substitution [...] et la distinction très nette qu'elle implique entre le meurtre fondateur et la mise à mort rituelle (sacrifice, régicide, etc.). »

[13] *Ibid.*, p. 212.

[14] « Quand le sacré se déplace ou s'estompe, l'autonomisation, puis la prédominance du symbolique rendent possibles certains phénomènes de sécularisation et de recul du religieux. Mais la permanence de l'activité symbolique jointe à la précarité de tous les systèmes sociopolitiques permet de se rapprocher, dans certaines circonstances dramatiques, même dans des cas de sociétés hautement sécularisées, des conditions archaïques de production du sacré, même si, en modernité, on ne peut, semble-t-il, aller jusqu'au bout des processus de sacralisation et de divinisation. » In *ibid.*, p. 222.

[15] *Ibid.*, p. 315.

[16] *Ibid.*, p. 369.

tend toutefois à l'éloigner des préoccupations politiques qui sont les nôtres. Bref, pour Lévi-Strauss et toujours selon Tarot, ni le religieux ni le politique importent. Quant à Bourdieu qui associe symbolique et domination, il réduit la religion aux Églises et aux clercs monopolisant les biens de salut, car avides de pouvoir et de richesses, et il les oppose aux laïcs : il fait de la religion une variante de l'idéologie et un vecteur de violence, radicalisant le discours des Lumières[17]. Par la réduction qu'il opère, il propose un rapprochement entre religion et politique qui partagent le dénominateur commun d'une idéologie au service d'une domination et s'affirment ensemble en coopérant. *A contrario*, Gauchet[18] conduit une analyse du phénomène religieux qui entend se passer et de l'un et de l'autre[19], ce qu'il nomme hétéronomie[20]. Il se focalise sur ses effets politiques, le politique étant pour lui toujours déjà là : il fait du christianisme la religion de la sortie de la religion l'opposant à la « la religion première, œuvre de la société tout entière », donnant ainsi son interprétation de la sécularisation et de la montée de l'autonomie à partir du *Désenchantement du monde* : tout en admettant « une aliénation religieuse générale et originelle, quoique partielle », pour lui « le politique est l'essentiel du social et il est l'œuvre des hommes seuls, sans intervention divine[21]. »

Penseur de « la violence à l'origine du symbolique et du sacré », Girard serait le seul à compléter Durkheim et Mauss. Chez lui, le « sacré » trouve son origine « dans le fait que les hommes pensent la violence comme étant surhumaine et ils la placent en dehors de la communauté, entité séparée, souveraine, rédemptrice[22]. » Le meurtre fondateur lui fournit aussi l'origine des significations : sa victime est le « *premier signe symbolique* jamais inventé par ces hominidés. C'est le premier instant où quelque chose est là à la place d'autre chose. C'est

---

[17] TAROT, *Le symbolique et le sacré*, p. 573-604.
[18] In *ibid.*, p. 605-630.
[19] *Ibid.*, p. 31. Gauchet se situerait au croisement du non-symbolique et du non-sacré.
[20] TAROT, *Le symbolique et le sacré*, p. 623 : « Le système de la loi qui relie l'infrastructure et la superstructure du religieux, la pratique et la croyance, le symbolique et le sacré. »
[21] *Ibid.*, p. 609.
[22] *Ibid.*, p. 413.

le symbole originaire[23]. » Quant au sacrifice, il est *a fortiori* symbolique, puisqu'il se tient à la place du meurtre spontané, substituant une victime sacrifiable à la victime émissaire[24].

La matrice conceptuelle de Tarot distingue aussi le religieux d'en haut (divin, âme, esprit…), du milieu (acteurs humains intervenant dans la perpétration des rites et la perpétuation des mythes) et d'en bas (pratiques, tabous et superstitions « qui relèvent du symbolique là où il touche l'inconscient et du sacré là où il se mêle aux obscurités du social[25] »). Or « le religieux » par en bas[26] est pour Tarot identique au politique[27]. Quel que soit l'angle retenu, une articulation entre religieux et politique lui paraît donc appropriée : « La division interne du groupe précède les divisions externes. La division entre un nous et un eux suppose l'instauration du social dans un groupe qui s'est construit sur une division interne surmontée. […] le politique s'instaurant par des moyens du religieux (l'expulsion et sa subjectivation) et le religieux par les moyens du politique (la nécessité de transformer la foule en "nous"). On est donc fondé à parler de politico-religieux[28]. » La religion pure est un système symbolique du sacré, étant entendu que derrière ce sacré il y a l'effervescence durkheimienne plus ou moins refroidie et au cœur de cette effervescence le mécanisme girardien du bouc émissaire et de la violence. Effervescence et bouc émissaire, phénomènes violents, constituent le religieux pur par en bas, mais comme il est impossible de rester dans ces états, il a fallu à la fois s'en éloigner et y revenir par des répétitions rituelles et des élaborations collectives d'où sort le religieux par en haut et par le milieu[29]. »

Sur ces bases, Tarot définit trois fonctions du politico-religieux. La première, *pharmakologique*, est le réemploi du mal pour lutter contre

---

[23] *Les origines*, p. 157.
[24] *La violence*, p. 372.
[25] *Ibid.*, p. 49-51.
[26] Disjonction, expulsion, fonction *pharmakologique* : nous reviendrons sur ce dernier terme.
[27] TAROT, *Le symbolique et le sacré*, p. 865-866. Le politique comme pratiques, tabous et superstitions ?
[28] *Ibid.*, p. 861. Le théologico-politique « relève du religieux par en haut et de la tradition orthodoxique ».
[29] *Ibid.*, p. 689-690.

le mal[30] : la fondation qui combine expulsion et appropriation se reproduit avec le roi « expulsé réintégré ». Pour lui, religion et politique résultent non de « la domination pure, mais de la violence suspendue par un mécanisme rituel considéré comme protecteur[31]. » D'ailleurs, les chefs et les rois précèdent les clergés qui sont leurs substituts, même si ces derniers parviennent parfois à prendre le pas sur les premiers.

Une deuxième fonction, dite *xénologique,* nomme « l'étude des représentations de l'Autre pour autant qu'elles sont constitutives de soi[32]. » Elle porte principalement sur la rencontre avec l'étranger et la perception de son altérité. On songe au désir d'être autre et à la déception de rester soi – ou, en inversant le schéma, espoir de rester soi malgré la rencontre et crainte de devenir autre – mais aussi à l'autre comme modèle et obstacle, toutes situations éprouvées lors de la confrontation entre indigène et explorateur, conquérant, missionnaire ou colon.

La troisième fonction, dite *dorologique,* traite de la question également autant religieuse que politique de « à qui l'on donne et à qui l'on ne donne pas[33]. » Les organismes sociaux articulent trois systèmes de don et de circulation : vertical entre notre monde et celui de l'au-delà, horizontal « entre pairs, frères, contribules ou coreligionnaires », enfin longitudinal avec les descendants et les ancêtres[34]. Toutefois, pour Tarot « le don peine à se constituer entièrement en paradigme[35] », ce tiers paradigme postulé par Caillé entre holisme et individualisme. Cette notation est importante : le « don » et la « reconnaissance » qui lui est associée par ses tenants sont en effet des concurrents sérieux de

---

[30] In TAROT, *Le symbolique et le sacré*, p. 699. Il s'agit « d'écarter la nuisance, de maintenir à distance une force, de contenir un danger actuel ou potentiel » ; ensuite d'obtenir un soulagement par l'expulsion du mal ou du méchant ; enfin de garder le souvenir des précédents qui ont marché une fois pour les réitérer ou comme évocation dissuasive. La croyance en la capacité performative du langage est largement partagée parmi les politiques.

[31] *Ibid.*, p. 862. TAROT estime qu'il s'agit là peut-être de la thèse principale de son monumental essai (p. 746).

[32] *Ibid.*, p. 760.

[33] *Ibid.*, p. 791.

[34] *Ibid.*, p. 792. « Contribules » signifie membres d'une même tribu.

[35] *Ibid.*, p. 793.

la rivalité des égaux revendiquant une puissance d'être semblable comme possible paradigme refondateur. Considérant que le sacrifice n'apparaît pas avant le Néolithique, Caillé en déduit contre Girard : « C'est le sacrifice qui doit être compris comme une forme transformée du don agonistique et non l'inverse[36]. » Aussi bien Tarot que Scubla se montrent sceptiques sur la généalogie défendue par Caillé : « [...] l'opération sacrificielle n'est pas de l'ordre de la conjonction mais de la disjonction », « le sacrifice qui sépare » s'oppose au « don qui lie ». La séparation rituelle suppose le rejet, la mise à l'écart et une part de violence qui n'apparaissent pas dans le don[37]. Au demeurant, l'anthropologue Maurice Godelier rappelle une quatrième obligation chez Mauss, celle de donner aux dieux et aux ancêtres. Il s'agit en quelque sorte de les laisser prendre leur dû[38]. Mauss évoque effectivement dans *L'essai sur le don*[39] un « douaire magique » offert à une divinité se retrouvant dans plusieurs cultures, parfois dénommée « Dame Fortune » et conservé dans la maison magique à l'édification de laquelle les dieux et les ancêtres sont supposés avoir participé[40]. Or les esprits sont à considérer « comme les véritables propriétaires des choses et des biens du monde[41]. » On ne donne pas alors à ses « propriétaires » : on les laisse *prendre* leur bien. L'insuffisance d'une théorie du don qui minimise le contexte violent et sacrificiel pour valoriser le symbolique et le lien social est mise en évidence par certains dons agonistiques au cours desquels des esclaves sont mis à mort, ce que Mauss qualifie lui-même de sacrifies aux esprits et aux dieux[42].

---

[36] CAILLÉ, *Anthropologie du don. Le tiers paradigme*, p. 163.

[37] SCUBLA, *Lire Lévi-Strauss*, p. 49-54, repris dans TAROT, *Le symbolique et le sacré*, p. 800.

[38] La logique quadratique ordonne ces quatre obligations : recevoir / rendre et donner /prendre.

[39] Dans les deux paragraphes qui suivent celui dans laquelle la triple obligation est définie par Mauss, à savoir « la force des choses » et « la monnaie de renommée ».

[40] MAUSS, *L'essai sur le don*, p. 162-169.

[41] *Ibid.*, p. 95. Plus loin, par exemple, p. 174, le mythe kwakiutl identifie esprits donateurs des cuivres, propriétaires des cuivres et cuivres eux-mêmes.

[42] *Ibid.*, p. 95 : « Ce n'est pas seulement pour manifester puissance et richesse et désintéressement qu'on *met à mort des esclaves*, qu'on brûle des huiles précieuses, qu'on jette des cuivres à la mer, qu'on met même le feu à des maisons princières. C'est aussi *pour sacrifier aux esprits et aux dieux*, en fait confondus avec leurs incarnations vivantes, les porteurs de leurs titres, leurs alliés initiés. » Je souligne.

L'essai sur le don va ainsi dans le sens de la précédence du rite sacrificiel.

Le politique, continuation du religieux en vue de la même fin

Girard a méconnu, voire dévalorisé, le politique[43]. Pourtant, religieux et politique ont souvent eu partie liée pour traiter de la question de la pérennité des communautés humaines[44]. Les deux visent à y parvenir par des méthodes comparables à caractère prophylactique de contention des contagions violentes. Ils sont aujourd'hui une fois encore réunis, dans une impuissance commune à mettre fin à ces contagions. Plusieurs éléments historiques montrent toute dissociation entre le religieux et le politique aussi vaine qu'illusoire : en témoignent le surgissement des religions séculières au XXe siècle et la persistance du théologico-politique.

Étymologiquement, *religio* serait ce qui empêche, éloigne, écarte, un scrupule, une hésitation inquiète vis-à-vis du dieu, des dieux, du sacré, de la sainteté, d'une puissance agissante[45]. À Rome, toute religion est politique pour Georges Dumézil qui suit en cela l'opinion de Cicéron : elle est un respect scrupuleux envers l'institué, lui donnant force et pérennité[46]. L'obligation porte sur des rites et des pratiques plutôt que des croyances[47], bref le religieux par en bas, l'analogue du politique. Après la fin de la République à Rome, les obligations minimales subsistant dans le culte impérial continuent de l'attester[48]. Avec le christianisme, se nouent les liens complexes mais constants d'interpénétration ou de rivalité entre religion et empire ainsi qu'entre

43 Ce problème a été abondamment exposé dans le numéro 53 de la revue *Cités*, publié en 2013.
44 Voir en particulier le point complet de la situation in Harald WYDRA, *Politics and the Sacred.*
45 TAROT, *Le symbolique et le sacré*, p. 126-127, suivant Émile BENVENISTE qui, dans *Le vocabulaire des institutions indo-européennes*, tome 2, p. 265 *et sqq*, doute de l'étymologie proposée par Lactance, *religare*, relier.
46 *Ibid.*, p. 128.
47 *Ibid.*, p. 135.
48 *Ibid.*, p. 148.

le monarque souverain et sa religion qu'il impose à son peuple. La séparation des clercs et laïcs opérée par la réforme grégorienne est ensuite remise en cause par Luther[49]. S'ensuivent les guerres de religion déterminantes pour l'avenir de l'Europe et de l'Amérique du Nord, de la philosophie, de la théologie, de la science et de l'économie…

Une fois la sécularisation engagée, « les hommes peuvent-ils se passer de toute religion ?[50] » Après avoir montré la naïveté des Lumières supposant et dénonçant la manipulation des clergés, Scubla estime que les philosophes du XIXe siècle font preuve de plus de rigueur dans leurs réflexions sur le sujet. Tocqueville le repère dans un chapitre de *L'Ancien Régime et la Révolution* intitulé « Comment la révolution française a été une révolution politique qui a procédé à la manière des révolutions religieuses, et pourquoi » : la Révolution française articule déchristianisation et institution du culte de la Raison puis de l'Être suprême, nouveau calendrier rituel ou encore sacrifice royal, serments à la Nation et au drapeau...[51]

Ensuite, sous le vocable de laïcité ou selon d'autres formes de la liberté religieuse, la séparation du spirituel et du temporel s'est trouvée troublée durant le XXe siècle par les dites « religions séculières », en particulier le bolchevisme russe, le fascisme italien et le national-socialisme allemand ainsi que leurs déclinaisons. La difficulté est reflétée par le recours à l'oxymore. La période est à la sécularisation accompagnée, dans nombre de cas, par des persécutions antireligieuses, elles-mêmes fondées sur des croyances. Ainsi encore pour Schumpeter parmi d'autres, Marx est-il d'abord un prophète et le marxisme, une religion[52] et l'internationale communiste, un messianisme du prolétariat. Gauchet précise les circonstances de l'émergence du totalitarisme : « […] une crise profonde des démocraties dans leur devenir et […] une offre idéologique inédite de solutions à cette crise, liée à une étape bien déterminée du processus de sortie de la reli-

---

[49] *Ibid.*, p. 151-152.

[50] SCUBLA, « Roi sacré, victime sacrificielle et victime émissaire », sous-titré « Coup d'œil sur les tribulations du religieux en Occident depuis trois siècles ».

[51] *Ibid.*, p. 96-97. Scubla doute qu'on puisse sortir du religieux.

[52] SCHUMPETER, *Capitalisme, socialisme et démocratie*, p. 21.

gion[53]. » Les partis totalitaires constituent le clergé de ces quasi-religions qui refusent la croyance en des divinités tout en visant d'autres objectifs que la seule conquête et conservation du pouvoir. Quel que soit le qualificatif retenu, religions séculières ou totalitarismes fondés sur des projets téléologiques de transformation des sociétés et même de l'humain, les mouvements politiques majeurs de l'histoire du XXe siècle ont rappelé l'illusion d'un politique purifié de ses croyances, quels qu'en soient les objets.

Dans la période récente, l'idéologie de la dérégulation[54] avance sous couvert de dépolitisation ; mais elle se révèle aussi soucieuse d'orthopraxie et d'orthodoxie, imposant aux États des pratiques issues de sa croyance en l'efficience des marchés et s'efforçant d'empêcher les expressions hétérodoxes. Fille des Lumières et forme *a priori* la plus émancipée des pratiques et de la foi religieuses, l'économie politique néoclassique s'abîme aussi dans un dogme, indifférente aux exclusions qu'elle produit et aux dégâts écologiques qu'elle provoque. Paraphrasant Gauchet, osons dire qu'elle est la religion de la sortie du politique.

Pour autant, dès l'aube de la modernité, des penseurs, soupçonnés d'athéisme, s'obligent à débattre de questions théologiques et à chercher dans la Bible des références et des arguments, Hobbes et Spinoza en tête. Leur problème commun est de penser l'émergence de la souveraineté politique sur fond de conflits religieux qui se poursuivent au long du XVIIe siècle. Ils réfléchissent au sortir d'une période où l'intrication augustinienne puis thomiste entre pensée religieuse et politique a dominé les esprits. Entre ces deux époques, la Réforme est autant politique que théologique. Même si la Réforme a permis de

[53] GAUCHET, « Religions séculières : origine, nature et destin », p. 187.

[54] Beaucoup d'économistes font de l'absence d'institutions régulatrices un idéal organisationnel : le « pouvoir » du laisser-aller et du laisser-faire s'exerce dans un espace vide dénommé marché succédant à ceux des Églises et des États, institutions plus aisément repérables par leurs manifestations et leurs règles contraignantes. Bref une forme d'homéopathie, le poison de la concurrence dilué à faible dose étant présenté comme la meilleure protection possible de l'organisme. Si l'économie globale se dote aujourd'hui d'institutions de régulation bancaire et commerciale, elle laisse subsister ou fait émerger suffisamment de zones de non-droit économique pour rester fidèle à son idéal originel.

penser à partir de catégories immanentes, il faut attendre pour l'essentiel les Lumières pour passer à une franche séparation des approches.

Une illustration supplémentaire de la prégnance de ce type de réflexions aux origines de la pensée moderne est fournie par Dumouchel. À propos de l'articulation entre religion et politique dans le *Léviathan* de Hobbes[55], il signale : « La séparation de l'Église et de l'État lui apparaît comme un événement singulier [...], à la fois souhaitable et improbable. [...] la possibilité d'une politique purement rationnelle (séculière) se révèle être la conséquence d'une transformation du religieux[56]. » Propre de l'homme, un comportement religieux est voué à persister chez chaque sujet, du fait de son anxiété envers l'avenir et de son incapacité à discerner les causes du bien et du mal qui lui arrivent. De même, le politique impute aux hommes leur sort en les en rendant responsables, ce qui nécessite la conclusion d'un contrat politique. Par ailleurs le but de toute religion lui semble être de « rendre les hommes plus aptes à l'obéissance, aux lois, à la charité et à la société civile[57] », la reliant ainsi au politique. Leur fusion est toutefois impossible du fait de la contradiction entre foi et obligation politique qui conduit à la rébellion et à la sédition. Nul n'est obligé de croire ou de persister en une même croyance, tandis que chacun (sauf le souverain) est tenu par la règle de droit et, notamment, par le contrat social auxquels tous ont acquiescé. Donc constater que « le souverain ne peut pas contrôler les croyances de ses sujets[58] » conduit à une théorie séculière du pouvoir politique. Du coup, les souverains revendiquent une investiture divine directe.

Au XVIIe siècle, selon l'interprétation de Hobbes qui espère un renforcement de la tolérance, « l'apparition d'une politique purement rationnelle » aurait été paradoxalement soumise « à une transformation religieuse, la radicalisation de la Réforme [...] guidée par Dieu[59] ». Même si la suite immédiate des événements l'a démenti, le

---

[55] DUMOUCHEL, « La religion comme problème politique », p. 236-247.
[56] *Ibid.*, p. 237.
[57] *Ibid.*, p. 238.
[58] *Ibid.*, p. 241.
[59] *Ibid.*, p. 243.

long terme lui rend justice : banalisation de l'anglicanisme en Angleterre, laïcité en France, liberté religieuse aux États-Unis, relation directe à Dieu pour les protestants… De même, l'histoire lui donne raison sur la persistance de l'esprit religieux, quelque forme qu'il revête[60]. Hobbes est convaincu de « la primauté du religieux sur le politique » même si « une forme nouvelle de religieux […] permet une politique séculière[61]. »

Farneti s'est essayé pour sa part à imaginer une politique mimétique au carrefour de la religion et du politique en évoquant à la suite de Hobbes une « théologie du tombeau vide » : « imitation réciproque comme cause de la discorde, polarisation spontanée et ressemblance croissante des rivaux[62]. » La sécularisation est ainsi ambivalente, intensifiant l'assaut émancipateur du christianisme tout en le dissolvant, ainsi que, plus généralement, le religieux, dans un contexte de résurgence du sacré[63]. Toute émancipation par la sécularisation du politique semble donc porteuse d'un risque d'amputation.

Avec certains de ses épigones, Girard permet de revenir à ce qui n'aurait jamais dû être oublié : le politique ne peut s'émanciper du religieux, tant dans ses dimensions du symbolique que du sacré ; il n'est pensable qu'à partir de son origine et il en garde toujours les traces quand bien même il prétend s'y opposer comme dans le cas du communisme, du nazisme… ou de l'économie néo-classique. Les rapports politiques ne sont pas étudiables sérieusement en dehors de leur interaction avec les rapports (de type) religieux.

Entre apologie du christianisme et Bible comme outil heuristique

En 1978, *Des choses cachées* a perturbé la réception de la théorie mimétique en y adjoignant son troisième volet, l'exception biblique et évangélique dans la représentation des meurtres collectifs. Girard s'est néanmoins tenu à cette position dans ses approfondissements ulté-

[60] *Ibid.*, p. 245.
[61] *Ibid.*, p. 246.
[62] FARNETI, *Mimetic Politics*, emplacement 2072.
[63] *Ibid.*, emplacement 2246.

rieurs[64]. Non mystique, cette posture s'apparente plutôt à une quête heuristique.

Girard a parlé à plusieurs reprises de « dimension apocalyptique du présent » jusqu'à parfois sembler substituer « pensée apocalyptique » à théorie mimétique. Il insiste sur l'ambivalence du mot, manifestant une fois encore sa croyance dans la valeur rédemptrice d'une prise de connaissance et de conscience : « L'apocalypse n'annonce pas la fin du monde : elle fonde une espérance. Qui voit tout à coup la réalité n'est pas dans le désespoir absolu de l'impensé moderne, mais retrouve un monde où les choses ont un sens. L'espérance n'est possible que si nous osons penser les périls de l'heure. À condition de s'opposer à la fois aux nihilistes, pour qui tout n'est que langage, et aux "réalistes", qui dénient à l'intelligence la capacité de toucher la vérité : les gouvernants, les banquiers, les militaires qui prétendent nous sauver, alors qu'ils nous enfoncent chaque jour un peu plus dans la dévastation[65]. » Le savoir est révélation, échappant aux écueils du nihilisme *déconstructionniste* et du réalisme fataliste des politiques, des stratèges et des agents économiques les plus enclins à maximiser leurs gains à court terme. La prophétie apocalyptique et, plus largement, le savoir contenu dans la Bible interviennent toutefois ici plutôt comme une clé herméneutique des situations actuelles, historiques ou mythiques que comme une exégèse des textes anciens ou une prédiction.

Girard se veut simultanément homme de science et homme de foi tout en proposant une théorie capable de faire l'économie des convictions religieuses. Ramond pointe le problème : « plus la théorie mimétique se légitime comme théorie scientifique, validée, acceptée, reconnue, plus elle se délégitime comme théorie qui place la révélation en son centre, c'est-à-dire au milieu de l'histoire de l'humanité[66]. » En adoptant le point de vue de la plus grande partie de l'histoire humaine in-

---

[64] Notamment *Le bouc émissaire*, *La route antique* et *Je vois Satan*.
[65] *Achever Clausewitz*, p. 16.
[66] Communication déjà citée « Théorie mimétique et philosophie ». La phrase d'avant, il précise le paradoxe : « [...] la croyance ou la foi ou la religion ou le Christ sont à la fois le cœur de la théorie mimétique et [...] ils lui sont en fait périphériques, voire inutiles... »

formée par les données et hypothèses archéologiques et paléoanthropologiques, on surmonte ce qui apparaît à beaucoup comme une contradiction native de la théorie mimétique. On évite la difficulté de l'adhésion à une croyance en se contentant de juger de la pertinence anthropologique des textes que Girard propose d'intégrer à son corpus[67]. Cette position permet également de contourner une autre difficulté de la pensée girardienne : la reconnaissance de l'échec d'un christianisme dont il souhaite pourtant le succès, son aptitude à libérer les forces du mal qu'il a pour projet d'éradiquer *via* la dissipation de la méconnaissance, le rôle proprement apocalyptique, simultanément bénéfique et dangereux, des progrès de la Révélation qui nous prive de « béquilles sacrificielles » sans parvenir à nous apprendre à marcher droit. L'accroissement de la connaissance n'est pas une condition suffisante de l'amélioration de la situation, laquelle suppose une conversion que la lucidité autorise sans nécessairement la mener à bonne fin. L'amoindrissement de l'emprise religieuse, la contraction de la puissance souveraine et les fausses promesses du marché constituent ensemble des circonstances qu'une meilleure connaissance de l'innocence des victimes de la foule ne suffit pas à contrebalancer. Pour lui, la Révélation ne fait qu'un avec la vérité scientifique non parce qu'elle est révélée par une puissance en laquelle il croit, mais parce que les deux ne font qu'un en logique.

Déconstruisant les mythes pour en révéler l'origine violente, Girard trouve dans le christianisme un allié précieux en ce qu'il « démystifie le religieux[68] ». La Passion prouve l'arbitraire du choix des victimes sacrificielles parce qu'elle est un lynchage qui laisse filtrer et diffuser cette vérité. Elle change à jamais le regard porté sur les victimes : « [...] le verrou du meurtre fondateur levé par la Passion, libère aujourd'hui une violence planétaire, sans qu'on puisse refermer ce qui a été ouvert. Car nous savons désormais que les boucs émissaires sont

---

[67] Non croyant, Dupuy, estime « que le message chrétien, tel qu'il s'exprime en particulier dans les Évangiles, est une science humaine – la condition de possibilité de toute science humaine. Cette science porte sur le monde humain, donc en particulier sur toutes les religions qui ont fait l'histoire de l'humanité. » In DUPUY, *La marque du sacré*, p. 123.

[68] *Achever Clausewitz*, p. 10, et 19 : « le seul religieux vrai est celui qui démystifie les religions archaïques. »

innocents. La Passion a dévoilé une fois pour toutes l'origine sacrificielle de l'humanité. Elle a défait le sacré en révélant sa violence[69]. » Girard accorde aussi au christianisme une sorte de méta-lucidité, « la seule religion qui aura prévu son échec[70]. Cette préscience s'appelle l'apocalypse[71]. » Seule explication possible alors à la situation, le refus de l'humanité d'apprendre à partir de la Bible et de ses erreurs accumulées[72].

L'explication des évolutions historiques par la puissance dissolvante de la Révélation sur les phénomènes de bouc émissaire et leurs avatars que constituent les chasses aux sorcières reste néanmoins pour nous problématique. L'enseignement des textes sacrés du christianisme et les prédications qu'ils ont inspirées, notamment à partir du moment où leur traduction et leur libre interprétation ont été encouragées par la Réforme, ont infléchi des manières de penser, en particulier chez les élites dirigeantes qui se sont interrogées sur les discordances entre leur formation religieuse et leurs pratiques politiques et sociales. Pour autant, l'imputation à la seule Révélation d'évolutions bimillénaires semble contrariée par certains faits historiques. En définitive, accorder la prépondérance au pouvoir de la Révélation impliquerait qu'on invoque simultanément une volonté divine (et un dessein ?) se manifestant depuis l'extérieur de la machine, ce que Girard n'a pas évoqué.

Pour sortir de ce dilemme, une position plus modeste semble préférable, à savoir l'influence de textes qui ont produit des effets directs ou médiatisés sur près d'une centaine de générations en leur fournissant des cadres anthropologiques : par exemple le doute face aux accusations unanimes, la présomption d'innocence de la victime, le droit à un procès équitable ou encore l'égalité des créatures devant Dieu et le libre arbitre. On a vu avec Rouche comment l'Église a imposé des

---

[69] *Achever Clausewitz*, p. 12. Désigné, le sacré est alors susceptible de perdre son pouvoir : « Satan devient alors le nom d'un sacré révélé et démonétisé par l'intervention du Christ. » In *ibid.*, p. 20.

[70] Une manière d'exprimer son désaccord avec la thèse de Marcel Gauchet.

[71] *Achever Clausewitz*, p. 10.

[72] In *ibid.*, p. 11 : « Deux guerres mondiales, l'invention de la bombe atomique, plusieurs génocides n'auront pas suffi à convaincre l'humanité, et les chrétiens en premier lieu, que les textes apocalyptiques, même s'ils n'avaient aucune valeur prédictive, concernaient le désastre en cours. »

règles de droit au sortir du haut Moyen-Âge qui ont infléchi les mœurs barbares et préparé le terrain à des institutions politiques et des mœurs plus policées : quelle était pour autant la part de la Révélation et celle d'un bricolage habile entre des restes de droit romain et une horreur de la violence indépendante de toute compréhension profonde des mécanismes de bouc émissaire ? Les textes réunis dans la Bible ont eu une influence sur un nombre croissant de lecteurs et d'auditeurs. Ils ont même produit certains de leurs fruits les plus appréciés sur des surgeons qui s'en sont émancipés. Mais conduisent-ils sans coup férir au rendez-vous de l'Apocalypse que Girard a réinscrit à notre agenda ? Faire d'une partie des textes des Évangiles, des Épîtres et de l'Ancien Testament un cadre heuristique permet en revanche de dissiper des malentendus sur le recours à ce savoir « révélé » qui est en fait pour Girard révélateur et de dépasser les positions qui prônent une stricte émancipation des textes sacrés pour conférer une scientificité à tout savoir pertinent sur les rapports humains.

Pour conclure ce chapitre, nous nous en tenons à cette assertion : « La rationalité que je dégage ici – le mimétisme des rapports humains – est trop systématique dans son principe, trop complexe dans ses effets et trop visiblement présente, et dans les passages "théoriques" sur le scandale et dans les récits entièrement dominés par lui, pour se trouver là par hasard. Et pourtant cette rationalité n'est pas complètement pensée, donc certainement pas fabriquée par hasard. [...] Ce sont les traces de cette intelligence que nous repérons [...] quand nous parvenons à reconstituer la théorie mimétique dans une espèce de va-et-vient entre les récits narratifs et les passages théoriques, les paroles attribuées à Jésus lui-même[73]. » Ce texte indique clairement la méthode : partir de textes utiles, mais insuffisants, ne serait-ce que parce que le truchement des premiers disciples a dégradé la pensée dont ils rendent compte. On comprend alors que Girard s'essaie à déplacer le curseur entre la compréhension incomplète dont les Évangiles portent témoignage et le savoir incomparable que l'enseignement de Jésus a mis à disposition d'apôtres aux capacités limitées.

---

[73] *Le bouc émissaire*, p. 240-241.

Chapitre 5

S'approcher d'une science unidisciplinaire des rapports humains

Revenons un instant à la légende thébaine citéé dans l'introduction générale de notre premier tome. Affaires familiales et politiques y sont inextricablement mêlées. Parmi la descendance de Laïos comme sur le trône de la cité, il n'est question que de liberté, d'égalité, d'exclusion et de compétition sur fond d'opposition entre lois des hommes et droit naturel. De toutes les communautés humaines, la plus élémentaire est et reste la famille : elle est (ou devrait être) le lieu premier de la transmission de la culture, celle de la « bonne » mimésis ; elle est l'entreprise de coopération mutuelle par excellence en vue de la persistance dans l'être, de génération en génération. Mais elle est tout autant le lieu des conflits de pouvoir et d'héritage. D'ailleurs, pour Numa Fustel de Coulanges, « la religion antique née du culte des morts [a] structuré l'organisation de la famille et [...] les familles [se sont] ouvertes pour former les religions de la Cité, bases d'une solidarité politique nouvelle[1]. » Au religieux et au politique dont nous venons de rappeler les liens, il ajoute un rapport entre culte des morts et famille mais aussi entre famille et Cité.

Dans une première section, des rapprochements sont envisagés entre les typologies relatives aux formes familiales, organisationnelles et

---

[1] TAROT, *Le symbolique et le sacré*, p. 268.

étatiques. Fort de cette unification anthropologique, il est alors tentant de s'interroger sur la pertinence de la prolifération des disciplines pour l'étude d'un objet unique, les rapports humains. Outre sa capacité à repérer cette unité, la théorie mimétique présente l'avantage d'échapper à l'alternative holisme / individualisme méthodologique. Pour terminer ce chapitre, nous récapitulerons certaines de nos propres propositions de rapprochement des perspectives.

Harmoniser la typologie des groupes familiaux, sociaux et politiques

On ne peut construire une anthropologie politique sans prendre en compte les rapports familiaux et ceux qui se nouent dans les organisations sociales intermédiaires entre la famille et l'État. La classification des types familiaux adoptée par Emmanuel Todd fournit ainsi un éclairage précieux pour comprendre la continuité des problématiques de la plus simple et petite des entités à la plus grande et la plus complexe. Une matrice comparable à celle qu'il emploie pour les systèmes familiaux est en effet applicable aux systèmes politiques. Une nouvelle interpolation, entre les systèmes familiaux et politiques, vérifie la fécondité potentielle d'un système classificatoire alors pertinent pour toutes les sortes de collectivités humaines. Todd est un anthropologue des structures familiales qui fonde ses analyses politiques sur des données démographiques. L'état de sa recherche principale est présenté dans *L'origine des systèmes familiaux*[2], dont le premier tome paru en 2011 est consacré à l'Eurasie. Todd s'interroge sur le degré de détermination des comportements politiques par les formes familiales.

Les familles sont un microcosme qui se reflète dans le macrocosme des collectivités plus vastes au sein desquelles elles sont regroupées. Rappelons que la violence intraspécifique humaine met principalement aux prises des proches, et plus particulièrement des membres d'une même famille. L'organisation familiale et le maintien de la concorde dans les foyers étant primordiaux pour toute société, le droit de

---

[2] TODD, *L'origine des systèmes familiaux T 1*. Il englobe l'Afrique du Nord, en raison des dynamiques de peuplement de cette partie du continent. Un deuxième tome annoncé doit traiter du reste.

la famille et le droit pénal en fixent les normes dans les sociétés modernes.

Todd repère actuellement quinze types principaux de systèmes familiaux. Sa classification combine trois critères : les relations père / fils, plus ou moins autoritaires ; les relations dans la fratrie, égalitaires ou non lors de la répartition de l'héritage ; la cohabitation des couples de descendants sous le toit des ascendants (ou à proximité immédiate) selon qu'elle se produit chez les parents d'un fils ou d'une fille, de manière durable ou limitée dans le temps. Il a défini cette typologie à quatre termes théoriques principaux après avoir emprunté au système ternaire défini au XIXe siècle par Frédéric Le Play et l'avoir complété. La *famille nucléaire égalitaire* est « structurée par les valeurs de liberté des enfants et d'égalité des frères ». La *famille nucléaire absolue* est « très libérale pour ce qui concerne les rapports entre parents et enfants mais assez indifférente à l'idée d'égalité » entre ces derniers. La *famille communautaire* associe « dans son plus grand développement un père et ses fils mariés », combinant « autorité du père [et] égalité des frères ». La *famille souche* est un « système à héritier unique fondé sur des principes d'autorité du père et d'inégalité des frères[3] ».

Tableau 2 : Typologie simplifiée des systèmes familiaux de Todd

FAMILLE	**Libérale**	**Autoritaire**
Égalitaire	Nucléaire égalitaire	Communautaire
Inégalitaire	Nucléaire absolue	Souche

Si on neutralise l'effet multiplicateur des variantes[4], la typologie compte actuellement sept situations principales identifiées. Nous intéresse ici surtout les critères classificatoires adoptés par Todd en ce qu'ils rapprochent des formes politiques tout en portant sur les ques-

[3] In TODD, *L'origine des systèmes familiaux T 1*, p. 13-14.

[4] Patrilocales, matrilocales et bilocales de la résidence des enfants restant sous le toit de leurs parents après leur mariage.

tions de l'appropriation entre frères et de l'autonomie vis-à-vis de l'autorité parentale. Tous ces sujets sont susceptibles d'enclencher des rivalités dans un univers imprégné de médiation interne à laquelle des familles nucléaires semblent plus particulièrement prédisposées.

Quand il s'agit de se rétro-projeter dans le passé à la recherche d'une « forme sociale primordiale des chasseurs-cueilleurs », Todd formule l'hypothèse d'une « famille nucléaire à corésidence temporaire insérée dans une bande locale organisée par des liens de parenté bilatéraux, système assez lâche laissant aux individus beaucoup de choix dans leur affiliation » et susceptible de se spécialiser ou d'évoluer vers les différentes situations qui coexistent aujourd'hui[5]. L'indifférenciation originelle des situations aurait précédé l'évolution vers diverses formes. Prudemment, Todd limite toutefois l'essentiel de ses analyses aux évolutions enclenchées par la révolution du Néolithique. Il postule ainsi une structure familiale originelle dont les traces les plus visibles ont été repoussées, notamment à la périphérie de l'Eurasie, selon le « principe du conservatisme des zones périphériques[6] » : ce sont des familles nucléaires ou à corésidence bilocale. D'où la singularité de certains systèmes familiaux en Europe, zone géographique envisagée comme « conservatoire de formes archaïques », protégée de la diffusion de formes ultérieures moins favorables « au développement technologique et économique[7] ». Todd remarque incidemment que Lévi-Strauss, s'il perçoit clairement la ressemblance des structures familiales dominantes en Europe occidentale et au sein de peuples marginaux géographiquement et culturellement archaïques, n'en tire pas les conséquences logiques[8] : en effet, la famille nucléaire est présente à la fois chez les derniers peuples de chasseurs-cueilleurs et parmi les peuples occidentaux et « les plus évolués économiquement » de l'Europe ; notamment, les Anglais qui ont échappé au principe patrilinéaire diffusé par les peuples ayant inventé l'agriculture puis l'écriture au Moyen-Orient, ce qui leur aurait paradoxalement donné *in fine* une capacité exceptionnelle d'expansion. Entre les chasseurs-cueilleurs et

---

[5] In TODD, *L'origine des systèmes familiaux T 1*, p. 74.
[6] *Ibid*, p. 23 et suivantes : concept forgé par les linguistes, Darwin y avait déjà recouru pour les espèces animales, p. 28-29.
[7] *Ibid.*, p. 15.
[8] *Ibid.*, p. 21. Auxquels l'auteur ajoute les Yaghan, les Agta, les Shoshone, p. 23-24.

les Anglais, le principe patrilinéaire apparu entretemps au centre de l'Eurasie recèlerait « un potentiel intrinsèque d'expansion par l'agression, la prédation, la conquête[9]. » D'après Todd, « le point d'origine est une situation d'indéfinition dans laquelle les concepts modernes d'autorité et de liberté, d'égalité et d'inégalité ne s'appliquent tout simplement pas. » Telle est la situation de la famille à corésidence temporaire (ou à résidences proches) et probablement bilocale.

Figure 1 : La séquence d'évolution dans le temps des systèmes familiaux selon Todd

		Autorité		Autorité
Indifférenciation	→		→	
		Inégalité		Égalité

Les deux étapes suivantes retracées dans la figure ci-dessus renvoient dans un premier temps à la famille souche liée à la primogéniture masculine pour conserver l'intégralité de la terre au sein d'un seul foyer et, enfin, à la famille communautaire au sein de laquelle tous les garçons restent pour répondre aux exigences de main d'œuvre d'une agriculture intensive.

Pour tenir compte des contraintes de gestion économique du capital, le politique et les familles s'articulent ainsi par effet de contagion mimétique entre institutions et de superposition structurelle. La codification juridique et la conquête des territoires à l'initiative du souverain fournissent des canaux de diffusion aux innovations institutionnelles.

Pour Todd, « le mouvement général en Eurasie [va] de la nucléarité et de l'indifférenciation vers le communautarisme et la patrilinéarité » dont les indices sont « trois niveaux de patrilinéarité (émergence de la primogéniture masculine, famille communautaire patrilocale, abaissement radical du statut de la femme)[10] », en passant par la forme de

---

[9] *Ibid.*, p. 39.

[10] TODD, *L'origine des systèmes familiaux T 1*, p. 591.

la famille souche. Cette évolution aurait commencé il y a un peu plus de 4 000 ans au Moyen-Orient, apparaîtrait indépendamment en Chine un millénaire plus tard et se diffuserait dans le reste de l'Eurasie plus récemment : il y a 2 000 ans en Inde du Nord et seulement 1 000 ans sous une forme partielle en Asie du Sud-Est, en Europe occidentale, en Russie et enfin au Japon.

La corrélation entre modèle familial et politique est patente au moment du développement de la primogéniture, par exemple en France. Celle-ci commence avec l'élection d'Hugues Capet qui remplace les règles de dévolution successorales incertaines des Mérovingiens et des Carolingiens (*tanistry*) par le droit d'aînesse du garçon. Deux facteurs, l'un exogène et l'autre endogène, se combineraient dans sa diffusion au sein de toute l'Europe : « un espace qui devient plein, d'abord pour les nobles, et à un niveau inférieur pour les paysans » et « un concept prestigieux susceptible de diffusion » imité « de noblesse à noblesse, ou porté par des groupes de paysans colonisateurs[11]. »

La bonne question n'est pas pour Todd celle des alliances matrimoniales à la recherche des unions les plus stables comme chez Lévi-Strauss[12] mais, comme pour Girard, celle de la différenciation par l'autorité et / ou l'inégalité pour prévenir les conflits : il s'agit de diviser de manière acceptable ce qui peut l'être et de fixer les règles de dévolution des biens et des responsabilités devant rester indivis. L'autorité combinée à l'inégalité renvoie d'ailleurs à la médiation externe ; quant à l'égalité associée à la liberté, elle est à la source de la médiation interne. La typologie *toddienne* semble en tout état de cause plus pertinente pour éclairer les situations politiques contemporaines que les approches ethnologiques classiques des systèmes de parenté fondées sur les obligations et les interdits qui régissent les alliances matrimoniales. La « rivalité des égaux » s'épanouit dans des familles nucléaires et communautaires, voire dans les familles souche au moment où la primogéniture est remise en cause par ceux qui n'acceptent pas la différenciation produite par l'aléa du rang des naissances.

[11] *Ibid.*, p. 412.

[12] *Ibid.*, p. 41: il aurait fondé ses réflexions sur « une variante statistiquement marginale » des structures de la parenté : « l'alliance, en particulier l'échange restreint, le mariage asymétrique avec la fille du frère de la mère. »

L'institution de la patrilinéarité et de l'autorité paternelle sur les fils apparaît également comme une tentative de maîtriser les risques d'affrontement entre les frères, sous les formes plus récentes des familles souche et communautaire.

Todd en tire quatre principes généraux démographico-historico-politiques : la famille communautaire est porteuse de « valeurs nécessaires au développement d'une idéologie communiste » ; « l'individualisme et le libéralisme politique anglo-saxons » ont pour substrat la famille nucléaire absolue ; la famille nucléaire égalitaire du Bassin parisien « prédispos[e] à une acceptation des principes de 1789 et à une bonne réception de la notion d'homme universel » ; la famille souche, « prédominante en Allemagne et au Japon, favoris[e] les idéologies et mouvements autoritaires ethnocentriques dans le contexte de la transition vers la modernité[13]. »

Passons maintenant aux autres organismes sociaux. L'anthropologie girardienne entend dériver toutes les situations relationnelles et toutes les institutions qui les organisent et les régulent d'une seule et même structure, la mimésis d'appropriation. Elle incite donc à décliner notre classification politico-familiale pour des organismes intermédiaires : entreprises, associations, églises et autres groupements fondés sur un partage de croyances, organisations non gouvernementales, universités, écoles, hôpitaux... Pour les aborder, la typologie des biens élaborées par l'économiste Paul Samuelson a proposé en 1954 peut aider : les caractéristiques qu'il sélectionne sont la « rivalité » et « l'exclusion », deux des concepts fondamentaux de la théorie mimétique. Un bien est dit rival par Samuelson si son appropriation par un individu en prive les autres ; il est non-rival si elle ne les prive pas. Il est dit exclusif si on peut interdire son appropriation à qui ne le paie pas ; il est non-exclusif si chacun a la possibilité d'en bénéficier.

[13] *Ibid.*, p. 13-14.

Tableau 3 : Typologie des biens de Paul Samuelson

BIEN	**Exclusif**	**Non-exclusif**
Rival	bien marchand	bien commun
Non-rival	bien de club ou à péage	bien public ou collectif

Le politique est en charge des biens publics ou collectifs à travers son administration comme le territoire national, mais aussi le plus souvent des biens communs, qu'on pense à la potabilisation et à la distribution de l'eau par exemple. Son intervention se limite toutefois dans les autres domaines à la législation qui encadre la production et la délivrance de biens ou services marchands, de club ou à péage ainsi que la constitution des organismes qui les produisent.

Cette approche permet de passer des biens aux organisations autres que l'État et la famille dont on a vu qu'elles se caractérisent également par des situations de rivalité et d'exclusion. Logiquement, les entreprises privées correspondent aux biens marchands et les services publics aux « biens » publics, qu'il s'agisse d'éclairage public ou de la qualité de l'air que l'on respire. Les biens communs, *a priori* en quantités non-exclusives, mais dont les exploitants rivalisent pour se les approprier, se trouvent très largement dans le secteur primaire de l'économie : mine, culture de la terre[14], ressources halieutiques... Les activités de club sont assurées par des organisations qui impliquent une adhésion initiale puis un accès non-rival aux biens ou services procurés en leur sein : en dehors des organismes à but lucratif qui se présentent comme un club (par exemple les chaînes de télévision payantes ou les autoroutes à péage) on pense aux associations, bien entendu, mais aussi aux universités, dès lors qu'elles interviennent en dehors de la scolarité obligatoire et sont libres de sélectionner leurs étudiants, et à ces associations particulières que sont les églises ou encore... les partis politiques : une cotisation ou droit d'entrée suffit

[14] Le mouvement des *enclosures* fit passer des terres du statut de bien commun (les pâtis communaux en France) à celui de bien marchand. Les nationalisations peuvent transformer des biens marchands en biens publics.

pour accéder à leurs services, sans exclusive. Des situations composites sont également à noter : la délégation de service public autorise un monopole dans la délivrance non-rivale d'un bien ou service public après une mise en compétition des entreprises candidates à cette délégation ; enfin certaines organisations non gouvernementales (ONG), adoptant souvent une forme associative, ont pour objet la protection ou la promotion de biens publics et communs, comme la paix, l'universalité des droits, la conservation des ressources naturelles non renouvelables et la préservation de la planète, du climat…

Après la théorie microéconomique et la sociologie des organisations, nous sommes en mesure d'opérer un dernier glissement, cette fois des catégories de biens aux droits politiques fondamentaux qui les englobent. Ainsi le droit de propriété correspond-il aux biens marchands, le droit à la vie (libre et sûre) aux biens publics, la liberté d'association, de culte et de réunion aux biens de club, enfin la liberté d'opinion et de croyance aux biens communs. Les deux droits essentiels à la compétition politique se situent à leur croisement : dans un système de gouvernement représentatif, le droit de vote est à la fois non exclusif dans sa distribution puisque nul citoyen n'en est privé lorsqu'il est accordé aux autres et exclusif dans sa finalité, qui est d'opérer une sélection ; de même pour l'éligibilité, un candidat ne privant pas, au moins en théorie, les autres du droit de se présenter aux suffrages de leur concitoyens, mais tout candidat vise à priver les autres des suffrages que tous convoitent.

Des recouvrements de typologie apparaissent entre systèmes familiaux, agencements politiques et organismes dits intermédiaires. Les systèmes familiaux ont été classés par Todd essentiellement à partir de leur rapport à l'égalité et la liberté des membres par rapport au groupe et à leur chef. Or la liberté et l'égalité sont aussi les enjeux principaux de toute distribution des droits fondamentaux. Quant aux organisations intermédiaires, elles s'ordonnent selon les critères de rivalité et d'exclusivité tels que Samuelson les a définis pour sa théorie des biens, soit en quelque sorte des contraires respectivement de la liberté et de l'égalité. Pour achever cet empilement, la rivalité (du modèle-obstacle mais aussi de chacun contre chacun dans la crise) ainsi que l'exclusion (qu'il s'agisse du déçu ou du bouc émissaire), fournissent enfin des critères de classement pertinents des biens comme des droits, soit encore les enjeux de l'économie et du politique. Les médiations girardiennes recoupent logiquement ces distinctions : l'externe dans la combinaison du non-rival et du non-exclusif ainsi que l'interne qui est, elle, rivale et exclusive.

Quelles que soient leur taille et leur finalité, si toutes les institutions peuvent s'ordonner selon les mêmes repères, de la famille à l'État, en passant par les entreprises, les associations ou les partis politiques, elles doivent entretenir des liens d'homologie.

Les institutions familiales (et politiques) doivent en effet aussi prendre en compte l'état des systèmes de production et inversement. La famille souche reste souvent le modèle de l'entreprise familiale, le cas échéant, de grande taille, tant que le capital est relativement peu diffusé dans le public[15]. L'élection / sélection au sein d'une oligarchie de cadres dirigeants ne devient la norme qu'en cas de répartition du capital dans le public et d'absence de présélection d'un successeur parmi les cadres de l'entreprise. Quoi qu'il en soit, l'entreprise et, plus largement, la plupart des organismes publics et privés, reposent sur un double principe d'autorité et d'inégalité – manifesté par la délégation de pouvoir et de signature, le pouvoir hiérarchique du supérieur sur le subordonné ainsi que les définitions de fonctions. Les principes de la famille souche sont toutefois atténués par la liberté des salariés de démissionner sous réserve de trouver à s'employer ailleurs comme le permet la famille nucléaire. Ces modèles d'organisation se diffusent à l'occasion d'échanges interrégionaux ou internationaux, puis du fait de la définition et de l'enseignement de bonnes pratiques du gouvernement d'entreprise. Leur contestation implique des transformations limitées comme la consultation sporadique ou la participation des salariés au sein des instances dirigeantes. Les organisations coopératives et associatives tentent de s'en distinguer en égalisant, au moins formellement, les droits de vote, d'éligibilité, d'expression et de propriété. Comme leur nom l'indique, elles entendent faire primer la coopération sur la confrontation et l'association solidaire sur l'indifférence. Pour autant, elles limitent la liberté de leurs membres en raison de l'exigence qui leur est imposée de respecter leur objet social et d'être performantes.

---

[15] Un des enfants du propriétaire, jugé le plus capable, est prédestiné à la succession, même si le capital peut, dans certains cas, être réparti entre les frères et sœurs.

Quant aux institutions politiques, elles insistent sur l'égale liberté des droits, le partage plus ou moins équitable des revenus et des patrimoines, tout en mettant au cœur de leurs règles la souveraineté de l'État et la compétition pour les fonctions politiques. Les questions relatives à l'appartenance constituent en définitive le sujet principal des oppositions entre partis et au sein du corps électoral : souverainisme ou intégration dans des instances supranationales voire cosmopolitiques ; exclusion ou inclusion de l'étranger, selon des critères à définir au sein de la communauté avec des droits politiques plus ou moins étendus.

La pérennité des institutions suppose des règles précises et acceptées de dévolution de l'autorité et, le cas échéant, du patrimoine, dès que des moyens de production s'accumulent. Leur acceptation résulte d'obligations définies par la tradition ou le droit positif. Penser les organisations familiales, sociales et politiques indépendamment les unes des autres est d'autant plus dommageable qu'elles relèvent toutes d'un même nuancier.

S'interroger sur la multiplication des disciplines pour l'étude d'un objet unique

Si l'homme est un animal mimétique en famille, en société, en entreprise, en politique, il peut sans doute être considéré comme tel dans toutes ses relations intraspécifiques. Alors que les humanités se développent par scissiparité, tendance qui suscite des appels répétés à une interdisciplinarité, le remembrement nécessaire devrait se fonder sur un paradigme unificateur. Or l'objet des humanités est unique. Dans l'introduction d'*Achever Clausewitz*, Girard dit emprunter ses outils d'analyse à « l'anthropologie, à l'histoire, à l'histoire littéraire, à la psychologie, à la philosophie ou à la théologie [...] », avouant sa singularité, voire sa marginalité : tout spécialiste d'un sujet au sein d'une discipline donnée est dubitatif. Girard, qui s'auto-désigne anthropologue, a proposé un contenu à la fois proche de ce que l'intuition suggère et suffisamment distinct de ce qui fait l'objet de chacune des sciences humaines prises isolément : la « science des rapports humains », locution qui pourrait fournir sa définition la plus extensive mais aussi axiologiquement la plus neutre à l'anthropologie. Une telle anthropologie pourrait se voir reconnaître sa centralité et sa capacité à irradier les (autres) champs disciplinaires. Une évolution majeure paraît de ce fait souhaitable : le passage du postulat du choix rationnel à l'aléa relationnel et de l'individuel à l'*interdividuel.* Un deuxième fil est à tisser avec le premier, qui relie ordre et désordre pour faire émerger une solution à cette contradiction : l'auto-organisation.

Les champs et les aires s'ordonnancement actuellement par segmentation / différenciation proche du marketing[16]. Chacun se hâte de déposer sa marque auprès d'une sorte d'institut international virtuel de la propriété intellectuelle. Il faut labelliser sa recherche pour lui faire prendre rang comme une discipline à part entière. Un symptôme complémentaire est la nécessité de nommer des hybrides : psychologie sociale, sociologie historique, économie politique, sociolinguistique, ethnopsychiatrie, philosophie analytique, géographie politique, socio-démographie… Ces pratiques reflètent les inconvénients inhérents à toute segmentation, la recherche intéressante se trouvant le plus souvent aux intersections des champs disciplinaires.

Girard précise la spécificité des rapports humains en repérant son origine dans une perspective éthologique : « […] les animaux ne se regardent pas ; ils se flairent, ils se sentent, ils se devinent par tous leurs sens et sans doute la vue a une petite part, mais très petite, tandis que chez nous, c'est exclusivement la vue, puis après la parole. […] qu'est-ce qu'un rapport humain ? Qu'est-ce qui rend le rapport humain ? C'est le regard. Et qu'est-ce qu'il y a dans ce regard qui est différent du regard lui-même ? C'est qu'il vous regarde. On dit qu'on "échange des regards", […] on échange des regards au sens où on va avoir des dons et des contre-dons lorsqu'on aura une culture[17]. »

Si toute philosophie suppose une anthropologie, laquelle postule une ontologie, cela vaut également pour les sciences humaines et sociales dans leur ensemble : elles doivent se faire une idée des relations humaines dont elles traitent et de la bonne manière de les aborder. Ainsi l'*homo œconomicus* est-il non seulement rationnel dans ses choix mais aussi autonome au regard des relations humaines qui sont entièrement

---

[16] Par exemple, se distinguent psychologie, psychothérapie, psychanalyse, psychodynamique, comportementalisme, approches cognitivistes voire analyse transactionnelle, programmation neurolinguistique…

[17] DVD « La violence et le sacré ».

médiatisées par des objets et des prix : « Dans l'univers néoclassique, les choses ont une valeur objective, indépendante des interrelations marchandes[18]. » Dupuy signale une formule de l'économiste Milton Friedman, initiateur du néolibéralisme : « Le système des prix remplit cette tâche [de coordination de l'activité de millions de personnes] en l'absence de toute direction centrale, et sans qu'il soit nécessaire que les gens se parlent ni qu'ils s'aiment[19]. » Il insiste sur ce « sans qu'il soit nécessaire... », révélant une utopie « où l'indifférence mutuelle et le repli sur soi seraient les meilleurs garants du bien commun[20]. »

L'économie est devenue la science et sans doute aussi la croyance dominantes, traduisant l'accroissement récent de la marchandisation ; mais aussi en tant que condition préalable à la redistribution des revenus et des patrimoines, et donc de l'action politique, une sorte de manne terrestre. Créant le mot-valise *économystification,* Dupuy considère que l'emprise de l'économie, concomitante du retrait du sacré, déchaîne « la concurrence entre les hommes et [les] passions destructrices qui l'accompagnent comme jamais [...]. » Nous arriverions au moment où « l'économie est en train de perdre [...] sa capacité de produire des règles qui la limitent[21]. » Car le rêve d'un économiste néo-libéral est une concurrence toujours plus effrénée sur des marchés dérégulés[22]. Hayek reconnaît d'ailleurs cette violence du marché en intégrant l'imitation dans sa présentation[23].

---

[18] ORLÉAN, *L'empire de la valeur*, p. 107.

[19] Extrait de *Free to choose* de Milton et Rose FRIEDMAN cité par DUPUY, *L'économystification*, p. 64.

[20] *Ibid.*, p. 64.

[21] DUPUY, *L'économystification*, p. 61.

[22] *Ibid.*, p. 65.

[23] « [...] l'auto-organisation propre à la termitière – une termitière où, toutefois, l'imitation aurait pris le relais de l'instinct. Des comportements individuels, bien qu'aveugles, réussissent à former un système efficace grâce à la "sélection" culturelle qui élimine ce qui doit l'être. [... l]es sanctions tombent comme des coups du sort, injustifiées, imprévisibles, incompréhensibles. [...] Nul ne peut fixer *a priori* la valeur d'un travail, d'un effort ou d'un produit car seul le marché en décide et ses arrêts ne peuvent être anticipés. » In DUPUY, *La marque du sacré*, p. 212. Hayek indique en outre : « On supporte plus aisément l'inégalité, elle affecte moins la dignité, si elle résulte de l'influence de forces impersonnelles, que lorsqu'on la sait provoquée à dessein. Dans la société de concurrence, un employeur n'offense pas la

Sur un ton prophétique, Gorz affirmait déjà en 1990 : « Le problème de fond auquel nous sommes confrontés est celui d'un au-delà de l'économie et [...] d'un au-delà du travail rémunéré. La rationalisation économique libère du temps, elle continuera d'en libérer, et il n'est plus possible, par conséquent, de faire dépendre le revenu des citoyens de la quantité de travail dont l'économie a besoin. Il n'est plus possible, non plus, de continuer à faire du travail rémunéré la source principale de l'identité et du sens de la vie pour chacun[24]. » Bref, la science économique et ses prétentions à résoudre les crises sont ainsi attaquées de plus en plus fortement et fréquemment. L'anthropologie offre sans doute un cadre d'intelligibilité mieux adapté à la situation, non seulement face à la science politique mais également à l'économie.

André Orléan et Michel Aglietta ont proposé dès le début des années 1980 une théorie de la genèse de l'institution monétaire inspirée par la théorie mimétique : *La violence de la monnaie*. Équivalent pour l'économie de la souveraineté pour le politique et de la croyance tutélaire dans les sociétés religieuses, la monnaie résulte d'une forme d'expulsion qui la fait préférer à tous les autres biens pour régler les transactions et conserver du pouvoir d'achat. Orléan a poursuivi ses recherches jusqu'à proposer dans *L'empire de la valeur*[25] une refondation de l'économie marchande en remettant en cause les conceptions classiques et néo-classiques de la valeur comme substance. Les premières l'assoient sur le travail tandis que les secondes la rapportent à l'utilité et à la rareté. La valeur résulte au contraire pour lui des rapports marchands qui ont pour finalité l'expansion de la marchandisation. Elle dépend donc de la monnaie que les théories traditionnelles tiennent pour une adjonction sans signification propre[26] : la monnaie

---

dignité d'un homme en lui disant qu'il n'a pas besoin de ses services, ou qu'il ne peut pas lui offrir un travail intéressant. Le chômage ou la perte de revenu pour quelque autre raison, chose qui arrivent immanquablement dans toute société, sont moins dégradants si l'on peut les considérer comme la conséquence d'une malchance, et non pas comme voulus par l'autorité. » In HAYEK, *La route de la servitude*, p. 80-81. Mais ceci suppose que tous croient en cette extériorité.

[24] GORZ, *Bâtir la civilisation du temps libéré*, p. 44.

[25] ORLÉAN, *L'empire de la valeur*.

[26] Ceux-ci partent généralement du troc pour expliquer la naissance de la monnaie.

« est l'institution qui fonde la valeur et les échanges[27]. » Il trouve son paradigme dans la théorie mimétique qui permet de comprendre cette élection fondatrice de la monnaie, cette institution qui se passe de l'hypothèse substantielle du travail ou de l'utilité et met le désir général de pouvoir d'achat et de liquidité[28] au principe de toutes les interactions des acteurs économiques. La liquidité résulte d'une « croyance conventionnelle », laquelle suppose une « solide confiance collective[29] » .

Dans le droit fil de la théorie mimétique, Orléan privilégie une approche de l'économie par les relations contre celle, dominante, par les grandeurs. La prétention à la rationalité des acteurs et de leurs décisions s'effondre dans un tel cadre[30]. La spécificité de l'économie qui se targue de s'appuyer seule sur une conception objective de la valeur marchande face à toutes les autres sciences sociales s'estompe[31]. Ainsi de l'approche néo-classique qui postule une médiation externe par les équilibres de marché et la séparation[32] des hommes par une « objectivité marchande », alors que le réel observable révèle des médiations internes à l'œuvre entre acteurs économiques faisant perdre aux prix leurs capacités autorégulatrices. Cette séparation engendre solitude et

---

[27] ORLÉAN, *L'empire de la valeur*, p. 13. Ou encore p. 329 : « La valeur n'est pas dans les objets ; elle est une production collective qui permet la vie en commun. Elle a la nature d'une institution. »

[28] *Ibid.*, p. 155 : « C'est exclusivement *via* l'acquisition de biens liquides que l'individu marchand peut prétendre à la pleine reconnaissance de ses droits sur les marchandises. »

[29] *Ibid.*, p. 307.

[30] Il faut recourir à la théorie mimétique pour comprendre qu'une augmentation de prix peut entraîner celle des volumes achetés (la demande est alors fonction croissante du prix) ou encore la constitution de quasi-monopoles en contravention avec la logique concurrentielle, en particulier dans l'économie numérique, un succès imposant à la plupart des clients réticents de rejoindre le courant dominant (phénomène de dépendance par rapport au chemin). Comme l'indique Orléan, il en va de même pour l'adoption d'une langue… ou d'une monnaie.

[31] ORLÉAN, *L'empire de la valeur*, p. 52.

[32] Or « l'utilité est une construction sociale qui vise, sans jamais y réussir totalement, à stabiliser la séparation marchande en faisant obstacle aux rivalités mimétiques », « la rareté [désignant] la forme générique de la dépendance aux objets telle que la séparation marchande l'institue. » In ORLÉAN, *L'empire de la valeur*, p. 119 et 120.

exclusion indifférente des partages des ressources ; or « la rareté est tout autre chose. Elle est un rapport social s'exprimant dans une certaine mise à distance structurelle des objets aux fins de les rendre sans cesse désirés [...] ni trop près, ni trop loin ; ni trop aisément accessibles, ni trop difficilement atteignables[33]. »

L'imitation permet à la fois des phénomènes convergents et divergents induisant stabilité ou instabilité sans solution de continuité. Elle rend compte de la réalité : quelle que soit leur « utilité », et il ne faut pas la négliger, la quête d'objets est en dernière instance celle de l'approbation d'autrui, de sa reconnaissance, de son estime, de notre prestige à ses yeux...[34] Selon l'expression de l'économiste Frédéric Lordon, le « désir-maître » du monde marchand, illimité, est « le désir d'argent, qui englobe tous les autres désirs. [...] le développement de la production marchande n'est que la conséquence de la quête monétaire[35]. » Comme l'affirmait déjà Spinoza : « [...] l'argent est devenu le condensé de tous les biens, [...] on ne peut guère imaginer de joie qui ne soit liée à l'idée de l'argent conçue comme cause[36]. » Orléan en vient alors à proposer « un cadre unidisciplinaire pour penser la valeur[37] » en banalisant le fait économique comme un fait social parmi d'autres : « [...] la monnaie est un droit qui tire son effectivité du désir

---

[33] *Ibid.*, p. 122. Voir DUMOUCHEL, « L'ambivalence de la rareté », p. 147-148 : « La détermination réciproque de la production par les besoins et des besoins par les niveaux de production signifie qu'il est impossible de réduire l'écart qui sépare les biens et les ressources accessibles, des désirs. La quantité de biens et de ressources disponibles peut croître infiniment, comme elle détermine directement la dimension des besoins, la contrainte de la rareté demeure inchangée. La rareté n'est jamais réduite, elle est perpétuellement reconduite. Le mécanisme de causalité circulaire qui lie la production et les besoins infirme l'idée classique de la rareté en tant que limitation des ressources et parcimonie de la nature. Elle rend impossible toute distinction entre une extrême rareté et une rareté modérée. La rareté ne correspond à aucune quantité réelle de biens et de ressources disponibles. Il n'y a pas d'arithmétique de la violence. » Dans le même ouvrage, DUPUY note dans son essai « Le signe et l'envie », p. 42 : « C'est un progrès décisif par rapport à toute pensée économique que de faire de la rareté un fruit de la rivalité, et non de la rivalité, un produit de la rareté. »

[34] *Ibid.*, p. 124.

[35] *Ibid.*, p. 149-150.

[36] SPINOZA, *Éthique*, quatrième partie, Appendice, chapitre XXVIII, p. 360-361.

[37] *Ibid.*, chapitre V, p. 188-228.

des autres et non d'un engagement formel qui contraindrait tous les acteurs à l'accepter en toutes circonstances. En conséquence, le droit monétaire n'existe que pour autant que la polarisation mimétique des désirs se trouve reproduite. Telle est la nature de la confiance monétaire[38]. » La polarisation mimétique peut être nommée avec Lordon, et après Spinoza, « puissance de la multitude[39] » : en procédant à son exclusion unanime de « la circulation des marchandises profanes », l'élection de la monnaie lui confère une capacité de « médiation durable[40] ».

En incorporant l'économie marchande à l'anthropologie mimétique, Orléan côtoie le sacré[41] et le politique, souverainetés monétaire et politique mais aussi croyances religieuses étant étroitement liées. La « puissance de la multitude » se trouve au principe des institutions religieuse, monétaire et politique, lesquelles visent toutes l'amoindrissement de la violence au sein de cette multitude à un niveau tel qu'elle ne la mette pas en péril : il s'agit de maintenir la confiance, « l'affect commun », parmi ses membres. Ce faisant, Orléan nous montre la voie. Ce qui est possible pour l'économie, mais aussi pour les religions grâce à Tarot[42], doit l'être pour l'étude des rapports politiques. Nous réunirions alors les trois mécanismes principaux de contention de la violence que les communautés humaines ont expérimentés à ce jour en un même ensemble. Ce remembrement serait le bienvenu à une époque où convergent et se potentialisent quatre

---

[38] ORLÉAN, *L'empire de la valeur*, p. 193.

[39] Voir en particulier LORDON, *Imperium*.

[40] ORLÉAN, *L'empire de la valeur*, p. 196-199. Dans une représentation, nous aurions la combinaison de deux oppositions : désir d'argent / insuffisance de pouvoir d'achat d'une part, liquidité monétaire / prix de l'autre.

[41] « Dans le cas marchand, cette autorité que la société engendre prend la forme d'un pouvoir d'acheter. Elle s'investit dans certains objets élus, qualifiés par nous de liquides, plus couramment appelés "richesses". Ces biens liquides sont le pendant des objets sacrés en matière religieuse. [...] De même que dans l'ordre politique, le souverain est celui qui capte l'affect commun à son profit, la monnaie est souveraine dans l'ordre marchand par le fait qu'elle tient les sujets sous son empire, en tant qu'elle est l'autorité première par la grâce de la puissance de la multitude investie en elle. Par son biais, l'anarchie marchande est provisoirement contenue. » In *ibid.*, p. 212.

[42] Et pour la psychologie et la psychopathologie avec Oughourlian.

crises : du politique, de l'économie, des croyances religieuses ou morales et, pour finir, de l'écologie.

Entre holisme et individualisme, un *interdividualisme* méthodologique

Alison dresse une liste des répercussions de la théorie mimétique : la dissolution « de la dichotomie séculaire entre l'individu et le social – et avec elle, peut-être, [de] la vieille scie sociale de l'un et du multiple [...ainsi que de] la vision de la “bonne” collectivité et du “mauvais” individu ou de l'inverse moderne » ; la « subversion de la séparation entre les sciences sociales – censées traiter de sujets objectifs – et la psychologie – subjective et traitant de l'individu – sans que l'on sache si et comment les deux interagissent » ; la vision « comme des parties d'un même mécanisme » des « réalités économique, politique, psychologique et érotique » ; « la fin du monde du sujet et de l'objet, du subjectif et de l'objectif » ; « le désir est antérieur au langage (donc à la raison), à la volonté (donc à la liberté), et à la mémoire (donc à l'histoire) » ; enfin, la « corporalité » de « ce modèle anthropologique[43] ». En insistant sur la disparition des distinctions structurantes des sciences humaines et des catégories de la philosophie, il laisse entrevoir la possibilité – voire la nécessité – d'une réunification d'un monde par trop et artificiellement éparpillé.

Dans *La marque du sacré*, Dupuy note qu'une même figure prend des appellations différentes chez Hegel (auto-extériorisation), Marx (aliénation), Hayek (auto-transcendance) ou Dumont (hiérarchie en tant qu'englobement du contraire) et, plus récemment, chez le logicien Douglas Hofstadter (hiérarchie enchevêtrée)[44]. Dès le VIe siècle, le pape Gélase recourt à une telle logique : « En matière de religion, donc absolument, le prêtre est supérieur au roi ou à l'empereur à qui l'ordre public est confié. Mais du même coup le prêtre obéira au roi en matière d'ordre public, c'est-à-dire dans un domaine subordonné[45]. » Dupuy rappelle la caractérisation de la théodicée par Dumont : « Le

---

[43] ALISON, *Le péché originel à la lumière de la résurrection*, p. 56-62.
[44] DUPUY, *La marque du sacré*, p. 9-11.
[45] DUMONT, *Homo hierarchicus*, p. 10-11.

bien doit contenir le mal tout en étant son contraire[46]. » Il renverse néanmoins la présentation de Dumont : « Le mal étant au service du bien n'est au fond qu'un moindre mal, un mal nécessaire. Le mal n'est finalement qu'un mal apparent, il fait partie intégrante du bien. [...] le mal [...] se gouvern[e] lui-même en se mettant à distance de lui-même, en se mettant à l'extérieur de lui-même, le niveau supérieur, ainsi "auto-extériorisé", prenant les couleurs du bien[47]. » Dupuy conclut : « La figure hiérarchique n'a sa place qu'au sein d'une idéologie holiste, c'est-à-dire un système d'idées et de valeurs qui subordonne l'individu humain à la totalité sociale. [...] la supériorité hiérarchique ne signifie pas une valeur individuelle supérieure. [...] ce qui [...] est en jeu dans le modèle hiérarchique : éviter la mise en concurrence des valeurs individuelles[48]. »

Plus élaboré que ce que le sens commun appelle la hiérarchie, ce concept exprime l'ordre social s'autorégulant. Dupuy a aussi étudié son effondrement, la panique, notamment celle qui se manifeste fréquemment sur les marchés spéculatifs, temples de l'économie financiarisée où des bulles se gonflent jusqu'à exploser, mécanisme qui n'est pas sans rapport avec la crise mimétique et son terme violent[49]. Avec Girard, il postule « que le sacré résulte d'un mécanisme d'auto-extériorisation de la violence des hommes, laquelle se projetant hors de leur prise sous forme de pratiques rituelles, de systèmes de règles, d'interdits et d'obligations, réussit à se contenir elle-même[50]. » Cette proposition signale une fois encore la parenté entre religion, politique et économie : même objectif ou plutôt mêmes résultats à l'intentionnalité incertaine, mêmes types de modalités, même mécanisme logique paradoxal d'auto-extériorisation. Pour autant, cette extériorité ne signifie pas un retour automatique et systématique à l'équilibre comme semble le suggérer le mécanisme de la victime émissaire ou comme l'espèrent les partisans de l'économie néoclassique : elle peut tout autant se traduire par des retours de la violence collective, des euphories spéculatives, des paniques, des déflations...[51]

---

[46] *Ibid.*, p. 242-243.
[47] DUPUY, *La marque du sacré*, p. 12-13.
[48] *Ibid.*, p. 206-207.
[49] DUPUY, *La panique*.
[50] DUPUY, *La marque du sacré*, p. 25.
[51] DUPUY, *L'économystification*, p. 58-59.

De même, pour Orléan et Aglietta, la souveraineté de la monnaie résulte d' « une croyance collective fermement attachée à l'objet monétaire élu. On passe alors de la "médiation interne" à la "médiation externe". Cette imitation a pour modèle le groupe tel qu'il se construit à distance de ses sujets, dans l'unanimité sur l'objet élu. » Du fait de cette élection unanime, le plus souvent sous contrainte, la monnaie est capable de remplir les fonctions de « moyen de paiement accepté par tous », « unité de compte de référence », « moyen de réserve » et donc de « moyen d'échange[52] ». À l'origine de crises, une sédition monétaire en faveur de monnaies privées ou étrangères est néanmoins toujours possible. Elle peut aussi se manifester par une indexation[53]. Cette question de l'auto-extériorisation est aussi au cœur du politique, nous l'avons vu avec la souveraineté, qui met la loi que fait le législateur au-dessus de l'homme. L'intelligibilité des mécanismes d'auto-extériorisation suppose un observateur capable de s'en tenir à distance. La théorie mimétique est ainsi toujours à la recherche d'un point de vue pour observer ensemble le macroscopique comme le microscopique.

Dupuy invite également à distinguer les propriétés des dynamiques mimétiques de celles de la mécanique ou de la thermodynamique qui inspirent, entre autres, la loi de l'offre et de la demande des économistes néoclassiques[54]. Cette dernière postule le retour à l'équilibre tandis que les premières peuvent diverger et, d'une manière générale, parvenir à des résultats non prévisibles. Le hasard (ou bruit) tend ainsi soit vers l'ordre, une position d'équilibre, soit vers la complexité, c'est-à-dire des probabilités également réparties, ce qui résulte de la dynamique mimétique : l'évolution dépend alors du chemin suivi. Un exemple classique est fourni par la panique : « un mouvement collectif [...] se détache [... des] mouvements individuels, sans cesser pour autant d'être la simple composition des actions et réactions individuelles[55]. »

---

[52] ORLÉAN, *L'empire de la valeur*, p. 163.
[53] *Ibid.*, p. 166.
[54] DUPUY, *L'économystification*, p. 120.
[55] *Ibid.*, p. 126.

S'ils apparaissent aisément sur les marchés et à la bourse en particulier, les phénomènes d'auto-transcendance s'observent également dans le domaine politique. L'existence d'institutions politiques est à elle seule la preuve de l'irrationalité des comportements humains : une confiance jamais déçue suffirait en effet à régler des comportements fondés sur la « bonne réciprocité » ; la loi a pour fonction de diminuer ou d'atténuer les raisons de la défiance.

La délibération politique doit fixer un horizon dont l'atteinte dépend causalement de la façon dont il est anticipé[56]. Pour Dupuy, Tocqueville s'approche de la solution avec son observation d'une opinion publique en cours de constitution aux États-Unis : « À mesure que les citoyens deviennent plus égaux et plus semblables, le penchant de chacun à croire aveuglément un certain homme ou une certaine classe diminue. La disposition à en croire la masse augmente et c'est de plus en plus l'opinion qui mène le monde. Non seulement l'opinion commune est le seul guide qui reste à la raison individuelle chez les peuples démocratiques ; mais elle a chez ces peuples une puissance infiniment plus grande que chez nul autre. Dans les temps d'égalité, les hommes n'ont aucune foi les uns dans les autres, à cause de leur similitude. Mais cette même similitude leur donne une confiance presque illimitée dans le jugement du public : car il ne leur paraît pas vraisemblable qu'ayant tous des lumières pareilles, la vérité ne se rencontre pas du côté du plus grand nombre[57]. » Dupuy reproche néanmoins à Tocqueville un individualisme méthodologique qui ne parvient pas à voir un véritable quasi-sujet collectif dans l'opinion publique, comme il s'en constitue avec « la monnaie, la confiance et les conventions » ou ce que Keynes appelait le « climat des affaires[58] ».

Un *interdividualisme* méthodologique marque ici un progrès. Confronté à l'alternative sur la manière d'aborder scientifiquement le monde, entre individualisme méthodologique et holisme, Girard n'est tenant ni de l'un ni de l'autre, voire et de l'un et de l'autre, ou, mieux encore, l'adepte d'une tierce approche. Farneti propose d'employer le

---

[56] *Ibid.*, p. 141-142.

[57] TOCQUEVILLE, *De la démocratie en Amérique II*, première partie, chapitre II, p. 22-23.

[58] DUPUY, *L'économystification*, p. 147.

terme de cadre dyadique [*dyadic pattern*] pour suggérer une manière renouvelée d'aborder le politique et notamment les relations internationales : « La perspective mimétique ne met en avant ni les individus ni les groupes mais leur préfère les "doubles" ou les "jumeaux mimétiques"[59]. » Nous parlerons plus volontiers d'*interdividualisme* méthodologique : la relation qui divise fait émerger la situation et les *holons* qu'elle met aux prises tout en les dominant. Parti de la rivalité telle que comprise par les grands romanciers, Girard y revient d'ailleurs au terme de sa recherche dans *Achever Clausewitz*, où la figure du duel est omniprésente[60]. L'*interdividualisme* méthodologique sort d'une alternative insatisfaisante entre le déterminisme social et le choix rationnel, deux points de vue réducteurs, quelles que soient les nuances que leurs promoteurs sont amenés à leur incorporer[61].

À côté d'une ontologie et d'une métaphysique particulières, il existe bien chez Girard une logique remarquable partagée avec des contemporains qui ont essayé d'appréhender et de représenter la complexité. En premier lieu, le refus du principe du tiers exclu, en particulier sur le plan ontologique : entre être et non-être, il y a en pratique et pour l'essentiel insuffisance d'être. Le principe de non-contradiction est aussi mis à mal quand Girard constate par exemple que le bouc émissaire divinisé est à la fois source de la crise et de sa résolution, ou encore que le sacrifice est une violence qui empêche la violence, la violence de la non-violence. Fréquemment des phénomènes ou des situations relèvent chez lui d'une loi de renforcement réciproque : le renforcement des obstacles et des modèles dans les rapports de doubles, la responsabilité du bouc émissaire dans le désordre comme dans l'ordre, la puissance de la Révélation et la faiblesse incarnée dans la Passion, l'augmentation du nombre et du souci des victimes, la montée aux extrêmes, l'annonce de la croissance simultanée du péril et de la salvation…

---

[59] FARNETI, *Mimetic Politics*, emplacement 1146.

[60] Entre Pape et Empereur, France et Allemagne, Napoléon et Clausewitz, chrétienté et monde islamique…

[61] Dupuy a, lui, identifié cette singularité à l'occasion de ses réflexions sur l'autotranscendance dont le modèle ne relève ni de l'individualisme méthodologique ni du holisme, « puisqu'il boucle le niveau individuel sur le niveau collectif et réciproquement », in DUPUY, *L'économystification*, p. 148.

Plus généralement, Girard a une manière propre de conjoindre et disjoindre la différence et le semblable dans le concept d'identité. Une des difficultés de toute pensée de la rivalité consiste ainsi à articuler l'opposition de l'un et l'autre avec celle qui met en rapport le même et l'autre. L'approche par l'identité et les appartenances doit se comprendre comme la prise en compte de la différence que l'autre signale. En conjoignant ainsi l'un et l'autre pour mettre en évidence leurs relations de similarité et de différence tout en se libérant du carcan des principes du tiers exclu et de non-contradiction, la théorie mimétique s'est donnée une capacité paradigmatique qui va bien au-delà de celle d'un passe-partout herméneutique.

Au-delà des quelques concepts majeurs qu'il a forgés et de ses réflexions sur les appartenances, l'identité, la réciprocité ou l'indifférenciation, Girard propose aussi une façon renouvelée de penser – auto-organisation, *interdividualisme* méthodologique, ordre par le bruit, articulation de l'un, de l'autre et du même... Outre l'originalité de ses objets d'étude, souvent tabous, sa façon de les aborder est également singulière dans les humanités tout en étant en phase avec des développements contemporains dans les sciences mathématiques, physiques et biologiques. Elle explique en partie la puissance de son entreprise intellectuelle.

Avant de conclure cette dernière partie par la validation de notre paradigme et l'évaluation de sa portée potentielle, il faut récapituler ici quelques propositions d'apports à la théorie mimétique. Après avoir emprunté aux réflexions de Viard, nous soulignerons l'intérêt du recours au cadre conceptuel du carré sémiotique et de la rose des vents qui s'est imposé au long de notre recherche.

Figure 2 : Carré des carrés de Girard, Rousseau et Diel

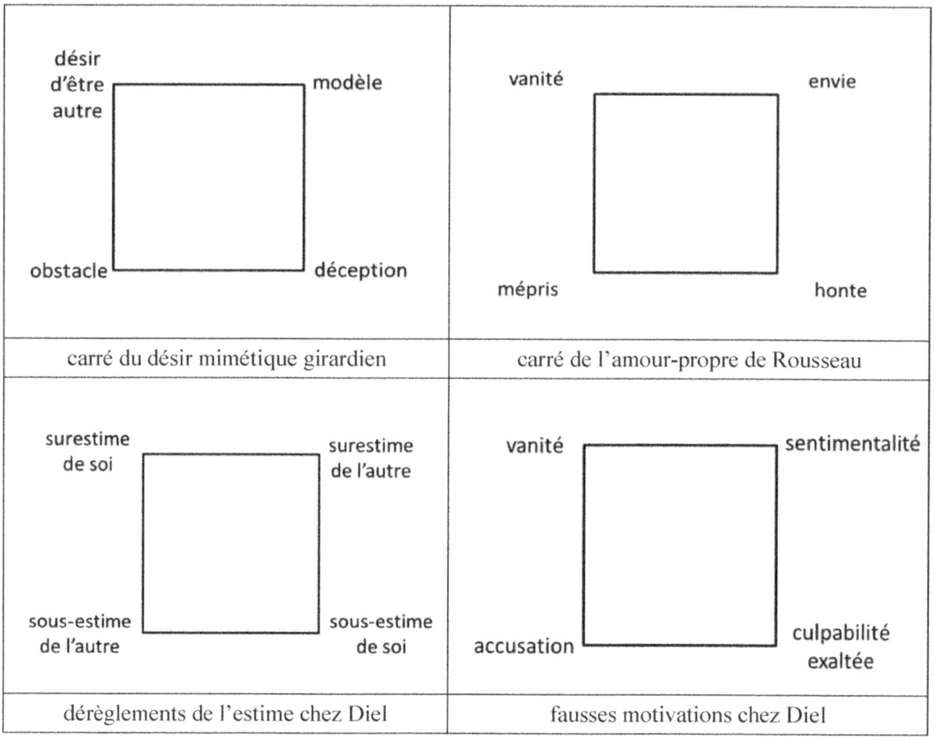

carré du désir mimétique girardien — carré de l'amour-propre de Rousseau — dérèglements de l'estime chez Diel — fausses motivations chez Diel

Viard note que le citoyen de Genève situe la reconnaissance de l'amour-propre à l'origine de tous les sentiments sociaux[62] dont les effets négatifs sont décrits dans la seconde partie du *Discours sur l'inégalité* dans un texte déjà cité[63]. Il repère la superposition de cette

[62] *Lire les romantiques français*, consultable en ligne à l'adresse suivante : http://www.puf.com/puf_wiki/images/7/7a/%2B_Viard.pdf.

[63] À notre chapitre 4 du tome I du présent essai : « […] ce fut là le premier pas vers l'inégalité, et vers le vice en même temps ; *de ces premières préférences naquirent d'un côté la vanité et le mépris, de l'autre la honte et l'envie.* » In ROUSSEAU, *Discours sur l'origine et les fondements de l'inégalité parmi les hommes*, p. 169-170. Je souligne. Viard interprète : « Ces sentiments résument toutes les déformations de jugement d'une conscience blessée. La vanité et la honte sont la déformation du jugement de valeur que le sujet porte sur lui-même, en positif et en négatif, tandis que le mépris et l'envie sont la même déformation, mais projetée sur autrui. La vanité aboutit au mépris d'autrui. La honte de soi conduit à l'envie des atouts d'autrui. »

intuition de Rousseau, notamment l'énumération des quatre affects nés de ces « premières préférences » (vanité, mépris, honte et envie) avec le cadre de pensée de Diel qui aboutit à une représentation comparable des « fausses motivations » pathogènes.

Ce dernier met en évidence deux couples de relations à soi et à l'autre : d'un côté, la vanité partageant avec Rousseau ce vocable et la culpabilité exaltée qui correspond à la honte ; la sentimentalité et l'accusation vis-à-vis d'autrui, selon un deuxième axe. Ces désignations s'éclairent quand Diel adopte une présentation plus synthétique en définissant le soubassement de sa théorie comme un ensemble de dérèglements de l'estime associés les uns aux autres : sous-estimation et surestimation de soi et, simultanément, sous-estimation et surestimation de l'autre. Nous ajoutons à ce rapprochement effectué par Viard celui de la théorie du désir mimétique[64]. En parcourant le circuit formé par les quatre carrés regroupés dans la figure ci-dessus, nous revenons effectivement à notre point de départ : le désir d'être autre ou la vanité résulte bien d'une surestime de soi comme la déception traduit sa propre sous-estime, laquelle peut conduire à la honte et à une culpabilité qui n'est pas pour autant une prise de conscience lucide de sa responsabilité dans sa situation, d'où le qualificatif d'exaltée employé par Diel ; l'adoption de l'autre comme modèle reflète sa surestimation du fait de l'envie qu'il suscite ; comme sa per-

[64] « L'envie convoite cette supériorité d'*être* que ni le *quelqu'un* à lui seul ni le *quelque chose* à lui seul, mais la conjonction des deux semble posséder. L'envie témoigne involontairement d'une carence d'être qui fait honte à l'envieux, surtout depuis l'avènement de l'orgueil métaphysique au temps de la renaissance. » In *Shakespeare*, p. 10. Girard relie également mépris et envie à propos de la médiation double métamorphosant l'objet chez les deux rivaux : « Ils les contemplent journellement dans les yeux méprisants ou envieux de leurs semblables. » Vanité et honte sont ainsi mis en rapport : « L'homme dostoïevskien, le vaniteux stendhalien, comme le snob proustien, vit dans la hantise du ridicule. » Ou encore l'orgueil, tenant lieu ici de vanité (« Passer de la vanité à l'orgueil, c'est passer du comparable à l'incomparable [...] ») ; et la honte : « Le va-et-vient entre l'orgueil et la honte se retrouve partout, seule l'amplitude des oscillations diffère. » Quant au mépris, l'amant « ne peut pas mépriser l'aimée sans se mépriser lui-même. » Arrogance et mépris sont également conjoints chez Proust et Dostoïevski : « [...] l'allure arrogante du médiateur fendant la foule, son indifférence méprisante pour les insectes qui grouillent à ses pieds [...] » In *Mensonge romantique*, respectivement p. 121, 86, 88, 307, 126 et 110.

ception sous la forme d'un obstacle à franchir ou à renverser revient à sous-estimer celui qu'on accuse de s'opposer à nos projets et que l'on méprise[65]. Une fois encore, le double sens d'un mot, méprise, nous aide : on se méprend en méprisant comme on se dupe en se décevant.

Viard trouve aussi chez Montaigne la présence de l'estime de soi et d'autrui[66]. Tocqueville a également exprimé de telles intuitions, dès le début de la deuxième *Démocratie en Amérique* : « Lorsque les conditions deviennent égales à la suite d'une lutte prolongée entre les différentes classes dont la vieille société était formée, l'envie, la haine et le mépris du voisin, l'orgueil et la confiance exagérée en soi-même, envahissent, pour ainsi dire, le cœur de l'homme et en font quelques temps leur domaine. Ceci, indépendamment de l'égalité, contribue puissamment à diviser les hommes, à faire qu'ils se défient du jugement les uns des autres et qu'ils ne cherchent la lumière qu'en eux seuls[67]. » Chez Montaigne et chez Tocqueville, les concepts de Rousseau, Diel et Girard s'entremêlent. Sauf à postuler une influence en cascade des aînés, peu probable à cette échelle, il faut admettre une convergence de pensées parties chacune d'objets d'étude et de présupposés distincts. Leurs qualités intrinsèques, leur nombre et leurs

---

[65] Dans le premier dialogue de *Rousseau, juge de Jean-Jacques*, le rôle primordial de l'obstacle dans le basculement entre amour de soi et amour-propre est clairement mentionné : « Les passions primitives, qui toutes tendent directement à notre bonheur, ne nous occupent que des objets qui s'y rapportent et n'ayant que l'amour de soi pour principe sont toutes aimantes et douces par essence ; mais quand, détournées de leur objet par des obstacles, elles s'occupent plus de l'obstacle que de l'objet pour l'atteindre, alors, elles changent de nature et deviennent irascibles et haineuses. Et voilà comment l'amour de soi qui est un sentiment bon et absolu devient amour-propre ; c'est-à-dire un sentiment relatif par lequel on se compare, dont la jouissance est purement négative et qui ne cherche plus à se satisfaire par notre propre bien, mais seulement par le mal d'autrui. »

[66] « Une trop bonne opinion que nous concevons de notre valeur [...] nous représente à nous-mêmes autre que nous ne sommes, comme la passion amoureuse prête des beautés et des grâces au sujet qu'elle embrasse [...], et fait que ceux qui en sont épris, trouvent ce qu'ils aiment autre et plus parfait qu'il n'est. Je ne veux pas que, de peur de faillir de ce côté-là, un homme se méconnaisse pourtant ni qu'il pense être moins qu'il est. » Montaigne, *Les essais*, p. 632, cité in VIARD, *Amour-propre*, p. 86-87.

[67] TOCQUEVILLE, *De la démocratie en Amérique II*, première partie, chapitre premier, p. 18.

origines diversifiées jouent un rôle comparable à la vérification par plusieurs laboratoires de la validité d'un protocole de recherche. À tout le moins, ces références aux nombreux aînés sont autant d'arguments en faveur du cadet.

Viard mentionne enfin la loi d'ambivalence établie par Diel : « si l'une des quatre figures apparaît dans le symptôme, les trois sœurs ne sont pas bien loin[68]. » Plus précisément formulée, elle s'énonce ainsi : « une valeur qui se dégrade (la valeur étant la juste estimation) se divise en deux pseudo-valeurs de polarités opposées », donc la juste estime de soi dégradée en vanité et honte et la juste estime d'autrui en envie et mépris, soit dans chacun des cas entre une exaltation et une inhibition[69]. De tels mécanismes sont présents au long de *Mensonge romantique*.

Nous avons par ailleurs inclus dans notre représentation la déception à côté de trois des concepts majeurs de la théorie mimétique – le désir lui-même, le modèle et l'obstacle –, lesquels ne sont au demeurant pas ceux du désir triangulaire – sujet, médiateur objet – mais ceux de la rivalité mimétique, une fois l'objet disparu. Ce faisant, nous avons inclus avec la déception comme aboutissement fatal du désir ce qu'il est habituel d'exclure, de passer sous silence. Or il est indispensable de le faire, ne serait-ce que parce que Girard fonde en partie sa singularité sur sa capacité à réintroduire l'exclusion violente là où il reproche aux mythes, à la philosophie et aux sciences de l'homme de l'expulser. Faire une place à la déception dans le désir mimétique est un geste de même nature que celui qui signale le bouc émissaire et le met au centre de la construction et de la pérennité des groupes humains. À partir du moment où la figure centrale de la théorie mimétique est occupée par le couple de contradictoires modèle et obstacle et où le désir d'être autre, de s'approprier ce que semble posséder l'autre, est en rapport avec le modèle, il est tentant de compléter le carré. Le vocable de « déception » était disponible dans *Mensonge romantique*. Si le désir d'être autre (ou soi) est une espérance, alors, la déception est la situation qui s'ensuit lorsque ce désir n'a pas été satisfait : le sentiment d'insuffisance d'être originelle réapparaît plus ou

---

[68] VIARD, *Amour-propre*, p. 99.
[69] *Ibid.*, p. 100.

moins rapidement. Cette base s'est révélée féconde, nous introduisant dans un mode de pensée tridimensionnel : une telle conceptualisation permet une élévation au carré d'oppositions, échappant aux limitations du dualisme tout en bénéficiant de la puissance que nous conférons intuitivement aux oppositions. À l'usage, un autre intérêt est apparu : une capacité à la rétroaction systématique ramène à l'équilibre ou provoque l'emballement. Dans la plupart des cas, la déception suscite un nouveau désir d'être autre, soit en revenant à la charge avec le même espoir, soit en aspirant à une transformation plus ou moins différente.

Enfin, cette recherche permet de découvrir ce qui est à l'évidence un jeu de l'esprit, mais peut-être davantage : à savoir la possibilité d'empiler de multiples compositions de contradictions, pour décliner la représentation de la théorie mimétique en direction du politique mais aussi pour la comparer à d'autres théories.

À ce point, on pourrait tenter une synthèse générale en observant que chacune des compositions combine d'une façon plus ou moins élaborée les deux couples de contradictoires principaux : avec / sans et pour / contre, les prépositions majeures à utiliser pour décrire la relation à l'autre telle que définie par le désir mimétique. Deux autres couples de prépositions relationnelles contradictoires viennent compléter l'ensemble : parmi / sauf (ou excepté) et malgré / grâce à qui portent sur le mécanisme du bouc émissaire. Avec ces huit prépositions nous réunissons l'essentiel des prépositions qui ne sont ni de temps ni de lieu. Voilà qui est troublant.

Si on note que les deux autres prépositions relationnelles principales sont « de » et « à », soit les mots de l'appropriation et de l'origine, il apparaît alors que la théorie mimétique couvre l'ensemble du spectre des rapports humains ramenés aux prépositions qui les expriment.

Bref, il y a là probablement une modalité habituelle et implicite de la conceptualisation par l'esprit humain qui correspond à nos capacités ordinaires.

Figure 3 : Boussole des prépositions

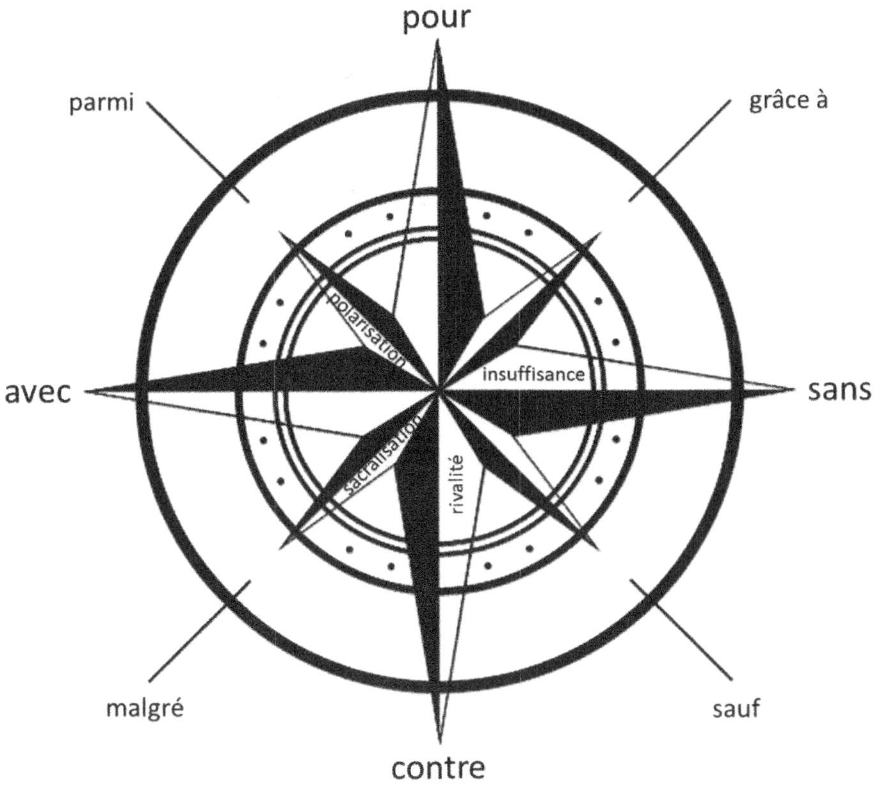

Sous cette lumière, la capacité synthétique exceptionnelle de la théorie mimétique se perçoit mieux, dans la mesure où celle-ci traduit de manière apparemment simple et opérationnelle des mécanismes souvent présentés moins immédiatement par d'autres. Telle est aussi une des difficultés qui fait sans doute obstacle à son succès. Soumis comme les autres à la mode intellectuelle de son temps, Girard lui-même s'est voulu plus un esprit critique en rupture avec ses prédécesseurs et ses contemporains qu'un parangon de la réconciliation synthétique. Or c'est pourtant à notre sens une virtualité de sa théorie.

Chapitre 6

Réunir sous un paradigme anthropologie, philosophie et science politiques

Nous arrivons au terme de notre construction : la première partie en constitue les fondations hypothétiques ; la deuxième évalue les critiques et les apports de Girard à la philosophie et aux sciences humaines ; la troisième soumet la théorie au jugement de l'histoire tout en faisant, entre autres, sa place au concept politique clé de la souveraineté ; les deux premiers chapitres de notre dernière partie montrent l'originalité et la capacité fédératrice d'une anthropologie de la violence mimétique fondée sur un *interdividualisme* méthodologique à partir de ses premières conquêtes, les théories de la religion et de l'économie. Une fois les découpages des disciplines ramenés à leur artificialité, nous pourrions renoncer à leur unification en la jugeant irréaliste, tant les champs du savoir sont désormais nombreux et disparates. L'anthropologie vers laquelle beaucoup de chercheurs tendent désormais est pourtant proche de la « science des rapports humains » à l'élaboration de laquelle Girard a souhaité contribuer, englobant dans le corps des sciences sociales la psychologie par l'*interdividuel* et la philosophie par une approche du réel qui se tient à distance des écueils de l'idéalisme mais aussi du réalisme.

Nous justifierons d'abord l'intérêt d'un remembrement dans le domaine de l'étude du politique. Ensuite nous nous interrogerons sur les formes que pourrait prendre une anthropologie politique mimétique. Il sera alors temps de partir à la recherche d'une médiation non conflictuelle, préoccupation qui découle de l'évolution historique des modes de relation mise en évidence par Girard. Le politique est en effet sans doute aussi peu et si tardivement présent chez Girard en raison de son intérêt pour les formes prises par la médiation : il attend de leur transformation par les progrès de la connaissance face à la méconnaissance, le cas échéant activés par une situation apocalyptique, un achèvement de la Révélation initiée par la Passion du Christ et poursuivie par son travail mené dans l'espoir de libérer son pouvoir de vérité.

Remembrer les champs disciplinaires autour d'une finalité commune

À la suite de Tarot et Orléan, nous poursuivrons l'effort de convergence à partir de la théorie mimétique vers une anthropologie politique à constituer. Caillé fait écho à nos préoccupations[1]. Il pose l'enjeu : quel que soit le paradigme privilégié, sa logique est inadaptée aux temps qui viennent. La fin de la distinction cartésienne entre nature et culture sur fond de menace de catastrophes prise de plus en plus au sérieux condamne les partitions et les cloisonnements. Girard s'était au demeurant interrogé dès 1978 sur la nécessité du renouvellement des cadres de la pensée : « La crise de la philosophie ne fait qu'un avec la crise de toutes les différences culturelles. [...] la fin de la philosophie, c'est la possibilité, enfin, d'une pensée scientifique dans le domaine de l'homme, et en même temps, si étrange que cela puisse paraître, c'est le retour du religieux[2]. » Il n'est pas besoin d'insister : la question est moins de savoir s'il faut rassembler mais

---

[1] CAILLÉ, « Le convivialisme, une idée neuve pour éviter la catastrophe » : « Nous sommes les héritiers des grandes philosophies politiques de la modernité : le libéralisme et le socialisme, avec leurs dérivés qui sont l'anarchisme et le communisme. Ces quatre doctrines ne sont plus à la hauteur des problèmes actuels. Car toutes les quatre reposaient sur une vision erronée de l'homme, vu comme un "homo œconomicus". [Elles] avaient, en effet, en commun l'idée que le problème principal de l'humanité c'était le manque de moyens pour satisfaire les besoins matériels. Que l'homme est un être de besoins mu par la rareté et que, donc, la solution première, c'est la croissance. Or, cette vision anthropologique est fausse – les hommes ne sont pas des êtres de besoins mais de désirs – et la solution proposée est devenue introuvable, voire dangereuse : la croissance régulière, permanente du PIB ne peut plus être une solution. »

[2] *Des choses cachées*, p. 567-568.

autour de quel paradigme tenter de le faire.

Qu'en est-il alors du politique et de sa proximité tant avec le religieux que l'économique ? Sa fonction *pharmakologique* est le pouvoir de pouvoir, le droit de faire la loi selon Tocqueville : la contrainte normative et le monopole de la violence légitime pour la faire exécuter, sous le contrôle du juge pour vérifier la légitimité de son application. Dans le domaine politique, la souveraineté a les mêmes vertus que la liquidité en économie et l'édiction des obligations et interdits religieux auxquels chaque membre de la communauté adhère, à savoir la capacité à ordonner et rendre possibles, selon des normes plus ou moins contraignantes, les rapports humains : coexistence, pérennité, échanges marchands ou non marchands, participation à la vie de la cité, sanctions des écarts aux normes…

La représentation de l'Autre, en tant qu'elle est constitutive de l'image de soi (fonction *xénologique*), correspond à la citoyenneté en politique, allant des règles d'acquisition de la nationalité jusqu'à celles de contribution à l'effort de défense du territoire, de la population ainsi que des biens publics et communs : consentement à l'impôt pour le financement de l'armée ou la conscription et, le cas échéant, par l'insurrection contre l'Autre, en tant qu'envahisseur. Derrière la représentation de l'Autre se profile la question de qui l'on exclut du sein de la collectivité et qui on expulse en dehors de la nation. De même, l'autre religieux est celui qui ne partage pas les mêmes croyances, mythes et rites ; quant à l'autre économique, il ne peut avoir part à l'échange faute d'accès à la liquidité.

La troisième fonction portant sur le don (*dorologique*) se manifeste en politique à travers le suffrage, l'allégeance et la confiance : à qui donne-t-on sa voix pour avoir part à la souveraineté et faire prévaloir intérêts ou idéal ? Au plan international, elle commande les alliances, les interventions, les adhésions aux organisations internationales, les actions humanitaires au sein des ONG… Le don[3] porte, là encore, sur

[3] La « science des rapports humains » ne considère pas le don comme le tiers paradigme, rejetant l'idéalisme d'une telle proposition qui tend à escamoter le contexte agonistique. Partageant un même souci d'échapper à l'alternative holisme / individualisme méthodologique, le tiers paradigme girardien se définit à partir des rivalités résultant de la revendication d'une égale puissance de chacun et de chaque entité,

la contribution à une part de souveraineté ; et l'absence de don peut aller jusqu'à la négation du droit à la persistance dans l'être de l'Autre, personne physique ou morale. Le don religieux est offrande à caractère sacrificiel ; quant à l'économique, il fonde l'échange des valeurs sur la réciprocité immédiate.

Ces trois modalités de la contention de la violence des rapports humains présentent des ressemblances fonctionnelles même si elles ont émergé à différents moments et recourent à des symboles efficaces propres à leurs champs respectifs.

Recentrons-nous désormais sur le politique. La philosophie politique naît avec la cité grecque en quête du meilleur régime ; elle étend son influence jusqu'au Moyen Âge, puis se maintient jusqu'à aujourd'hui, du moins en Europe et dans ses émanations. La science politique, plus encline à définir la meilleure façon de faire pour permettre à l'État souverain ou au souverain à la tête de l'État d'atteindre ses buts trouve son origine chez Machiavel et connaît des développements qui se poursuivent sous l'égide de figures telles que Tocqueville. Survient enfin la prémonition de Girard : l'anthropologie en tant que science de la violence des rapports humains, embrassant toute l'histoire de l'humanité, commençant avant la cité grecque pour valoir au-delà du déclin probable de l'État souverain, pourrait se révéler plus utile que la philosophie politique marquée par son idéalisme originel et la science politique réduite à une observation qui se veut réaliste des seuls mécanismes de prise, conservation et partage du pouvoir étatique, point de vue trop étroit au regard des enjeux actuels.

La partie politique de la « science des rapports humains » aurait alors à imaginer à quelles conditions il serait possible de contenir par les

---

laquelle englobe, entre autres, les figures du don agonistique et de la lutte pour la reconnaissance comme certaines de ses modalités envisageables : la première exprime le projet de la différenciation entre égaux par l'importance du don effectué ; la seconde, celle de l'égalisation de conditions réputées hiérarchisées jusqu'à ce que la reconnaissance intervienne. Au demeurant, Caillé se présente désormais en tant que promoteur du *convivialisme* dont il diffuse un *Manifeste*. La question de Mauss – « comment vivre ensemble en s'opposant sans se massacrer ? » – dont il part évoque au premier chef la violence que met en évidence aujourd'hui une crise morale, politique, économique et écologique.

normes et les politiques publiques « une concurrence toujours plus aiguë » engendrée par « l'égalité croissante[4] » dans l'espoir d'une société plus harmonieuse et davantage maîtresse de ses risques de disparition. L'anthropologie d'inspiration girardienne serait alors la science de la confrontation des sentiments d'insuffisance d'être et des revendications qui en découlent. Or, de tels rapports sont observables et analysables dans tous les champs investis par les sciences sociales : politique, économie, sociologie, religion ou encore, psychologie[5].

Vers une anthropologie politique mimétique

Une fois déployées les facettes principales d'une anthropologie *interdividuelle* des institutions de contention de la violence (religieux, politique et économie), il est désormais possible de retourner à l'hypothèse mimétique pour établir s'il y a lieu de la faire évoluer. Nous repartirons ici de points établis antérieurement.

Tout en ménageant une place-clé à la déception, nous avons éprouvé le besoin d'exprimer le désir mimétique par une autre locution, celle du désir d'être autre comme conséquence du sentiment d'insuffisance d'être. Girard lui-même a recouru à plusieurs expressions sans qu'aucune ne se soit imposée comme définitive. Mieux vaut alors repartir d'une ontologie que Girard esquisse : tout désir est désir d'être et le sentiment d'insuffisance d'être est à l'origine de tout désir. Quant au désir d'authenticité, le désir d'être « soi », illusion romantique par excellence, il relève bien de la catégorie du désir d'être autre. Enfin, nous avons également repéré le rôle pivot du terme « autre » en ce qu'il s'articule autant avec « soi » qu'avec « même ».

Une fois réordonnés *a minima* ces concepts girardiens de base, il est désormais possible d'envisager différents aspects du sentiment primordial d'insuffisance.

---

[4] In *Mensonge romantique*, p. 160.

[5] Tarot propose de son côté le néologisme de « *bialogie* pour désigner une discipline qui se vouerait à l'étude de la violence », point de vue qui pourrait à son avis se révéler pertinent « en politique, en psychologie, en sociologie, en économie, en histoire, etc. » In TAROT, *Le symbolique et le sacré*, p. 116.

D'abord l'insuffisance de savoir que Girard nomme méconnaissance, lui conférant une portée que n'a pas l'ignorance et dépassant le sens de ses synonymes ordinaires : incompréhension et inexpérience. Plus subtile que l'ignorance, elle se révèle parfois également une sorte de mal nécessaire pour faire fonctionner le mécanisme du bouc émissaire et les pratiques sacrificielles en tant que moindre violence. La méconnaissance est présente à tous les stades de la théorie mimétique[6]. La théorie des conventions à laquelle Dupuy, Orléan et Gomez ont en particulier travaillé en France montre que la méconnaissance est la plus fréquente et que des comportements imitatifs à partir de conventions largement partagées permettent de coexister au quotidien sans courir plus de risques que les sachants. L'insuffisance de savoir résulte également d'une forme plus ou moins délibérée d'acceptation de la tromperie par l'autre, d'auto-duperie ou de mauvaise foi. L'insuffisance de savoir tient une place majeure pour Girard qui fait de la lucidité et de la compréhension complète des situations relationnelles un préalable à toute solution et à certaines conversions.

L'insuffisance d'être proprement dite renvoie, tout particulièrement chez Stendhal, au vocable de vanité. Elle est cette surestime de soi qui s'abîme quasi-inéluctablement en mésestime de soi après confrontation à l'autre lui aussi symétriquement estimé de manière excessive ou insuffisante, mais jamais à sa juste valeur. Synonyme de vanité, la suffisance n'est autre que la méconnaissance de son insuffisance. Face aux penseurs de la plénitude, de la volonté de puissance ou du sentiment océanique, l'insuffisance d'être est enfin simplement un état antérieur à dépasser, la plénitude s'apparentant à un horizon jamais totalement atteint, sauf exceptions. Parmi celles-ci, on trouve la foi ou la morale qui tendent à réduire le sentiment d'insuffisance par l'adhésion ou la volonté de manière à favoriser l'épanouissement de l'être.

L'insuffisance d'avoir, qu'on peut relier à la mimésis d'appropriation dans son sens le plus étroit, renvoie à la rareté. Celle-ci a réussi à

[6] Je remercie Shawn Witkowski d'avoir attiré mon attention sur cette idée : la méconnaissance réunit en un même ensemble processuel la convergence des désirs sur un même objet, le conflit qui en résulte, le mécanisme du bouc émissaire et la divinisation de la victime.

s'imposer comme un concept aussi majeur que trompeur de l'économie, au point de laisser penser à une majorité d'économistes qu'un perpétuel retour à l'équilibre est le résultat normal du fonctionnement de marchés dérégulés et jugés efficients par nature. Cependant, l'insuffisance de liquidité est bien ce qui synthétise l'ensemble des manques marchands dans une économie monétarisée. L'insuffisance d'avoir se présente en définitive comme une insuffisance d'être réduite à la possession d'objets, d'un patrimoine et, au global, d'un pouvoir d'achat.

Vient enfin l'insuffisance de pouvoir, celle du politique. Pour la science politique, elle se résume à une mimésis d'appropriation comme une autre : la conquête et la conservation du pouvoir sont censées la combler, et pourtant, elles ne suffisent pas à la plénitude, ne serait-ce que parce qu'il y a toujours davantage à soumettre au souverain dans le temps comme dans l'espace. Du côté de la philosophie politique, l'insuffisance prend la forme de l'incapacité à changer comme on le souhaite le système politique. Et quand bien même une capacité supérieure y parviendrait, resterait la question de son acceptation dans la durée par tous les citoyens. Entre ces deux approches limitées par leurs présupposés, l'anthropologie politique doit rendre intelligibles les logiques des comportements des acteurs, les causes et les effets de leur *interdividualité*, en traitant de leurs revendications conjointes et concurrentes.

Voilà comment le désir d'être autre traduisant une insuffisance originelle permet une compréhension plus intuitive et plus large de ce qu'exprime la mimésis d'appropriation dans le vocabulaire girardien. Elle s'ouvre en particulier sur une extension au champ politique.

Point de départ et intitulé de notre recherche sous l'intitulé « la rivalité des égaux », l'axe du modèle-obstacle, véritable épine dorsale de la théorie mimétique, est présent sous une forme ou sous une autre dans tous nos schémas. Dans ce panorama, l'économie de marché pour les entreprises et la compétition électorale pour les partis politiques se singularisent par l'activation délibérée et supposée vertueuse de cette situation relationnelle. Sous son apparente simplicité, la rivalité des égaux est d'une puissance générative considérable. Forme négative de la réciprocité, elle est en général occultée par ceux qui lui préfèrent l'amitié. Elle articule différence, indifférenciation et identité.

En dehors des relations permises par la médiation externe, en général non problématiques, le modèle-obstacle caractérise les situations qui font grief, en produisant un effet désavantageux pour au moins une des parties. Il en va de même au sein des cénacles politiques. La médiation externe conférée par l'élection ou la nomination tend à céder devant la médiation interne qui s'insinue entre concurrents pour les places et les fonctions prochainement mises en compétition ou les revendications des acteurs. La souveraineté au sein d'une collectivité publique est sans cesse susceptible d'être remise en cause, l'enjeu principal devenant la capacité à l'emporter dans la joute électorale et à procurer des places et des fonctions dépendant d'élections ou de nominations. Dans la plupart des régimes à gouvernement représentatif, l'engagement des élites au sein des partis dits de gouvernement se fait désormais probablement plus en fonction des perspectives de carrière que sur la base de clivages idéologiques. La surdétermination par l'économie et ses *lobbies* ainsi que l'enchâssement des politiques nationales envisageables dans des engagements pluri- ou multinationaux contraignants réduisent bien des différences à des nuances : dès lors, moins la distinction est évidente et plus l'expression en est exagérée. Le pouvoir de pouvoir est de plus en plus remis en cause par la puissance des groupes de pression qui parviennent à contrebalancer la légitimité supposée fournie par l'élection. Les puissances tendent à s'égaliser dans la compétition électorale, l'expression des identités idéologiques, mais aussi les capacités à faire valoir des revendications opposées. Et la rivalité des puissances égales se traduit toujours davantage par de l'impuissance publique. L'inflation des normes en est la manifestation paradoxale : la prise en compte d'un maximum de revendications contradictoires obscurcit les lois, épaissit les codes, fait la fortune des avocats et encombre les prétoires.

La rivalité des égaux a enfin et surtout conduit à cette expression renouvelée du désir mimétique dans le champ politique : la revendication d'une égale puissance d'être. La puissance d'être s'entend comme une capacité à augmenter son être, à s'affirmer, à persister dans la Joie comme chez Spinoza ou, dans une version girardienne, une capacité à réduire, voire à combler, son insuffisance d'être. Quant à la notion de puissance, elle tend à englober celle de « capabilité », telle que l'économiste Amartya Sen la définit[7], dans une perspective plus large. Cette revendication résulte de la condition citoyenne et de l'aspiration à la souveraineté de l'individu contemporain. Les personnes morales en sont également porteuses pour elles-mêmes et pour leurs membres. Elle vaut tout autant pour les peuples auxquels le droit à disposer d'eux-mêmes a été reconnu et les États dont la souveraineté (soit encore le droit à la non-ingérence dans leurs affaires intérieures) est proclamée par le droit international. Cette rivalité des revendications en vue d'une égale puissance est au cœur du débat public, lequel est incapable de les satisfaire toutes simultanément.

Avec ses trois hypothèses fondamentales, Girard offre trois voies d'accès aux sujets à étudier. On peut les combiner ou privilégier l'une ou l'autre. Le travail ayant été largement effectué dans le domaine politique à partir du mécanisme du bouc émissaire, voie en particulier empruntée par Dumouchel, il nous est apparu pertinent de rechercher les potentialités d'une approche par le désir mimétique. Au demeurant, Girard n'a jamais autant parlé de politique que dans *Mensonge romantique* et *Shakespeare* avant de rappeler *in fine* avec *Achever Clausewitz* la pertinence du duel plus que du tous contre un pour aborder les questions politiques contemporaines. Il ne s'agit pas pour autant d'opposer mais bien de combiner ces deux voies. La troisième, « la révélation destructrice du mécanisme victimaire », bute, elle, sur un *a priori* antipolitique, n'offrant que la perspective d'un *katechon* à durée indéterminée dans l'attente d'une « résolution » apocalyptique. Elle a été évoquée avec plus de réserves.

Moment crucial de l'histoire mimétique, la souveraineté est un concept essentiel à incorporer à la théorie pour lui permettre son expansion dans le champ du politique. Elle en dérive simplement : la souveraineté du peuple est une figure du modèle en ce qu'il promet au désirant le comblement collectif de l'insuffisance d'être nationale ; elle est la promesse du pouvoir, en particulier de celui de maintenir l'ordre à l'intérieur et la paix avec l'extérieur, d'assurer la pérennité de la collectivité, voire sa prospérité ; la souveraineté de l'individu telle que promise par la promotion contemporaine de l'autonomie en est le pen-

[7] La possibilité effective qu'un individu a de choisir diverses combinaisons de « fonctionnements » [*functionnings*]. In SEN, *L'idée de justice*.

dant. Cette promesse est celle de la citoyenneté, symbolisée par le rapport un homme / une voix. La revendication à l'autonomie crée une tension qui se résout de moins en moins aisément au profit des institutions politiques. La compréhension de ce deuxième temps a trouvé un cadre théorique avec le concept d'auto-extériorisation défini par Dupuy. La souveraineté est un système de croyances qui confère au sacré, à la monnaie et / ou au pouvoir sa capacité à contenir la violence dans des limites compatibles avec la persistance dans l'être des collectivités et de la grande majorité de leurs membres. Girard, s'il en dit peu sur le sujet, lui accorde néanmoins une fonction centrale en l'enracinant « toujours dans une interprétation de la violence fondatrice centrée sur la victime émissaire[8] ». La naissance de la monnaie est également interprétable comme le terme d'un mécanisme d'expulsion / élection. La souveraineté serait ainsi toujours le produit d'une méconnaissance, d'une incapacité collective à comprendre comment la faiblesse d'une victime réelle ou potentielle s'est muée en force d'un ordre spontané capable de réduire l'intensité des conflits.

Le politique moderne et contemporain en garde la marque. En titrant en 2011 son essai *Le sacrifice inutile*, Dumouchel suggère que ce lien achève de se défaire, que la croyance nécessaire à la souveraineté pour s'auto-extérioriser s'affaiblit au point de rendre plus difficile son érection et que le politique est sur le point de perdre son principe. De leur côté, Orléan et Dupuy font douter de la capacité de l'économie marchande et de son expansion indéfinie sous-couvert de dérégulation des instruments financiers à s'y substituer durablement. Ce qui ramène à une perspective apocalyptique.

Pour asseoir sa crédibilité, la théorie mimétique souffre de sa focalisation sur les relations rivales, leurs composantes violentes et les risques létaux dont elles sont porteuses. Elle crée inévitablement un scepticisme chez tous ceux qui constatent que, malgré tout, la vie humaine prospère et la mort recule, non seulement sous la forme d'un allongement de l'espérance de vie mais aussi du fait de la réduction des taux d'homicide et de décès causés par des conflits armés. Il faudrait donc développer une facette de la théorie traitée seulement partiellement à ce jour : la conciliation des intérêts, la réconciliation des concurrents,

---

[8] *La violence*, p. 181.

la réciprocité positive, l'altruisme, la reconnaissance, voire la juste estime d'autrui comme de soi.

Girard a par ailleurs opéré et assumé plusieurs réductions qui ont perturbé la réception de sa théorie. Ainsi de son ambition énoncée dans *Des choses cachées* : « C'est une théorie complète de la culture qui va se dessiner à partir de ce seul et unique principe[9]. » Cette tendance existe dans chacune de ses hypothèses principales. Dès *Mensonge romantique*, il réduit la fonction de la grande littérature à la révélation du désir mimétique, limite corrélativement le corpus aux ouvrages qui y contribuent de manière significative et, pour finir, dénie aux humanités une capacité de connaissance suffisamment profonde en la matière. Dans *La violence*, est affirmée l'unité de *tous* les mythes et de *tous* les rites. Enfin, Girard réserve à la Bible l'exclusivité de l'accès au savoir sur le mécanisme de la victime émissaire. Une attitude plus nuancée aurait sans doute été préférable.

Le choix de l'anthropologie par Girard signifie d'abord l'adoption de points de vue particuliers. Le caractère participant de l'observation anthropologique présente ainsi au moins trois mérites : l'assomption d'une impossible extériorité et d'un improbable surplomb de l'observateur, l'adaptation à la configuration particulière de l'objet observé, à savoir les rapports humains, ainsi que la particularité du domaine politique qui met la *participation* à la vie publique au sein de la cité au cœur de ses préoccupations. Cette méthode s'approche de surcroît du travail de l'écrivain de fiction : échappant pour une bonne part au tropisme des statistiques, l'anthropologue se doit d'apprendre la langue et les codes des groupes observés, d'élucider les raisons des obligations rituelles et des interdits qui les régissent, de comprendre les relations nouées par les membres du groupe ; bref de poursuivre ses investigations au-delà des explications immédiates fournies par ses informateurs ou l'établissement de corrélations et d'admettre la légitimité de pratiques « exotiques », quelle que soit l'origine de leur singularité. Pour toutes ces raisons, l'anthropologie tranche avec d'autres méthodes en acceptant la subjectivité de l'observation scientifique pour mieux en tenir compte.

---

[9] *Des choses cachées*, p 30.

L'anthropologie a d'ores et déjà investi le champ de la fabrication des normes nationales et internationales. L'anthropologue Marc Abélès a par exemple orienté ses recherches vers l'étude de ce qu'il appelle le « global-politique[10] » ainsi que l'élaboration des décisions de l'État et des collectivités locales en France ou des organismes internationaux comme l'Organisation mondiale du commerce (OMC). Il a noté l'ancrage commun de l'anthropologie et de la philosophie politiques, toutes deux intéressées par la question des origines de l'État, soit pour accréditer la permanence du politique, soit pour identifier une césure entre les sociétés avec ou sans État. Malgré sa prétention à s'en abstraire, l'anthropologie est hantée par le concept d'État[11]. Dès le XIXe siècle, les fondateurs de l'anthropologie politique, James Sumner Maine et Lewis Henry Morgan, distinguent ainsi deux grands principes d'organisation : la parenté de sang et la contiguïté territoriale[12]. Ils sont encore au cœur des débats sur la nationalité qui opposent droit du sang et droit du sol.

Abelès signale l'originalité de l'anthropologie politique « qui met l'accent sur l'*imbrication* du politique et des autres dimensions du social[13] », notamment la parenté, la religion et l'économie. Il y voit son apport majeur, l'anthropologie pensant le politique comme un objet complexe[14]. Elle s'ancre en outre davantage dans les faits historiques et ceux rapportés par l'ethnographie alors que la philosophie politique privilégie des considérations relatives à un droit naturel et un contrat social[15].

Les études postcoloniales et l'analyse de la mondialisation sont au demeurant devenues un champ d'étude privilégié des anthropologues. Leurs thèmes – hybridité, créolisation, relations transfrontalières,

---

[10] De préférence au plus traditionnel cosmopolitique.

[11] ABÉLÈS, *Anthropologie de l'État*, p. 60.

[12] Un écho aux débats sur le droit du sang et celui du sol pour acquérir une nationalité.

[13] ABÉLÈS, *Anthropologie de l'État*, p. 7.

[14] *Ibid.*, p. 8.

[15] « L'anthropologie politique trouve son origine dans une critique du paradigme philosophique du droit naturel » mais aussi de la théorie classique de la représentation (« association des hommes et délégation du pouvoir à un Tiers ») et dans la recherche simultanée « d'un lien politique originel ». In *ibid.*, p. 33 et 59.

identité, altérité, ethnicité, multiculturalisme, représentation...– relèvent de situations relationnelles. La combinaison du modèle et de l'obstacle présente une valeur heuristique certaine pour de telles analyses. De même, la compréhension de l'extrémisme est un nouveau champ de recherche dont l'anthropologie s'empare[16] : sa capacité à prendre en compte simultanément questions religieuses, origines familiales, parcours éducatifs, enjeux politiques et économiques ainsi que, plus généralement, les différents rapports humains qui conduisent au terrorisme la prédispose à élucider des situations qui ne sont pas immédiatement accessibles à la science politique ou à la sociologie classique. On pourrait ainsi voir dans l'engagement terroriste des actions en vue d'une égale *impuissance d'être*, inversant de manière macabre le paradigme que nous avons mis au jour.

Dès les années 1980, la philosophe Martha Nussbaum a, indépendamment de la théorie mimétique, forgé le concept de « biens relationnels ». La jouissance de tels biens n'est possible qu'entre l'offreur et le demandeur, notamment les services à la personne (soins, bien-être, assistance, éducation...), les services culturels, spirituels, religieux... Ces services longtemps assurés dans un cadre domestique sont devenus une part majeure de l'économie marchande. Dans la période récente, l'économie participative rendue possible par l'absence d'intermédiation marchande est venue augmenter cette proportion en (re)développant un secteur *démarchandisé*. Semble ainsi s'inverser une tendance plus que séculaire à *marchandiser* des services en proposant des biens industriels pour les rendre[17] ou d'autres services monétarisés que ceux que l'on est à même de se rendre à soi-même.

Au-delà de cette discussion sur la *démarchandisation*[18] au regard de l'idéal de l'égalisation des conditions, des opportunités, des revenus, voire des patrimoines, l'aspect relationnel de cette part croissante de l'économie réintroduit dans le champ des rapports humains tout un pan que l'économie néoclassique a un temps réduit à la transaction

---

[16] Voir les travaux sur le terrorisme de l'anthropologue Scott ATRAN, *L'État Islamique est une révolution.*

[17] Par exemple les machines à laver le linge ou la vaisselle.

[18] Voir en particulier PERRET, *Au-delà du marché.*

marchande instantanée médiatisée et soldée par l'échange monétaire[19].

À la recherche d'une médiation non conflictuelle

Pour Dupuy, « [...] le ressentiment, cette forme ultime du mal, c'est précisément, lorsque rien, aucun intérêt pour le monde, ne se tient plus entre les êtres, les empêchant de "tomber les uns sur les autres". Sans médiation, c'est alors la mêlée de la violence pure, où les êtres s'affrontent directement, perdant toute notion de leur intérêt propre, encore plus de leur intérêt commun[20]. » Hors de la médiation, pas de rapport humain possible autre que la violence destructrice. Une improbable médiation non conflictuelle resterait ainsi la seule solution envisageable aux rivalités que les institutions religieuses, économiques et politiques peinent de plus à plus à contenir. Concept prééminent de la théorie girardienne, la médiation interne, demeure le défi principal à relever par une anthropologie *interdividuelle*. Une « science des rapports humains » est une science des médiations : elle a pour rôle de les repérer, d'en comprendre l'origine et de décrire les effets qu'elles engendrent, voire de proposer des issues à des situations relationnelles douloureuses ou dangereuses.

Dans cette ultime section, revient le sujet abordé dès notre premier tome : comment échapper à la dégradation conflictuelle entre modèles-obstacles réciproques ? Partant du principe que la médiation est indispensable à toute vie humaine, les possibilités semblent limitées à deux cas de figure génériques : une médiation non *rivalitaire* parce qu'externe ou une médiation interne qui serait débarrassée de ses conséquences conflictuelles. Aucune évolution spontanée vers un état de médiation paisible n'étant à attendre, elle interviendra éventuellement au terme d'actions sur les croyances partagées de nature à convaincre de son bien-fondé par les représentations, la norme ou, plus probablement, leur combinaison.

---

[19] Les concepts de l'économie néoclassique, s'ils peuvent valoir pour les matières premières et les denrées alimentaires, perdent de leur pertinence dès que les biens produits sont diversifiables et que des services qui engendrent des rapports humains représentent une part majoritaire de la « production ».
[20] *Ibid.*, p. 218-219.

L'économie marchande et la monnaie qui la rend possible semblent les moins qualifiées pour initier ce mouvement : elles ont d'ores et déjà montré leurs capacités mais aussi leurs limites en orientant les acteurs économiques de manière univoque vers la constitution du pouvoir d'achat et la quête de la liquidité tout en réduisant la médiation à des échanges bornés dans le temps par un engagement initial et un solde de tout compte final, ce que permet la monnaie, cette forme à la fois élémentaire et élaborée de la médiation.

Dans un de ses paradoxes, Girard énonce que « seul le désir mimétique peut être libre, vraiment humain, parce qu'il choisit le modèle plus encore que l'objet[21]. » Mais ce libre choix est privé d'alternative : le seul modèle qui vaille est alors Jésus-Christ ou ses disciples l'imitant. Plus modéré dans ses exigences, Dupuy s'en tient à suggérer de maîtriser les effets du ressentiment dont il doute que l'humanité puisse un jour se débarrasser[22]. Entre espoir de conversion aussi radicale que massive au bien et acceptation du moindre mal comme le meilleur à attendre, plusieurs modalités sont envisageables.

Dans *Achever Clausewitz*, Chantre propose à Girard le concept de « médiation intime » pour dépasser les menaces apocalyptiques que la médiation interne fait peser sur l'humanité. Échapper au mimétisme leur semble l'apanage des saints et des génies qui, ayant renoncé à la tentation héroïque, s'identifieraient à celui qui « *aura été* le Christ », donc l'autre devant lequel on s'efface mais aussi qu'on tient à juste distance[23]. Dans sa postface à l'édition de poche d'*Achever Clausewitz*, probablement conscient des difficultés que le concept engendre, Chantre précise par une note : « La "médiation intime" permet de penser, de l'intérieur même de la relation mimétique, une ouverture de cette relation. Elle aide à ressaisir ce que la tradition chrétienne appelle "imitation de Jésus-Christ" : imitation d'un modèle invisible, ou d'un modèle qui s'est lui-même supprimé comme obstacle. Cette imi-

[21] *Les origines*, p. 63.
[22] « [...] étant entendu qu'on ne supprimera pas le ressentiment, la seule question pertinente est de savoir comment on peut en minimiser ou en différer les effets, les canaliser vers des formes bénignes, voire productives, etc. » In DUPUY, *La marque du sacré*, p. 226.
[23] *Achever Clausewitz*, p. 235-236.

tation paradoxale déjoue le piège de l'imitation. Elle donne les moyens de penser une identification à autrui qui ne serait plus destructrice, mais constitutive d'un monde commun[24]. » Il déclare ailleurs que « la "médiation intime" est l'imitation paisible d'un modèle intérieur[25]. » La locution de « médiation intime » est problématique : elle se présente comme un oxymore, l'intimité ainsi conçue étant contradictoire avec l'idée même de médiation qui suppose une juste distance entre prochain et lointain. De surcroît, elle se situe en-deçà ou au-delà de la relation, alors que la théorie mimétique fait des *rapports humains* son objet d'étude. Il y a quelque chose du renoncement ou de l'érémitisme dans cette intimité : une méditation plutôt qu'une médiation ? En tout état de cause, cette voie de la sagesse semble réservée *a priori* à un nombre limité d'élus ou d'initiés, compte tenu des difficultés à surmonter pour y cheminer. Et elle ne nous dit rien des conditions de nature à la rendre accessible au grand nombre. Or une large diffusion est une condition préalable à la pérennité et à une pratique non-solipsiste de ce type de médiation.

Si la médiation intime, ce concept de la dernière heure de la théorie girardienne, laisse sceptique sur ses modalités de propagation dans les communautés humaines, resterait alors l'alternative originelle de la médiation externe face à la médiation interne. Faut-il et peut-on alors revenir à la médiation externe ? Girard laisse exprimer par Shakespeare les vertus politiques de la médiation externe. Le discours d'Ulysse dans *Troïlus et Cressida*[26] est pour lui une des meilleures théories politiques qui a jamais été. L'indifférenciation y est décrite en termes politiques : « La Force devient le Droit, ou plutôt le juste et l'injuste, dont l'éternel écart est le lieu même de la Justice, perdent leur nom, et la Justice le sien ; alors tout se ramène au pouvoir, le pouvoir au vouloir, le vouloir à l'appétit, et l'appétit, ce loup universel, doublement secondé par le pouvoir et le vouloir, fait forcément de tout une proie universelle et finit par se dévorer lui-même. Grand Agamemnon, voilà quand l'ordre est suffoqué, le chaos qui suit son

[24] Édition parue en 2011, p. 386, note 1.

[25] Dans un article intitulé « L'annonce d'une humanité libérée de la violence » paru dans le *Philosophie magazine* hors-série de novembre 2011 consacré à Girard, p. 77.

[26] Acte 1, scène 3. Girard en cite une bonne partie et le commente longuement dans *Shakespeare*, p. 199-207.

étouffement. Et c'est cette négligence de toute gradation qui fait régresser d'un cran l'ambitieux dans le mouvement même qu'il fait pour se pousser d'un cran [...] : ainsi chaque grade, suivant l'exemple du premier qui a la nausée de son supérieur, contracte la fièvre envieuse de la pâle et livide émulation. » La première confusion est celle de la force (ou de la violence) et du droit, le droit, institution par excellence de la moindre violence politique. La deuxième est la disparition de la séparation du juste et de l'injuste. La crise mimétique est ensuite décrite en six vers[27]. La « gradation » [*Degree*] retient celui qui a le désir de se promouvoir et prévient du coup la rivalité. Qu'elle soit négligée et le chaos s'installe. Shakespeare donne à voir dans les dernières lignes de la tirade le passage d'une médiation externe à la fois politique et morale à la médiation interne qui encourage chacun à rivaliser avec l'autre dans le désir d'égaler sa puissance d'être. Et il en fait une pathologie contagieuse : « la fièvre envieuse de la pâle et livide émulation ». L'admiration et le *Degree* sont ici les remparts à l'envie déchaînée et la propagation de la guerre de chacun contre chacun qui s'ensuit.

Mais ce temps de la médiation externe ne semble pas prêt de revenir. Si certaines conditions économiques et sociales, celles qui président à la distinction des 1 %, voire des 0,01 % les plus fortunés ou encore la professionnalisation des fonctions politiques qui revient à une cooptation de certaines élites, suggèrent un possible retour de la médiation externe et une nouvelle stratification des médiations internes par classes sociales ou castes, les représentations encore dominantes agissent puissamment en sens contraire. Et tels qu'ils sont abondamment scrutés et répercutés par les médias, les comportements des oligarques économiques et des « élites » politiques ne sont guère source d'admiration, tout au plus leur réussite fait-elle envie à certains. Ces considérations font douter du retour de la médiation externe à court ou moyen terme. Et les bénéfices à en attendre sont réduits au regard des coûts qui en résulteraient inévitablement. Au demeurant, Girard oppose sa « pensée apocalyptique » à « toutes les pensées réactionnaires

[27] De « [...] alors tout se ramène au pouvoir » jusqu'à « se dévorer lui-même. »

qui veulent restaurer de la différence, et qui ne voient dans l'identité qu'uniformité destructrice ou conformisme niveleur[28]. »

L'opposition entre médiations interne et externe peut-elle alors être dépassée en empruntant des éléments à chacune ? La médiation interne suppose une certaine égalité et débouche sur la symétrie de rapports réciproques. La médiation externe reconnaît l'inégalité et tend à demeurer asymétrique. La nécessité de se reconnaître à la fois semblables et différents reste mal admise : nous avons tendance à nous penser ou l'un ou l'autre. Dupuy l'a souligné dès 1979 : « L'utopie égalitaire que nous nous sommes donné, il nous semble qu'on la trahit tous les jours, mais c'est parce que nous ne voyons pas qu'avant de condamner les inégalités elle nie les différences et que, dans cette entreprise, elle n'obtient que des succès. Comme l'ordre social qu'elle fonde, la différence ne peut rester telle que si elle ne se sait pas elle-même. Car se savoir elle-même, c'est savoir qu'elle est arbitraire et c'est se détruire. Lorsque l'ordre social se met à s'interroger sur lui-même, les différences se muent en inégalités et l'utopie égalitaire fait son apparition. On ne peut en effet voir des inégalités que là où l'on compare, et la comparaison suppose toujours la commensurabilité, donc l'identité de nature ou d'essence[29]. »

Comment échapper à l'aspiration à l'égalité si elle est source de rivalité ? La question d'un bon positionnement réciproque, équilibré, revient sans cesse. Pour Chantre, l'admiration suppose de parvenir « à dépasser l'imitation rivale » et « de faire un pas hors de la réciprocité[30]. » Toutefois, pour que la relation soit satisfaisante, il faut bien que l'admiration, relation asymétrique, soit simultanément réciproque. On pense à l'amitié. Les relations y sont mimétiques, sans postuler nécessairement ni l'égalité à l'origine, ni la rivalité à la conclusion. L'admiration mutuelle est une forme de la réciprocité asymétrique : chacun apprécie l'autre pour ce qu'il possède (de plus que soi) sans l'envier pour autant. L'ami, mais aussi le conjoint, les ascendants et descendants, sont précieux dans la mesure où ils fournissent à l'autre ce qu'il ne peut se procurer lui-même et viennent combler une part de

---

[28] *Achever Clausewitz*, p. 98.
[29] DUPUY, « Le signe et l'envie », p. 109.
[30] In *Achever Clausewitz*, p. 391-392.»

son insuffisance. L'asymétrie ou la dissymétrie est bien au cœur des rapports humains.

Girard a aussi bien vu l'intérêt de la différ*a*nce en ce qu'elle contribue à introduire le minimum nécessaire d'asymétrie dans la réciprocité pour juguler sa force délétère : « La différence et le diffèrement, c'est tout ce qui permet sinon de détruire, tout au moins de masquer l'indestructible réciprocité, de la retarder en mettant le plus grand intervalle possible entre les moments qui la composent, intervalle de temps d'espace, dans l'espoir que la réciprocité des échanges passera inaperçue. On s'efforce en somme d'oublier le pareil, l'identique, littéralement de le perdre, de l'égarer dans des différences si compliquées, et de diffèrements si prolongés qu'on ne pourra plus y retourner[31]. » Pour lui, le système d'échange *diffère* et dissimule les éléments de réciprocité qu'il comporte, lesquels réapparaissent néanmoins : « La réciprocité qui devient visible en se raccourcissant pour ainsi dire, n'est pas celle des bons mais des mauvais procédés, la réciprocité des insultes, des coups, de la vengeance et des symptômes névrotiques[32]. » Or les rapports de solidarité au cœur de toute communauté reposent d'abord sur des asymétries réciproques : pour Dumouchel, si « les liens de solidarité [...] sont par définition réciproques, ils ne sont pas pour autant nécessairement symétriques. Les obligations des uns ne sont pas immanquablement l'image miroir de celle des autres. » Par exemple celles qui lient un père à ses enfants. En revanche, « l'abandon des liens de solidarité, l'absence de réciprocité, paradoxalement, introduit une parfaite symétrie entre les agents. » Cette situation freine la propagation de la violence. La famille est un lieu privilégié des réciprocités asymétriques. Et elle est un des derniers refuges des individus incapables de s'épanouir dans le cadre de l'autonomie que leur assigne la société libérale. Ce n'est sans doute pas un hasard.

La réciprocité asymétrique transparaît dans d'autres espaces : les associations, regroupant des membres volontaires et bénévoles s'associant les uns les autres ne doivent pas, sauf dysfonctionnement, être un lieu de rivalité. Tocqueville avait pressenti leur nécessité :

---

[31] *Celui par qui*, p. 33.

[32] *Le bouc émissaire*, p. 33.

« Les sentiments et les idées ne se renouvellent, le cœur ne s'agrandit et l'esprit ne se développe que par l'action réciproque des hommes les uns sur les autres. [...] cette action est presque nulle dans les pays démocratiques. Il faut donc l'y créer artificiellement. Et c'est ce que les associations seules peuvent faire. [...] Ce sont les associations qui, chez les peuples démocratiques, doivent tenir lieu des particuliers puissants que l'égalité des conditions a fait disparaître[33]. » L'association recrée une médiation externe entre égaux non nécessairement semblables. L'économie sociale et solidaire aspire à étendre cette logique de la libre association aux franges du secteur marchand. Néanmoins ces organismes sont aussi aspirés par la compétition. Les associations, y compris à objet caritatif, se trouvent par exemple prises dans une course à la notoriété et à la collecte de fonds préalable au développement de leur capacité d'action. Leur finalité peut être dénaturée par les modalités de développement de leur puissance philanthropique. Comme pour l'amitié, le meilleur est toujours menacé de s'abîmer dans le pire. Ainsi aux confins de l'association, une dégradation du processus prend désormais la forme du communautarisme qui oscille entre revendication du droit à la différence et à l'indifférence, entre une forme d'asymétrie réciprocitaire et une forme d'asymétrie non-réciprocitaire, la discrimination positive.

Une récente initiative tente de pousser encore plus loin ce mouvement enclenché par la recherche de réciprocités asymétriques *a priori* non violentes. En 2013, Caillé et de nombreux intellectuels ont publié un manifeste *convivialiste*. Le premier et principal problème de l'humanité est ainsi formulé : « Comment gérer la rivalité et la violence entre les êtres humains ? Comment les inciter à coopérer tout en leur permettant de s'opposer sans se massacrer ? Comment faire obstacle à l'accumulation de la puissance, désormais illimitée et potentiellement auto-destructrice, sur les hommes et sur la nature ? » Les réponses du manifeste supposent de définir sur les plans moral, politique, écologique et économique : ce qu'il est « permis aux individus d'espérer et [ce qu'ils] doivent s'interdire » ; « les communautés politiques légitimes » ; ce qu'il est « permis de prendre à la nature et [ce]

---

[33] TOCQUEVILLE, *De la démocratie en Amérique II*, deuxième partie, chapitre V, p. 158-160.

que [nous] devons lui rendre » ; enfin la « quantité de richesse matérielle [qu'il] nous est permis de produire, et comment », pour rester en accord avec les trois définitions qui précèdent. Les quatre principes du *convivialisme* sont la commune humanité qui égalise de la sorte ses membres à travers le respect qui leur est dû, la commune socialité qui insiste sur la richesse des rapports sociaux, l'individuation qui reconnaît l'affirmation des individualités singulières supposant qu'elles développent leur « puissance d'être et d'agir sans nuire à celle des autres » et, enfin, un principe d'opposition maîtrisée et créatrice : celui-ci admet la faculté de s'opposer « aussi longtemps que cela ne met pas en danger le cadre de commune socialité qui rend cette rivalité féconde et non destructrice. » Sont ainsi posées en un même mouvement une liberté qu'on pourrait dire relationnelle et sa limite. La rivalité est ici postulée féconde et espérée non destructrice dans le respect d'une certaine mesure à ne pas dépasser. Le *convivialisme* vise à une médiation interne non conflictuelle. Elle est un pendant « laïque » et relationnel à la « médiation intime », un horizon idéal qui a le mérite de récapituler dans une approche anthropologique les défis et impératifs d'une humanité incapable de maîtriser son évolution alors qu'elle est confrontée à ses capacités autodestructrices et à leurs conséquences sur son environnement.

L'histoire de la prise de contrôle des sociétés par l'économie peut en effet se comprendre comme celle d'une dangereuse marchandisation croissante de biens mais aussi de services. Jusqu'à se demander : « Ne sommes-nous pas déjà en train de nous transformer nous-mêmes en marchandise et de traiter la vie comme un moyen parmi d'autres, et non comme la fin suprême que tous les moyens doivent servir[34] ? » Elle est aussi celle d'une tolérance à la compétition accrue des acteurs économiques, compétition médiatisée par des marchés et, pour ainsi dire, apprivoisée, domestiquée. Gorz présente ainsi ses dangers : « Aussi n'est-ce pas tant à la croissance qu'il faut s'attaquer qu'à la mystification qu'elle entretient, à la dynamique des besoins croissants et toujours frustrés sur laquelle elle repose, à la compétition qu'elle

[34] GORZ, *Bâtir la civilisation du temps libéré*, p. 41

organise en incitant les individus à vouloir, chacun, se hisser "au-dessus" des autres[35]. »

Inversement, la *démarchandisation* dont on aperçoit aujourd'hui les prémisses fait étrangement écho à la disparition de l'objet dans la rivalité mimétique. Le travail sur le rôle du modèle qu'a privilégié Girard n'est sans doute pas suffisant. Il faut aussi s'interroger sur les objets de la rivalité. Nous avons oublié que la marchandisation est une tendance récente, y compris dans les pays au développement économique précoce, et donc peut-être encore réversible. Les transformations de nos économies depuis le Néolithique ont commencé à atteindre un seuil significatif, pour la plupart d'entre elles et les plus influentes sur nos vies, il y a moins d'un siècle, quand et là où le monde rural devient résiduel. L'urbanisation, l'échange généralisé, l'usage massif de l'énergie, le recours croissant aux produits chimiques, l'augmentation des prestations de service se sont produits sur une période très brève, plus ramassée encore pour les pays au « développement » récent comme le Japon, la Corée du Sud, la Chine, l'Inde et l'Indonésie. Quelques évolutions récentes, dont le ralentissement régulier de la croissance dans les pays « occidentaux » est une traduction aisément appréhendable par la comptabilité nationale, révèlent que les réserves de biens et prestations *marchandisables* tendent (aussi) à s'épuiser. La décroissance exprime sur un mode volontariste ce projet de se déprendre d'une évolution jamais rassasiante : la marchandisation n'a pas davantage contrecarré notre sentiment d'insuffisance d'être, en dépit des prothèses et des assistances qu'elle fournit pour augmenter notre potentiel et notre « espérance » de vie qu'elle a prétendu, plus ou moins fallacieusement, libérer et allonger. Pouvoir faire toujours plus durant un temps toujours plus étendu, tel est le désir-type de l'insuffisant. Or, plus ce désir est satisfait par la technologie et l'économie qui en assure la diffusion et plus la déception et l'inquiétude croissent.

Au-delà, et pour la question qui nous occupe ici, la mise en compétition des fonctions et offices politiques semble avoir atteint un seuil où les inconvénients l'emportent sur le dernier de ses avantages tangibles : l'acceptation quasi-unanime des bienfaits de l'alternance et du

---

[35] *Ibid.*, p. 19.

résultat des urnes, quel qu'il soit. Ce consensus passe par l'acceptation de nombreuses entorses à l'idéal lincolnien du gouvernement du, pour et par le peuple : professionnalisation du personnel politique contraire à la logique du gouvernement représentatif, financements et coups déloyaux des campagnes, poids des lobbies l'emportant sur celui du corps électoral pour l'exercice de la souveraineté... La disparition d'un certain nombre d'inconvénients de la professionnalisation du personnel politique et de la polarisation des débats de société ne passerait-elle pas par la constitution de panels citoyens par tirage au sort constitués grâce à des méthodes d'échantillonnage garantissant une représentativité supérieure à celle qui résulte d'une compétition entre clubs oligarchiques qui exagèrent leurs différences à mesure qu'elles s'amoindrissent ? L'objection classique des exigences de compétences politiques tombe si on remarque que les élus sont désormais des professionnels de la compétition politique et de la communication qui est nécessaire à la captation des désirs du corps électoral plus que de la fabrication des normes, lesquelles sont aujourd'hui reconnues comme trop nombreuses, inutilement complexes, difficiles ou impossibles à mettre en œuvre et contrôler, voire source d'insécurité juridique, c'est-à-dire contraires à leur vocation. Il s'agirait néanmoins d'un saut dans l'inconnu[36]. Quoi qu'il en soit, toutes les mesures visant à la réduction des effets délétères de la compétition dans le débat public mériteraient d'être expérimentées.

Après la réciprocité asymétrique, l'horizon proposé par le *convivialisme*, la *démarchandisation* et la diminution des modalités compétitives de la vie politique, ce qui constitue déjà un programme culturel et politique conséquent, il semble encore nécessaire d'évoquer ce que nous sommes tentés d'appeler une médiation ultime, celle que suggère Dupuy avec son « catastrophisme éclairé ». L'humanité est désormais condamnée à se penser comme vouée par son *hubris* à une destruction de son environnement et à sa propre fin ou, à tout le moins, à une évo-

---

[36] L'élection comme moyen de déterminer la majorité détentrice, le temps d'un mandat, des instruments de la souveraineté continue de faire consensus, même si l'abstention et le scepticisme devant l'absence d'alternatives réelles progressent dans des populations toujours plus tentées par l'évitement du politique. Par ailleurs, sur un plan pratique, on imagine mal des professionnels de la politique prendre l'initiative de supprimer ou même seulement de réduire leurs prérogatives.

lution radicale et non désirée pour les survivants. Le monde semble de surcroît désormais en partie surdéterminé par des « états de violence » résultant d'humiliations longtemps inhibitrices et désormais déchaînées du fait de leur médiatisation ainsi que par un échec de la prétention moderne à la domination de la nature par la culture humaine. Face à ces perspectives, une vertu est de plus en plus évoquée : la sobriété, soit encore se limiter à ses besoins vitaux, bref sublimer les désirs qu'on y adjoint, c'est-à-dire choisir des modèles non matérialistes. La médiation à promouvoir doit ainsi prendre en compte la sagesse amérindienne qui postule l'emprunt de la Terre à nos descendants.

L'idée judaïque et chrétienne d'une nature offerte à l'humanité par son Créateur pour croître et prospérer a certes été rendue responsable par certains du désastre écologique vers lequel conduit une surpopulation productrice en excès de gaz à effet de serre et consommatrice compulsive de ressources non renouvelables ; mais il en est une autre, qui veut que les créatures ne peuvent détruire une création qui appartient en dernier ressort à son Créateur. Si le monde moderne est bien peuplé d'idées chrétiennes devenues folles, il est temps de revenir à l'innocence – ou l'arbitraire du choix – de la victime des meurtres collectifs, que celle-ci soit une personne, un groupe voué au génocide, l'humanité ou encore son environnement « naturel » qui conditionne sa pérennité. Dans le but de prévenir ces meurtres d'innocents, une anthropologie mimétique et la politique qui en découlerait se centreraient sur le dévoilement de la violence potentielle des libres puissances égales. Dès 1994, Girard prophétisait dans *Quand ces choses commenceront* : « Le seul humanisme possible, aujourd'hui, consiste à penser ce pire et ce meilleur ensemble jusqu'au bout : on aperçoit que nous sommes en train de participer à une œuvre incroyable qui nous dépasse de toutes parts[37]. » Une vingtaine d'années plus tard, les « choses » ont bel et bien commencé.

---

[37] *Quand ces choses*, p. 100.

Conclusion générale
La revendication d'une égale puissance d'être

On envisage toujours la crise tragique du point de vue de l'ordre qui est en train de naître, jamais du point de vue de l'ordre qui est en train de s'écrouler.[1]

Nous étions partis du cycle thébain au premier tome de cette étude, revenons-y pour conclure. Bien des questions posées par la descendance de Cadmos ont trouvé des éléments de réponse en chemin. L'anthropologie mimétique aide à révéler ce que recouvre la méconnaissance entretenue par une science politique se disant réaliste et une philosophie politique qui se projette dans l'idéal.

Comment partager le pouvoir ? Le gouvernement représentatif a expérimenté et diffusé une solution de partage dans le temps et dans l'espace par l'alternance électorale qui fonctionne, peu ou prou, dans la plupart des pays qui ont adopté avec un minimum de bonne foi cette règle du jeu. Pour autant, plusieurs objections sont opposables à cette solution qui a permis de dépasser le conflit longtemps insoluble entre Étéocle et Polynice. En premier lieu, les paradoxes du vote que Dupuy a plaisamment rapprochés de la loterie à Babylone borgésienne. En-

[1] *La violence*, p. 69-70.

suite les méfaits toujours plus évidents de la compétition entre des politiciens professionnels, oligarques cooptés indifférenciés tentés de se distinguer par des arguments discutables, qui prennent de plus en plus le pas sur le choix, au demeurant difficile quand il n'est pas impossible, entre des alternatives programmatiques ; ce phénomène est accentué quand la compétition pour l'investiture par l'appareil ou les militants précède celle devant les électeurs. L'importance des enjeux ainsi artificiellement produits par des désirs rivaux se traduit inévitablement par une corruption des mœurs allant des contrevérités éhontées du discours aux turpitudes des financements en passant par des luttes de factions visant à discréditer les autres. L'idéal d'égalité des conditions des candidats finit par se soumettre à la loi d'airain de l'oligarchie et la vertu républicaine souffre des exigences de la concurrence électorale.

Notre deuxième question était : *comment conserver le pouvoir, le défendre ou encore l'obtenir ?* Là encore, la question machiavélienne, celle de la science politique par excellence, trouve une réponse sous l'éclairage cru de la théorie mimétique. Le désir de conservation des attributs de la souveraineté, en tant qu'héritier ou délégué à ces fonctions par le peuple ou par une aristocratie, oblige à la violence engendrée par la compétition, qu'elle passe par le discrédit de ses concurrents ou l'asservissement de ses « amis » politiques. Les égaux sont voués à se livrer une lutte sans merci, pour se distinguer et triompher d'une course à élimination où un seul l'emporte. Le conflit international est, lui, marqué par la montée aux extrêmes, l'irrationalité des buts de guerre et, généralement, l'incapacité à pérenniser les conquêtes : la vanité de ses enjeux se mesure à la durée des gains.

Quel respect doit-on à la promesse donnée ? L'alternance décidée entre Étéocle et Polynice n'a pas lieu et le non-respect de l'engagement s'achève à Thèbes en un affrontement mortel entre doubles. La rivalité mine la confiance. Les institutions doivent prendre le relais pour garantir l'engagement dans la durée. Le philosophe attend souvent de l'amitié politique la permanence de la bonne réciprocité. L'anthropologue n'y croit pas plus que le politologue, la réciprocité rivalitaire étant inévitable dès qu'une appropriation quelconque est en jeu.

Une personne seule peut-elle avoir raison contre la foule ? La question posée par Antigone face au chœur tragique trouve une réponse dans l'anthropologie évangélique : la vérité ne dépend pas de la loi du nombre. L'unanimité est désormais suspecte, en général difficile à obtenir et plus encore à pérenniser. Un préjugé favorable a fini par bénéficier au bouc émissaire ; le souci des victimes est si bien partagé que toute revendication de reconnaissance se légitime par une posture victimaire assumée : la surenchère des préjudices allégués est une nouvelle forme que prend la compétition. Et la vérité n'est pas nécessairement le fruit d'un consensus, au moins pour le temps où elle reste un enjeu : les interprétations dissidentes peuvent finir par l'emporter.

La foule peut-elle s'apaiser après la mort ou l'expulsion d'un seul ? Le précepte de Caïphe semble de moins en moins opérant, le doute ayant été instillé par la reconnaissance de l'innocence du Christ et la diffusion de l'enseignement évangélique, au risque du développement des inflations victimaires des génocides. Les communautés sont trop nombreuses, les croyances collectives, trop dispersées, les possibilités de faire naître le doute, trop variées.

Une loi naturelle peut-elle être opposée au droit positif édicté par un pouvoir légitime du seul fait de sa dévolution régulière ou de la force dont il dispose ? La loi naturelle contre le droit positif reste une opposition majeure dans tout débat politique. La Règle d'or, présente dans les Évangiles mais aussi dans de nombreuses autres traditions philanthropiques, et sa déclinaison particulière sous la forme de la présomption d'innocence, traduite dès l'*habeas corpus* dans le droit positif[2], répondent en définitive à Antigone qui, réclamant les mêmes honneurs funéraires pour ses deux frères, l'invoque. L'idéologie des droits de l'homme et bientôt celle des droits de la nature prennent une place croissante dans les systèmes de croyance. Le droit naturel se mue désormais en droit à l'avenir des générations futures et des espèces protégées.

Quelles sont, dans la destinée d'un homme comme dans celle d'un peuple, la part de la fatalité et celle de l'absence de discernement ? Cette question qui suggère une alternative reçoit désormais une ré-

[2] En 1679 en Angleterre.

ponse unique. Si le mécanisme de la mimésis d'appropriation est inéluctable, comme le postule la théorie mimétique, sauf à renoncer à toute interaction, il est difficile à chacun de choisir le bon (et seul ?) modèle à imiter. La conclusion de Girard en faveur d'une conversion, aussi incongrue qu'elle paraisse, est logique. Toute tentative pour en trouver une autre aboutit sur un succédané. Une seule issue, il n'y a sans doute guère d'alternative, serait une adhésion générale à une foi en l'humanité et sa responsabilité particulière, même si elle semble hors de portée.

Comment éviter la division ? L'exclusion du contrat social comme irréaliste et de ses avatars fait planer le doute sur une réponse possible. Le manifeste *convivialiste* risque de buter sur un même scepticisme. Aussi utopique semble une adhésion collective au modèle christique. Pour Girard, il faut et il suffit de prendre les Évangiles comme anthropologie en renonçant aux représailles. Et il en existe une version politique dégradée : le consensus par recoupement rawlsien sur quelques règles à caractère supra-constitutionnel qui sont censées tenir ensemble une quasi-unanimité par adhésion effective ou indifférence, comme l'Église doit réunir le peuple chrétien autour d'un seul commandement.

Comment les pouvoirs institués peuvent-ils parvenir à contenir la violence de la foule ? La réponse à cette question n'est jamais définitive et elle est toujours susceptible d'être démentie par une sédition ou une révolution. Entre une utilisation extensive du monopole de la violence légale et un gouvernement qui se soumet à la tyrannie de l'opinion, les autorités dosent avec plus ou moins d'habileté en fonction des circonstances et de leur interprétation de celles-ci. Les tentations du recours à un bouc émissaire sont de plus en plus vouées à l'échec même si des gouvernants continuent sporadiquement d'y succomber par médias interposés pour accréditer leurs accusations et accélérer les polarisations. Mais l'unanimité contre un seul ou contre un groupe ne parvient pas à produire de bénéfices durables. À l'intérieur du groupe ou à l'extérieur, trop nombreux sont ceux à dire désormais la vérité de la situation.

Comment la foule fait-elle émerger un pouvoir ordonnateur de son propre désordre ? Du désordre, un ordre finit presque toujours par s'auto-extérioriser. Du moins est-ce ce, jusqu'à présent, ce que traduisent la pérennité et l'expansion de l'espèce humaine. Des communautés se sont toutefois effondrées jusqu'à aboutir à la disparition de tous les habitants d'un lieu comme l'île de Pâques. Le « catastrophisme éclairé » instille désormais le doute sur l'automaticité d'une auto-extériorisation d'une souveraineté sacrée, politique, monétaire (ou autre ?) pour créer les conditions de la persistance de l'humanité dans l'être, du fait des capacités accrues qu'elle manifeste désormais à détruire son environnement dans le cadre de l'économie marchande, justement dans l'espoir de maintenir la violence à distance suffisante.

Récapitulons maintenant quelques acquis de notre recherche. Si toute humanité commence par un sentiment d'insuffisance d'être, tout humain désire être autre, une manière plus acceptable de dire de son désir qu'il est mimétique. Le désir moderne d'authenticité et d'autonomie en est une variante à peine paradoxale : se vouloir soi et maître de soi, c'est savoir ne pas être (encore) qui on aspire à être et ignorer comment y parvenir. Cet autre, de modèle qu'il semble, se trouve dans certaines situations être l'obstacle à la satisfaction espérée. Quoi qu'il advienne, l'insuffisance d'être n'est jamais ressentie comme comblée au point que tout désir, même assouvi, débouche plus ou moins rapidement sur une déception qui réamorce le cycle. Cela est aussi inacceptable qu'indéniable. La rivalité engendrée par la combinaison des situations de modèle et d'obstacle est susceptible, dès les origines et jusques en nos temps pré-apocalyptiques, de toucher, de proche en proche, l'ensemble des membres de la communauté. Contrairement à ce que laissent accroire les idéaux démocratiques et révolutionnaires, ces rivalités sont plus fréquentes entre égaux et proches qu'entre distincts et lointains. Les statistiques d'homicides suffisent à le constater et un minimum de réflexion fait admettre que la probabilité de situations rivalitaires est fortement corrélée à la fréquence des occasions de rencontre. La violence est au principe et à la fin de toute organisation des communautés humaines. Le problème majeur des institutions, sacrées, religieuses, politiques ou économiques est de recourir à un minimum de violence pour contenir celle qui pourrait remettre en cause la pérennité collective.

La modification de la géométrie du désir proposée ici ouvre de larges perspectives. Elle nous a permis de penser tout au long de nos travaux dans un espace dynamique, qu'il prenne la forme d'un carré ou, dans une version plus complexe, d'une rose des vents. Outre sa capacité à accréditer la cohérence de la pensée de Girard, cette matrice permet de la déployer dans des domaines qu'il a peu ou pas abordés. Le politique, au moins pour les systèmes de gouvernement représentatif, gagne en intelligibilité à être pensé lui aussi comme l'articulation d'une double contradiction homothétique à celle que nous avons rencontrée au cœur du désir mimétique : citoyenneté et exclusion d'une part, souveraineté et compétition de l'autre.

Nous percevons désormais la probabilité d'une apocalypse au double sens de catastrophe et de révélation que contient ce mot, à un moment où l'égalité des conditions semble épuiser ses effets tandis que le retour à des sociétés hiérarchiques paraît inacceptable à la grande majorité des contemporains qui ont cru aux vertus de l'égalité.

Il est possible de reprendre notre parcours en une ultime matrice. La distance entre le point de départ et celui d'arrivée semble courte : elle nous conduit de *La violence et le sacré*, essai fondateur de la théorie mimétique, à la violence et aux institutions qui la contiennent. Le problème de la persistance de l'humanité dans son être est tout entier circonscrit dans une relation dynamique entre la violence qui risque toujours de l'anéantir et les institutions qui la contiennent dans des limites qui garantissent sa pérennité.

Figure 4 : Les organisations institutionnelles

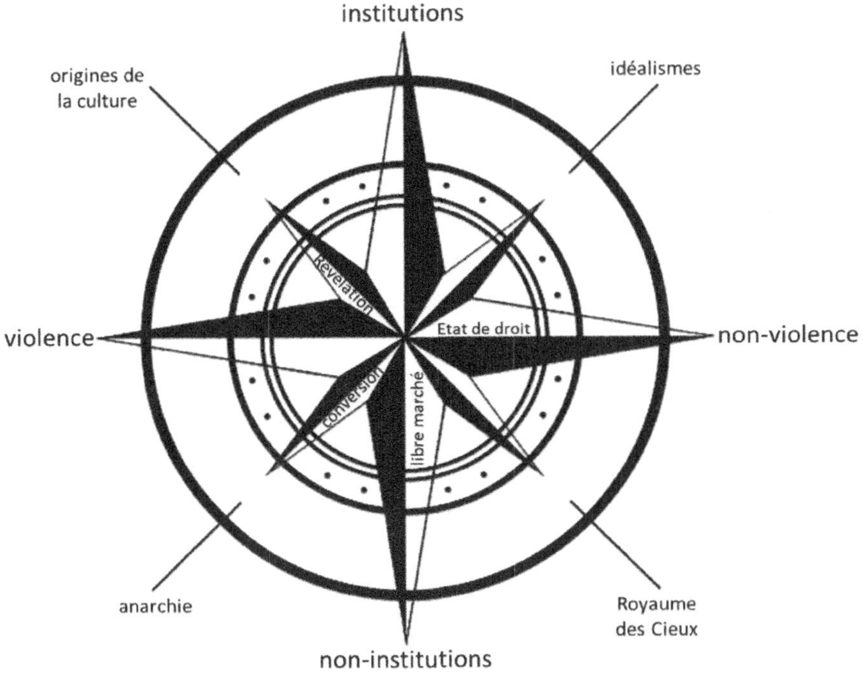

Une ultime fois, le carré sémiotique et sa dérivation en forme de rose des vents nous permet de représenter les alternatives ou les dilemmes des types d'organisation sociale des grands groupes humains. Face aux origines de la culture au confluent de la violence et des institutions, Girard n'a que le Royaume des Cieux à proposer, le lieu d'une non-violence qui s'obtient en l'absence d'institutions, une autre façon de dire qu'il ne se situe nulle part ni dans aucun avenir concevable. La croyance que des institutions peuvent assurer la non-violence est au principe des idéalismes de la philosophie politique. Elle est le miroir inversé de l'anarchie abandonnant l'humanité aux risques de sa violence en estimant que la liberté l'emporte sur le reste et que la concorde pourra émerger sans auto-extériorisation. La violence est en train d'apparaître ou de réapparaître dans des espaces interstitiels de non-droit dont la prolifération est actuellement observée. Le soi-disant État islamique aux normes non conformes aux principes du droit international, la secte Boko Haram, les zones tribales, l'anarchie dans un certain nombre de pays d'Afrique et d'Asie ont prospéré du fait d'une absence d'État effectif dans son sens le plus rudimentaire d'institution de l'ordre au sein d'une population installée sur un territoire.

Entre ces options radicales, les deux contradictions génératrices de notre schéma correspondent aux deux dernières modalités historiques de l'organisation sociale mobilisées pour contenir la violence, celle préconisée par la science politique et celle que la science économique entend imposer : l'État de droit wébérien détenteur du monopole de la violence légitime qui impose la non-violence à sa population ; l'institution du libre marché qui, telle que la rêvent les économistes et idéologues néolibéraux, produit un ordre spontané, bref une institution virtuelle qui prétend se passer de toutes les institutions pour engendrer l'harmonie sociale.

On ne trouve pas de théorie politique chez Girard car le politique n'est qu'une solution institutionnelle à la violence parmi d'autres dans l'histoire et, à chaque instant, en combinaison avec d'autres. S'il a vécu durant une période où le politique étatique a semblé dominer ce mixte, il sait que cela ne fut pas le cas pendant l'essentiel des centaines de milliers d'années qui ont précédé et que cela ne le sera probablement plus dès notre XXIe siècle, d'où son ton apocalyptique. D'où aussi son intérêt constant pour la médiation, externe, interne, intime ou à redéfinir au moment où la méconnaissance aura complètement cédé la place à la Révélation. Il a placé ses espoirs dans une médiation transformée par la conversion de ses parties prenantes.

En partant de la rivalité, Girard entend remettre la pyramide anthropologique sur sa base à la fois originelle et permanente. Il nous offre ainsi l'opportunité de renouveler la perspective sur le politique. Le désir mimétique devient alors l'aspiration à une égale puissance, promesse de la citoyenneté, modèle de la souveraineté, fatalement compétitive et toujours susceptible d'être insatisfaite. Notre paradigme, directement dérivé de la rivalité des égaux girardienne est donc désormais formulé comme la revendication à une égale puissance d'augmenter son être (ou de combler son insuffisance), on pourrait dire de prospérer dans son être. La confrontation à d'autres pensées politiques encourage cette reformulation en leur faisant une place. Elle englobe la solution recherchée par le contractualisme, le désir de reconnaissance, la polarisation amis-ennemis en particulier dans les relations partisanes et les conflits sociaux, la loi d'airain de l'oligarchie, la revendication de la libre puissance d'augmenter son avoir au cœur de l'ordre spontané néolibéral... Tout en se focalisant sur le problème politique, elle conserve en son sein le désir mimétique (ou celui d'être autre, d'être à l'égal de l'autre), la rivalité avec le modèle-obstacle comprise dans l'expression de la revendication et, implicitement, enfin la déception de voir cette puissance bridée ou incapable de fournir une satisfaction durable. Le paradigme auquel conduit l'hypothèse mimétique est donc pour nous dans son expression la plus compacte : la *revendication d'une égale puissance d'être.*

Si Girard présente sa théorie comme une antithèse de la philosophie et des sciences humaines, accusées de rejeter les origines et les perspectives violentes de la culture, il parvient donc à en proposer une synthèse englobant de multiples points de vue, à les mettre en perspective et à leur proposer un horizon de convergence. Sa stratégie du « un contre tous », celle du village gaulois résistant à l'envahisseur romain, est peut-être la bonne à long terme mais elle l'a condamné en France, au moins provisoirement, à l'exclusion de la communauté savante qu'il a entendu convertir à ses vues. Il aurait adopté la stratégie inverse du « un pour tous », les héritiers de ceux qui l'ont précédé et ses contemporains l'auraient-ils mieux acceptée pour autant ? Probablement pas : une telle synthèse générale aurait été jugée par trop réductrice des théories antérieures ou inaccessible à quiconque et donc, irrecevable. Quoi qu'il en soit, il pourrait alors appliquer à son œuvre la formule paradoxale du psalmiste qui lui est si chère : pierre rejetée par les bâtisseurs de la pensée depuis les Lumières, son anthropologie évangélique serait devenue la pierre de faîte de la science des rapports humains qu'il entend fonder. Une pierre de faîte en guise de fondation, un aperçu en raccourci de son aptitude à se nourrir de paradoxes !

Nous ne pouvons ici éviter de nous demander comment Girard échapperait, dans ses analyses critiques, à la « malédiction » qu'il a lui-même prononcée contre les essayistes : il serait le seul penseur à équivaloir, voire à dépasser, les grands romanciers et dramaturges dont il a toujours prétendu qu'ils étaient les mieux – voire les seuls – à même de révéler la vérité des rapports humains[3]. En effet, si Girard pose

---

[3] Il indique en ce sens dans *Shakespeare,* p. 10 : « [...] les dramaturges, comme les romanciers, se doivent de découvrir cette source essentielle des conflits humains qu'est la rivalité mimétique, sans attendre le moindre secours des philosophes, mo-

d'entrée le paradoxe de l'accès privilégié à la vérité par la fiction, il doit en affronter un autre à la sortie : celui de la supériorité dans la quête de la vérité du désir de son travail de critique littéraire sur celui de l'assemblée des grands romanciers et dramaturges qu'il a convoquée. Pourquoi identifierait-il en totalité ce que les autres ne parviennent qu'à apercevoir en partie s'il a rassemblé le meilleur de la littérature occidentale dans son entier pour parvenir à la vérité du désir ? Tout au plus semble-t-il faire une exception trente ans après *Mensonge romantique et vérité romanesque* en concédant à Shakespeare une vision aussi ample que la sienne. Pourquoi lui, Girard, atteindrait la vérité du désir et de l'hominisation, réclamant que sa théorie soit comptée au rang des hypothèses scientifiques en rejetant simultanément tout relativisme et toute obligation de falsifiabilité de ses démonstrations ? Nous avançons quatre explications.

D'abord il invite à un changement de paradigme mythologique. Pour lui, le fils parricide et incestueux de la légende œdipienne annexé par la psychanalyse doit céder la place au thème plus fréquent et non sexualisé des frères ennemis : « [...] le lien fraternel peut devenir une marque paradoxale d'indifférenciation, un symbole de désymbolisation violente, le signe de la guerre confuse propagée par l'effacement des signes [...].[4] » Il choisit de donner à l'égalité congénitale des frères plus d'importance qu'à l'asymétrie du père et du fils. La rivalité, la compétition et la concurrence entre égaux sont en tout cas ce qui anime et régule toute société à prétention démocratique, libérale et capitaliste dans tous les domaines de l'existence ; et cela vaut bien sûr, mais pas seulement ni même, principalement, pour la sexualité. Son paradigme est plus général dans l'espace et dans le temps : il correspond à davantage de situations de crises personnelles et sociales que celui du père comme médiateur universel.

Ensuite, Dupuy[5] remarque que cette théorie a pour point commun avec celles de l'auto-organisation des systèmes vivants deux caractéristiques remarquables : *primo*, le principe de l'ordre ou de la com-

---

ralistes, historiens et psychologues, lesquels observent sur le sujet un silence unanime. »

[4] In *ibid.*, p. 334.

[5] In « Totalisation et méconnaissance », DUMOUCHEL (éd.), *Violence et vérité*.

plexité par le bruit postule que toute organisation vivante est composée de principes antagoniques, ce qui est le cas avec le modèle-obstacle, l'attirance et la répulsion, les obligations rituelles et les interdits[6] ; *secundo*, le principe de clôture opérationnelle prévoit qu'il y a bouclage entre la cause et l'effet, paradoxe autoréférentiel entre l'opérateur et l'opération[7].

Les tenants de la théorie mimétique semblent en outre désormais en mesure de se prévaloir d'avancées récentes de la neurophysiologie. L'observation scientifique viendrait ainsi prouver une théorie qui a fait émerger sa vérité d'un bouquet fictionnel. La découverte des neurones miroirs paraît donner un substrat physiologique à l'hypothèse, dans ses multiples dimensions qui vont de l'empathie à l'appropriation et à l'antagonisme[8]. Un des découvreurs, Vittorio Gallese, indique : « Les mêmes circuits neuronaux qui interviennent dans le contrôle de l'action et dans l'expérience en première personne des émotions et des sensations sont actifs aussi quand nous sommes des témoins de ces mêmes actions, émotions et sensations chez les autres[9]. » De quoi effectivement justifier l'intervention d'une imitation non-intentionnelle dans nos choix : ce que Girard qualifie dans son vocabulaire de mécanisme renvoie à cette automaticité de l'activation des neurones miroirs. Comme Antonio Damasio titrant « *Spinoza avait raison* » après « *L'erreur de Descartes* » à l'issue de précédentes découvertes en neurophysiologie sur l'existence d'un cerveau des émotions, quelque scientifique renommé écrira-t-il peut-être un jour : « *Girard n'avait*

---

[6] Notre propre propension à la formalisation des situations relationnelles par combinaison de paires de contradictoires ne fait qu'étendre cette propriété.

[7] Telle l'illusion de l'autosuffisance de la coquette qui convainc les hommes séduits de sa réalité. Cette clôture est mise en évidence quand le quatrième terme de nos carrés réinitialise un cycle à partir du premier comme la déception qui suscite désir et espoir ou l'exclusion du groupe qui nourrit la revendication de lui appartenir que consacre la citoyenneté ou la reconnaissance par la communauté internationale de la souveraineté d'un nouvel État.

[8] Voir par exemple RIZZOLATTI et SINIGAGLIA, *Les neurones miroirs* et RAMACHANDRAN, *Le cerveau fait de l'esprit : Enquête sur les neurones miroirs*, in OUGHOURLIAN, *Notre troisième cerveau*, 2013.

[9] Texte publié en 2011. Voir OUGHOURLIAN, *Notre troisième cerveau*, p. 74-75.

pas tort ! » Nous nous trouverions alors dans une situation comparable au destin de la théorie de l'évolution darwinienne : initialement née d'un nombre limité d'observations, puis corroborée par des données plus nombreuses, son bien-fondé, au moins pour l'essentiel, a fini par être confirmé de manière éclatante par la génétique.

Enfin, si on le laisse se justifier, Girard en revient à la position qui l'a discrédité dans l'université française et, sans doute, en bien d'autres lieux. Il dirait qu'il a raison parce que tout ce que les grands écrivains disent plus justement que les savants est puisé, consciemment ou non, aux sources de la Bible et des Évangiles qui les ont précédés dans la révélation des mécanismes du désir et de la mise à mort collective des victimes innocentes. Girard est en effet persuadé que la Bible et, plus particulièrement, les Évangiles contiennent une véritable anthropologie, et que celle-ci reste à ce jour parfaitement valide. Il voit d'ailleurs dans sa conversion au catholicisme la conséquence de ses recherches pour *Mensonge romantique* et non l'origine de celles-ci.

Quoi qu'il en soit, à des degrés divers, nos quatre arguments constituent autant de points de fixation à la théorie mimétique. Tout contradicteur conséquent ne devrait pas se contenter d'arracher un de ces ancrages mais aurait à relever chacun d'entre eux.

L'anthropologie politique serait cette part de la science des rapports humains qui, partant du constat historique d'une violence toujours sur le point de se répandre par contagion mimétique, chercherait à déterminer les conditions de la coopération des grands groupes humains et de leur assemblée générale, l'humanité. Évitant les deux écueils maximalistes – la recherche du gouvernement idéal – et minimaliste – les techniques de conquête et de conservation du pouvoir allant jusqu'à la contrainte sur les corps –, elle restreindrait son ambition aux limites du *katechon* comme garant de la pérennité de l'humanité. Mais contrairement au politique, à l'économique ou au religieux pris chacun isolément, elle étendrait son ambition au maintien de tous les équilibres vitaux, y compris entre l'humanité et sa terre nourricière, entre les générations présentes et futures, entre les contraintes du vivre ensemble dans un espace et un temps limités… Sauf ambition totalitaire, l'État-nation n'a ni cette capacité ni cette volonté. Quant à la foule, elle ne parvient pas davantage spontanément à les définir, les atteindre et les maintenir. Seule une élévation de la connaissance et de la conscience peut entretenir l'espoir d'y parvenir.

De telles évolutions passent par des remises en cause douloureuses. Il nous faut désacraliser rien moins que ce que l'époque contemporaine a consacré, à savoir l'égalité, l'autonomie, la compétition, et le désir lui-même qui les tient ensemble : l'égalité et l'autonomie, soit deux des piliers des droits de l'homme, la compétition, soit le mode de légitimation et d'organisation tant du gouvernement représentatif que de l'économie marchande, le désir enfin, soit le mouvement psychologique qui met en relation avec l'autre.

Après le paradoxe de l'essayiste surpassant des écrivains auxquels il a concédé une supériorité sur tous les essayistes, Girard doit faire face à un autre paradoxe, peut-être plus délicat encore. Lui qui accorde la suprématie dans la divulgation de la vérité des rapports humains aux textes bibliques et évangéliques, définit, avec la théorie mimétique qui tend à annexer la Révélation à son argumentation, une pensée rationnelle qui pourrait se passer de la foi en la résurrection du Christ et en l'existence de Dieu le Père. Il est en effet pris dans un dilemme : ou bien la théorie mimétique peut être formulée en termes scientifiques, et elle serait alors en mesure de se passer de la croyance dans la puissance surnaturelle de la Révélation, ou bien cette dernière lui est indispensable et la prétention au statut scientifique de la théorie en est affaiblie d'autant. Il existe toutefois une voie étroite qui consiste à traiter les textes religieux comme certaines fictions auxquelles Girard reconnaît par ailleurs une capacité de révélation de la vérité. Mais cela revient à accorder une supériorité à certaines traditions religieuses qui révèleraient une vérité anthropologique que d'autres se contenteraient de refléter. Cette position nuit à l'adhésion possible de croyants d'autres confessions, pour ne rien dire des athées.

La théorie mimétique essuie souvent le reproche d'être une clé qui ouvre trop de portes trop simplement pour ne pas être suspecte, bref une pensée de l'ouverture par effraction. Sans même revenir sur le caractère étrange de cette suspicion, un passe-partout est plus commode qu'un trousseau lourd et encombrant de clés dont chacune doit être répertoriée et retrouvée pour son usage propre, tous les veilleurs de nuit s'accorderont sur ce point, l'important est plutôt de se demander pourquoi tant de portes cèdent à l'usage de cette théorie : tout simplement parce qu'elle traite de la relation de l'un à l'autre et de l'autre au même en les combinant plutôt qu'en cherchant à les distinguer, bref parce que la question de l'identité et des appartenances ainsi entendue et pensée à partir de la relation *interdividuelle* est la question à laquelle toutes les autres se ramènent ; ensuite parce qu'elle est saisie dans un moment de crise, dans le respect de sa dynamique, d'où la multiplicité des paradoxes que la théorie prend en compte ; enfin parce qu'elle s'inscrit dans la très longue histoire dont elle renouvelle l'intelligibilité. Cette aptitude est bien celle d'un grand rassemblement synthétique d'avancées qui ont précédé, sous le terme de « science des rapports humains ». La nécessité de renouer avec le christianisme pour ce faire amène toutefois Girard à s'opposer aux pensées nées d'une volonté d'émancipation à son encontre : cette prise de position n'est sans doute pas indispensable même si elle paraît difficilement évitable. La victoire de la vérité dans l'étrange guerre qu'elle mène contre la violence réclame une coalition sans exclusive.

La théorie mimétique invite en définitive à penser la poursuite de l'aventure humaine à partir d'une constante – le cercle de la rivalité et de l'égalité – et ses deux limitations – l'insuffisance d'être dans un monde fini.

Bibliographie

La présente bibliographie regroupe les ouvrages consultés par ordre alphabétique des auteurs. Les ouvrages collectifs, y compris les numéros spéciaux de revues et magazines, sont classés dans la même liste selon leur titre. Les travaux de René Girard présentés en tête de la thèse ne sont pas repris ici.

ABELÈS, Marc, *Anthropologie de l'État*, Paris : Armand Colin, 1990.

AGLIETTA Michel et ORLÉAN, André,

La violence de la monnaie, Paris : PUF,1982.

La monnaie entre violence et confiance, Paris : Odile Jacob, 2002 ; édition utilisée Kindle.

ALBERG, Jeremiah L., *Beneath the Veil of the Strange Verses: Reading Scandalous Texts*, East Lansing : Michigan State University Press, 2013.

ALISON, James, *Le péché originel à la lumière de la Résurrection : Bienheureuse faute d'Adam...*, traduction de l'anglais de François Rosso, Paris : Cerf, 2009.

ANDERSON, Benedict, *L'imaginaire national : Réflexions sur l'origine et l'essor du nationalisme*, traduit de l'anglais par Pierre-Emmanuel Dauzat, Paris : La découverte, 2006.

ANSPACH Mark R.,

À charge de revanche. Figures élémentaires de la réciprocité, Paris : Seuil, 2002.

(éd.), « Girard », *Cahier de l'Herne n° 89*, Paris : L'Herne, 2008.

(éd.), *Dupuy. Dans l'œil du cyclone*, Paris : Carnets Nord, 2009.

Œdipe mimétique, Paris : L'Herne, 2010.

ANTONELLO Pierpaolo et GIFFORD, Paul (ed.), *Can We Survive Our Origins? Readings in René Girard's Theory*, East Lansing : Michigan State University Press, 2015 ; édition Kindle utilisée.

ARENDT, Hannah,

Le système totalitaire, traduction de l'américain de Jean-Loup Bourget, Robert Davreu et Patrick Lévy, Paris : Seuil, 1972.

La politique a-t-elle encore un sens ?, Paris : L'Herne, 2007.

ARISTOTE,

Rhétorique, traduction du grec ancien de Médéric Dufour et André Wartelle, Paris : Gallimard, 1998.

Poétique, traduction du grec ancien de Barbara Gernez, Paris : Les belles lettres, 2002.

Politique, traduction du grec ancien de Jean Aubonnet, Paris : Gallimard, 1993.

Éthique de Nicomaque, traduction du grec ancien de Jean Voilquin, Paris : Garnier-Flammarion, 1965.

ATRAN, Scott, *L'État Islamique est une révolution*, traduction de l'anglais par Pascal Riché, Paris : Les liens qui libèrent, 2016.

AUDARD, Catherine, *Qu'est-ce que le libéralisme ?,* Paris : Gallimard, 2009.

AUGUSTIN (SAINT-), *La cité de Dieu*, traduit du latin par Louis Moreau (1846) et Jean-Claude Eslin, Paris : Seuil 1994.

BAECHLER, Jean, *Démocraties*, Paris : Calmann-Lévy, 1985.

BAILIE, Gil, *La violence révélée. L'humanité à l'heure du choix*, traduction l'anglais (américain) de Claude Chastagner, Castelnau de Lez : Climats, 2004.

BALANDIER, Georges, *Anthropologie politique*, Paris : PUF, 1967.

BANDERA, Cesareo, *Mimésis conflictuelle*, Paris : Petra, 2016.

BARBERI, Maria Stella (éd.), *La spirale mimétique : Dix-huit leçons sur René Girard*, Paris : Desclée de Brouwer, 2001.

BARRY, Brian, *Theories of Justice*, Berkeley : University of California Press, 1989.

BATAILLE, Georges, *La part maudite*, Paris : Les éditions de minuit, 1967.

BATESON , Gregory, Vers une écologie de l'esprit I, traduit de l'Anglais par Perial Drisso, Laurencine Lot et Eugène Simion, Paris : Seuil, 1995.

BENVENISTE, Émile, *Le vocabulaire des institutions indo-européennes T 2*, Paris : les éditions de Minuit, 1969.

BERSINI, Hugues, *Haro sur la compétition*, Paris : PUF, 2010.

BURKERT, Walter, *Homo necans*, traduction de l'allemand d'Hélène Feydy et Karola Machastchek, Paris : Les belles lettres, 2005.

CAILLÉ, Alain,

Anthropologie du don. Le tiers paradigme, Paris : Desclée de Brouwer, 2000.

« Le convivialisme, une idée neuve pour éviter la catastrophe », propos recueillis par Olivier Nouaillas, Paris : *La vie*, le 17 juin 2013.

CAILLÉ, Alain et GOTBOUT, Jacques T., *L'esprit du don*, Paris : La Découverte,2007.

CAILLÉ et LAZZERI (éd.), *La reconnaissance aujourd'hui*, Paris : CNRS éditions, 2009.

CAVALLI-SFORZA, Luca, *L'aventure de l'espèce humaine. De la génétique des populations*, traduit de l'italien par Pierre Savy, Paris : Odile Jacob, 2011.

CAVALLI-SFORZA, Luca et Francesco, *Qui sommes-nous ? Une histoire de la diversité humaine*, traduit de l'italien par Françoise Brun, Paris : Flammarion, 2011.

CHANTRE, Benoît, 2011, « L'annonce d'une humanité libérée de la violence », article paru in *Philosophie magazine*, p. 74-77 numéro hors-série de novembre 2011consacré à René Girard.

CHAUMONT, Jean-Michel, *La concurrence des victimes. Génocide, identité, reconnaissance*, Paris : La Découverte, 2010.

CHEMILLIER-GENDREAU, Monique, « L'État contemporain à la lumière de l'œuvre de René Girard » in *L'État moderne, horizon 2000 : aspects internes et externes. Mélanges offerts à P.-F. Gonidec*, p. 129-140, Paris : LGDJ, 1985.

CHESTERTON, George K., *Hérétiques*, traduit de l'anglais par J. S. Bradley, Paris : Gallimard, 1979.

CHIRPAZ, François, *Enjeux de la violence. Essai sur René Girard*, Paris : Le Cerf, 1980.

CICÉRON, *La République*, traduit du latin par Esther Bréguet, Paris : Gallimard, 1994.

CLASTRES, Pierre, *La société contre l'Etat*, Paris : éditions de minuit, 1974.

CLOTTES, Jean et LEWIS-WILLIAMS, David, *Les chamanes de la préhistoire*, Paris : Le Seuil, 2001.

CODWEL, Scott, FLEMING, Chris et HODGE, Joel (ed.), *Violence, Desire, and the Sacred*, New York : Continuum International Publishing Group, 2012.

COHEN, Daniel, *Le monde est clos et le désir infini*, Paris : Albin Michel, 2015.

Comprendre pour agir. Violence, victimes et vengeance, DUMOUCHEL, Paul (éd.), Paris : L'Harmattan, 2001.

COULON, Pascal, *René Girard. L'impensable violence*, Paris : Germina, 2012.

COURTES, Joseph, *Sémiotique du langage*, Paris : Armand Colin, 2007.

DEBRAY, Régis, *Le feu sacré*, Paris : Fayard, 2003.

DEGUY, Michel et DUPUY, Jean-Pierre, (éd.), *René Girard et le problème du mal*, Paris : Grasset, 2002.

DELMAS-MARTY, Mireille, *Aux quatre vents du monde. Petit guide de navigation sur l'océan de la mondialisation*, Paris : Le Seuil, 2016.

DESCOLA, Philippe, « Girard se montre indifférent aux données empiriques » in *Le Monde*, édition du 20 janvier 2011.

DESCOMBES, Vincent,

« Pour elle un Français doit mourir », *Critique n° 366*, p. 67-94, Paris : éditions de Minuit, 1977.

Les embarras de l'identité, Paris : Gallimard, 2013.

DE WAAL, Frans, *L'âge de l'empathie. Leçons de la nature pour une société solidaire*, traduit de l'américain par Marie-France de Palomera, Paris : Babel, 2010.

DIEL, Paul, *Culpabilité et lucidité : Le complexe et le mythe d'Œdipe*, Paris : Payot, 1987.

DUMOUCHEL, Paul,

« L'ambivalence de la rareté » in DUMOUCHEL, Paul et DUPUY, , *L'enfer des choses. René Girard et la logique de l'économie*, Paris : Seuil, 1979.

(éd.), *L'auto-organisation. De la physique au politique*, colloque de Cerisy, Paris : Le Seuil, 1983.

(éd.), *Violence et vérité : Autour de René Girard*, colloque de Cerisy, Paris : Grasset, 1985.

« La religion comme problème politique », Revue du MAUSS, 2003/2 no 22, p. 236-247. DOI : 10.3917/rdm.022.0236.

Le sacrifice inutile : essai sur la violence politique, Paris : Flammarion, 2011.

The Ambivalence of Scarcity and Other Essays, East Lansing : Michigan State University Press, 2014 ; édition utilisée Kindle.

DUMONT, Louis,

Homo hierarchicus. Le système des castes et ses implications, Paris : Gallimard, 1979.

Essais sur l'individualisme, Paris : Le Seuil, 1983.

Homo Aequalis : Tome 1, Genèse et épanouissement de l'idéologie économique, Paris : Gallimard, 2008.

DUPUY, Jean-Pierre,

« Le signe et l'envie », in DUMOUCHEL, Paul et DUPUY, Jean-Pierre, *L'enfer des choses. René Girard et la logique de l'économie*, Paris : Seuil, 1979

La panique, Paris : Les empêcheurs de penser en rond, 1991.

Le sacrifice et l'envie. Le libéralisme aux prises avec la justice sociale, Paris : Calmann-Lévy, 1992.

et VARELA, Francisco (ed.), *Understanding Origins*, Dordrecht : Kluwer Academic Publishers, 1992.

« La mauvaise foi et self-deception », Revue *Raison Présente*, 1996 (INIST-CNRS, Cote INIST : 23321, 35400005539813.0040).

Avions-nous oublié le mal ? Penser le politique après le 11 septembre, Paris : Bayard, 2002.

Pour un catastrophisme éclairé, Paris : Le Seuil, 2002.

Petite métaphysique des tsunamis, Paris : Le Seuil, 2005.

La marque du sacré, Paris : Carnets Nord, 2008.

L'avenir de l'économie : Sortir de l'économystification, Paris : Flammarion, 2012.

La jalousie, Paris : Le Seuil, 2016.

DURKHEIM, Émile

« Préface », *L'année sociologique, II*, p. i-vi, 1899.

Le suicide, Paris : PUF, 1967.

Les formes élémentaires de la vie religieuse, Paris : CNRS, 2008.

EHRENBERG, Alain, *La Société du malaise*, Paris : Odile Jacob, 2012.

ELIADE, Mircea, *Histoire des croyances et des idées religieuses, tome 1 : De l'âge de pierre aux mystères d'Éleusis*, Paris : Payot, 1976.

ERNER, Guillaume, *La société des victimes*, Paris : La Découverte, 2006.

ESCHYLE, *Les Sept contre Thèbes*, traduction du grec ancien de Leconte de Lisle ; édition utilisée Kindle.

EURIPIDE, , *Les Phéniciennes*, traduction du grec ancien de Claire Nancy et Philippe Lacoue-Labarthe, Paris : Belin, 2007.

FARNETI, Robert, *Mimetic Politics: Dyadic Patterns in Global Politics*, Michigan State University Press, East Lansing : 2015 ; édition utilisée Kindle.

FAURÉ, Christine, (textes réunis et présentés par), *Les déclarations des droits de l'homme de 1789*, Paris : Payot, 1988.

FERRO, Marc, *Le ressentiment dans l'histoire*, Paris : Odile Jacob, 2008.

FLOREY, Sonya, *René Girard, critique littéraire*, Lausanne : Archipel, 2003.

FOISNEAU, Luc, *Hobbes et la toute-puissance de Dieu*, Paris : PUF, 2000.

FRASER, Nancy, *Qu'est-ce que la justice sociale ? Reconnaissance et Redistribution*, traduit de l'anglais (américain) par Estelle Ferrarese, Paris : La découverte 2005.

FREUD, Sigmund,

L'homme Moïse et la religion monothéiste, traduction de l'allemand par Olivier Mannoni, Paris : Gallimard, « Folio essais », 1993.

L'avenir d'une illusion, traduction de l'allemand par Anne Balseinte, Jean-Gilbert Delarbre et Daniel Hartmann, Paris : PUF, 1995.

Le malaise dans la civilisation, traduction de l'allemand par Pierre Cotet, René Lainé et Johanna Sute-Cadiot, Paris : PUF, 1995.

Totem et tabou, traduction de l'allemand par Serge Jankélévitch, Paris : Payot, 2001.

FUSTEL DE COULANGES, Numa, *La cité antique*, Paris : 1900, Librairie Hachette, réédité par l'UCAQ dans ses classiques des sciences sociales.

GALULA, David, *Contre-insurrection. Théorie et pratique*, traduction de l'américain par Philippe de Montenon, Paris : Economica, 2008.
GANS, Eric, *The Girardian Origins of Generative Anthropology*, 2012, édition Amazon Kindle.
GARDNER, Stephen, *Myths of Freedom: Equality, Modern Thought, and Philosophical Radicalism*, Wesport : Connecticut, Greenwood Press,1998.
GAUCHET, Marcel,

Le désenchantement du monde. Une histoire politique de la religion, Paris : Gallimard, 1985.

La religion dans la démocratie. Parcours de la laïcité, Paris : Gallimard, 1998.

« Religions séculières : origine, nature et destin », *Le Débat*, 2011/5 n° 167, p. 187-192, Paris : Gallimard, 2011.

GIBBARD, Allan, « Constructing Justice », *Philosophy and Public Affairs, n° 20* (été 1991), publié par Blackwell Publishing, stable URL: http://www.jstor.org/stable/2265434, 1991.
GIRAUD, Gaël, *L'illusion financière*, 2ème édition revue et augmentée, Paris : Les éditions de l'atelier, 2013.
GOMEZ, Pierre-Yves et KORINE, Harry, *L'entreprise dans la démocratie : une théorie politique du gouvernement des entreprises*, Paris : De Boeck, 2009.
GODELIER, Maurice, *Au fondement des sociétés humaines. Ce que nous apprend l'anthropologie*, Paris : Flammarion « Champs », 2010.
GOODHART, Sandor, JORGENSEN, Jorgen, RIBA, Tom & James WILLIAMS, (ed.), *For René Girard: Essays in Friendship and in Truth*, East Lansing : Michigan State University Press, 2012 ; édition utilisée Kindle.
GORZ, André, *Bâtir la civilisation du temps libéré*, Paris : Les liens qui libèrent, 2013.
GOSSERIES, Axel, *Penser la justice entre les générations*, Paris : Aubier, 2004.
GOUX, Jean-Joseph, *Œdipe philosophe*, Paris : Flammarion, 1992.
GRAEBER, David,

Pour une anthropologie anarchiste, Montréal : Lux, 2006.

La démocratie aux marges, Lormont : Le bord de l'eau, 2014.

GREIMAS, Algirdas Julien, *Sémantique générale*, Paris : PUF, 2002.
GROS, Frédéric, *États de violence*, Paris : Gallimard, 2007.
GUESNERIE, Roger, *L'Économie de marché*, Paris : Flammarion, 1996.
GUGGENHEIM, Antoine (éd.), *La relation franco-allemande depuis 1945*, colloque au collège des Bernardins, Paris : Éditions Lethielleux, 2010.
HAMERTON-KELLY, Robert (ed.), *Politics & Apocalypse*, East Lansing : Michigan State University Press, 2007.

HARARI, Yuval Noah, *Sapiens. Une brève histoire de l'humanité*, traduit de l'anglais par Pierre-Emmanuel Dauziat, Paris : Albin Michel, 2015 ; édition utilisée Kindle.

HAYDEN, Brian, *L'homme et l'inégalité. L'invention de la hiérarchie durant la Préhistoire*, traduit de l'anglais par Chadelle, Paris : CNRS éditions, 2008.

HAYEK, Friedrich A.,

La route de la servitude, traduit de l'anglais par George Blumberg Paris : PUF, 1985.

Droit, législation et liberté (tomes 1, 2 et 3), traduit de l'anglais par Raoul Audouin, Paris : PUF, 1980, 1981 et 1983.

HÉBERT, Jean, *Dispositifs pour l'Analyse des Textes et des Images, Introduction à la sémiotique appliquée*, Limoges : Pulim, 2009.

HEGEL, Georg-Wilhelm, *Principes de la philosophie du droit*, traduction de l'allemand de Jean-Louis Vieillard-Baron, Paris : Flammarion, 1999.

HENRY, Michel, *Paroles du Christ*, Paris : Le Seuil, 2002.

HOBBES, Thomas,

Le citoyen ou les fondements de la politique, traduction de l'anglais de Samuel Sorbière, Paris : Flammarion, 1993.

Léviathan, traduction de l'anglais de Gérard Mairet, Paris : Gallimard, 2000.

Le corps politique et la nature humaine, Washington : Elibron Classics, 2006.

HOCART, Maurice Arthur,

Rois et courtisans, traduction de l'anglais de Martine Karnooh et Richard Sebban, Paris : Le Seuil, 1978.

Au commencement était le rite, traduction de l'anglais de Mark R. Anspach et Jean Lassègue, Paris : La Découverte, 2005.

HODDER, Ian (ed.), *Religion in the Emergence of Civilization: Çatalhöyük as a Case Study*, Cambridge : Cambridge University Press, 2010.

HOFSTADTER, Douglas, *Gödel, Escher, Bach : Les Brins d'une Guirlande Éternelle*, traduction de l'anglais (américain) de Jacqueline Henry et Robert French, Paris : Dunod, 1985.

HONNETH, Axel, *La lutte pour la reconnaissance*, traduction de l'allemand de Pierre Rusch, Paris : Le Cerf, 2000.

JACOBY, Russell, *Bloodlust: On the Roots of Violence from Cain and Abel to the Present*, Detroit : Free Press, 2011.

JONAS, Hans, *Le principe responsabilité*, traduction de l'allemand de Jean Greisch, Paris : Flammarion, 1999.

KEEN, Steve, *L'imposture financière*, traduit de l'anglais par Aurélien Goutsmedt, Paris : Les éditions de l'atelier / éditions ouvrières, 2014.

KOFMAN, Sarah, *L'énigme de la femme : la femme dans les textes de Freud*, Paris : Galilée, 1980.

KOJÈVE, Alexandre, *La notion d'autorité*, Paris : Gallimard 2004.

LAMBERT, Yves, *La naissance des religions. De la préhistoire aux religions universalistes*, Paris : Armand Colin, 2007.

LA BOÉTIE, Etienne de, *Discours de la servitude volontaire*, Paris : Flammarion, 1983.

LAGARDE, François, *René Girard ou la christianisation des sciences humaines*, New York : Peter Lang, 1994.

LARMORE, Charles, *Les pratiques du moi*, Paris : PUF, 2004.

LATOUR, Bruno,

Nous n'avons jamais été modernes. Essai d'anthropologie symétrique, Paris : La Découverte, 1991.

Enquêtes sur les modes d'existence : Une anthropologie des modernes, Paris : La Découverte, 2012.

Face à Gaïa : Huit conférences sur le nouveau régime climatique, Paris : La Découverte, 2015.

LAZZERI, Christian, « Désir mimétique et reconnaissance », in Charles RAMOND (éd.), *La théorie mimétique : de l'apprentissage à l'apocalypse*, Paris : PUF 2010.

LEFORT, Claude, *Essais sur le politique*, Paris : Le Seuil, 2001.

LEROI-GOURHAN, *Les religions de la préhistoire*, Paris : PUF, 1990.

LESCUYER, Georges, *Histoire des idées politiques*, Paris : Dalloz, 2001.

LÉVI, Sylvain, *La doctrine du sacrifice dans les Brâhmanas,* Turnhout (Belgique) : Brepols Publishers, 2003.

LÉVI-STRAUSS, Claude,

Le totémisme aujourd'hui, Paris : PUF, 1962.

Les structures élémentaires de la parenté, Paris-La Haye : Mouton, 1967.

Anthropologie structurale un & deux, Paris : Pocket 1974 et 1993.

La pensée sauvage, Paris : Pocket 1990.

Histoire de Lynx, Paris : Pocket, 1991.

« Apologue des amibes », in *En substances. Textes pour Françoise Héritier*, Jean-Luc. Jamard, Terray et Margharita Xanthakou (éd.), p. 493-496, Paris : Fayard, 2000.

LIPOVETSKY, Gilles, *La société de déception*, conversation avec Bertrand Richard, Paris : Textuel, 2006.

LIVINGSTON, Paisley, *Models of Desire: René Girard and the Psychology of Mimesis*, Baltimore : Johns Hopkins University Press, 1992.

LOCKE, John, *Traité du gouvernement civil*, traduit de l'anglais par David Mazel, Paris : Flammarion, 1992.

LORDON, Frédéric, *Imperium*, Paris : La fabrique, 2015.

LUCHESINI, Luca, *Rival Brothers: Rebuilding The Mediterranean Civilization Crossroad Leveraging on the Identity and Challenge Concepts*, édition Amazon Kindle, 2012.

MACHIAVEL, *Le prince*, traduction de l'italien de Marie Gaillé-Nikodimov, Paris : Le livre de poche, 1998.

MAIRET, Gérard, *Le principe de souveraineté. Histoires et fondements du pouvoir moderne*, Paris : Gallimard, 1997.

MAKARIUS, Laura Lévi,

« Une interprétation de l'Incwala swazi. Étude du symbolisme dans la pensée et les rites d'un peuple africain » in *Annales. Économies, Sociétés, Civilisations*. 28ème année, N° 6. 1973.

Le sacré et la violation des interdits, Paris : Éditions Payot, 1974.

MANENT, Pierre,

« Une théorie qui a quelque chose à cacher », in *Contrepoint n° 14*, juin 1974, article reproduit en appendice de l'édition de poche de *La violence et le sacré* 1974, p 518-532.

« La leçon de Ténèbres de René Girard », in *Commentaire n° 19*, automne 1982, p. 457-465.

Les métamorphoses de la cité. Essai sur la dynamique de la cité, Paris : Flammarion, 2010.

Le regard politique, Paris : Flammarion, 2010.

La cité de l'homme, Paris : Flammarion, 2012.

Situation de la France, Paris : Desclée de Brouwer, 2015.

MANIN, Bernard, *Principes du gouvernement représentatif*, Paris : Flammarion « Champs », 2012.

MARCIREAU, Stéphane, *Le christianisme et l'émergence de l'individu chez René Girard*, Paris : L'Harmattan, 2012.

MARTRES, Jean-Louis, 2003, « De la nécessité d'une théorie des relations internationales. L'illusion paradigmatique », in *Annuaire français des relations internationales*, AFRI 2003, volume IV, 2003.

MAUSS, Marcel, *Essai sur le don, Forme et raison de l'échange dans les sociétés archaïques*, Paris : PUF, 2007.

MARX, Karl, *Contribution à la critique de l'économie politique*, Paris : éditions sociales, 1957.

MARX, Karl et ENGELS, Friedrich, *Le manifeste du parti communiste*, Paris : éditions sociales, 1976.

MAZZÙ, Domenica (éd.), *Politiques de Caïn. En dialogue avec René Girard*, Paris : Desclée de Brouwer,2004.

MICHELS, Robert, *Les partis politiques*, traduit de l'allemand par le Docteur S. Jankelevitch, Bruxelles : éditions de l'université libre de Bruxelles, 2009.

Mimesis and Science: Empirical Research on Imitation and the Mimetic Theory of Culture and Religion, GARRELS, Scott (ed.), East Lansing : Michigan State University Press, 2011 ; édition utilisée Kindle.

Mimétisme, violence, sacré. Approche anthropologique de la littérature narrative médiévale, HECKMANN, Hubert et LENOIR, Nicolas (éd.), Orléans : Éditions du paradigme, 2012.

MONTAIGNE, Michel de, *Les Essais,* édition Villey, Paris : PUF, 1988.

MONTESQUIEU, *De l'esprit des lois*, Paris : Flammarion, 2008.

MUCHEMBLED, Robert, *Une histoire de la violence. De la fin du Moyen-Âge à nos jours,* Paris : Le Seuil « Points », 2008.

MURDOCK, George P., *De la structure sociale*, Paris : Payot, 1972.

NAGEL, Thomas

The possibility of altruism, Princeton : Princeton University Press, 1970.

Egalité et partialité, traduction de l'anglais (américain) de Claire Beauvillard, Paris : PUF, 1994.

NEMO, Philippe, *Histoire des idées politiques de l'Antiquité au Moyen Âge*, Paris : PUF, 1998.

NIETZSCHE, Friedrich, *Œuvres complètes XIV, Fragments posthumes début 1888-début 1889*, Paris : Gallimard, 1977.

NOZICK, Robert, *Anarchie, État et utopie*, traduction de l'anglais (américain) d'Évelyne d'Auzac de Lamartine révisée par Pierre-Emmanuel Dauzat, Paris : PUF, 1988.

ORLÉAN, André, *L'empire de la valeur. Refonder l'économie*, Paris : Seuil, 2011.

ORSINI, Christine, *La pensée de René Girard*, Paris : Retz, 1986.

OUGHOURLIAN, Jean Michel,

Un mime nommé désir, Paris : Grasset, 1982.

Genèse du désir, Paris : Carnets Nord, 2007.

Psychopolitique, entretiens avec Trevor C. Merrill, Paris : éditions François-Xavier de Guibert, 2010.

Notre troisième cerveau, Paris : Albin Michel, 2013.

PALAVER, Wolfgang,

Politik und Religion bei Thomas Hobbes: Eine Kritik aus der Sicht der Theorie René Girards, Wien : Tyrollia, 1991.

René Girard's Mimetic Theory, East Lansing : Michigan State University Press, 2013 ; édition utilisée Kindle.

PALAVER, Wolfgang & STEINMAIR-PÖSEL, Petra (ed.), *Passions in Economics, Politic, and the Media, in Discussion with Christian Theology*, Wien : Lit Verlag, 2005.

PATOU-MATHIS, Marylène, *La préhistoire de la violence et de la guerre*, Paris : Odile Jacob, 2013.

PERRET, Bernard, *Au-delà du marché. Les nouvelles voies de la démarchandisation*, Paris : Les Petits Matins, 2015.
PIKETTY, Thomas, *Le capitalisme au XXI*[e] *siècle*, Paris : Seuil 2013.
PLATON, *La République*, Paris, traduction du grec ancien de Georges Leroux, Paris : Garnier Flammarion, 2004.
POMMIER, René, *René Girard, un allumé qui se prend pour un phare*, Paris : Kimé, 2010.
POPPER, Karl, *La quête inachevée*, Paris : Calmann-Lévy, 1981.
RADKOWSKI, Georges-Hubert de, *Métamorphoses de la valeur*, Grenoble : Presses universitaires de Grenoble, 1987.
RAMACHANDRAN, Vilayanur, Le *cerveau fait de l'esprit : Enquête sur les neurones miroirs*, Paris : Dunod, 2011.
RAMOND, Charles,

« La Loi du Nombre (ou la démocratie comme « régime absolu ») », introduction de SPINOZA, *Traité politique*, traduction du latin de Charles Ramond, Paris : PUF, 2003.

« Égalité des chances et reconnaissance », in *Cités* 3/ 2008 (n° 35), p. 143-150, Paris : PUF, 2008.

Le vocabulaire de René Girard, deuxième édition, Paris : Ellipses, 2009.

(éd.), *La théorie mimétique : de l'apprentissage à l'apocalypse*, Paris : PUF, 2010. « L'irrévocabilité des promesses chez Hobbes » in *Liberté et nécessité chez Hobbes et ses contemporains – Descartes, Cudworth, Spinoza, Leibniz*, sous la direction de Yves-Charles ZARKA, Paris : Vrin, 2012.

coordination avec VINOLO, Stéphane, de « Girard politique », *Revue Cités n° 53*, 2013/1, Paris : PUF, 2013.

« Théorie Mimétique et Philosophie », Université d'été René Girard, Comprendre un Monde en Crise, Fondation Imitatio, Centre Culturel et Artistique du Moulin d'Andé (Eure), 06-12 juillet 2014, accessible sur la page personnelle de l'auteur.

RANCIÈRE, Jacques, *Le philosophe et ses pauvres*, Paris : Flammarion « Champs », 2007.
RAWLS, John

Théorie de la justice, traduction de l'anglais (américain) de Catherine Audard, Paris : Le Seuil, 1987.

Libéralisme politique, traduction de l'anglais (américain) de Bertrand Guillarme, Paris : PUF, 1995.

Paix et démocratie, traduction de l'anglais (américain) de Bertrand Guillarme, Paris : La découverte, 2006.

La justice comme équité. Une reformulation de Théorie de la justice, traduction de l'anglais (américain) de Bertrand Guillarme, Paris : La découverte, 2008.

« René Girard, le penseur du désir et de la violence », *Philosophie magazine*, numéro hors-série, novembre 2011.

RICŒUR, Paul,

Soi-même comme un autre, Paris : Seuil, 1990.

Lectures I, Autour du politique, Paris : Seuil, 1992.

RIZZOLATTI, Giacomo et SINIGAGLIA, Corrado, *Les neurones miroirs*, traduit de l'italien par Marilène Raiola, Paris : Odile Jacob, 2008.

ROSANVALLON, Pierre,

La société des égaux, Paris : Le Seuil, 2011.

Le bon gouvernement, Paris : Le Seuil, 2015,

ROUCHE, Michel, *Les racines de l'Europe : Les sociétés du haut Moyen Âge (568-888)*, Paris : Fayard, 2003 ; édition utilisée Kindle.

ROUGEMONT, Denis de, *L'amour et l'Occident*, Paris : Plon, 1972.

ROUSSEAU, Jean-Jacques, *Du contrat social* et *Discours sur l'origine et les fondements de l'inégalité parmi les hommes*, Tome 3 de l'édition La Pléiade, Paris : Gallimard, 1964.

SALHINS, Marshall, *Âge de pierre, âge d'abondance. Economie des sociétés primitives*, Paris : Gallimard, 1976.

SARTRE, Jean-Paul, *L'être et le néant*, Paris : Gallimard, 1943.

SCHLEIFER, James T., *The making of Tocqueville's Democracy in America*, Indianapolis : Liberty Fund, 2000.

SCHMITT, Carl,

Théologie politique, traduction de l'allemand par Jean-Louis Schlegel, Paris : Gallimard, 1988.

La notion de politique suivie de *Théorie du partisan*, traduit de l'allemand par Marie-Louise Steinhauser, Paris : Flammarion, 1992.

SCHOECK, Helmut, *L'envie. Une histoire du mal*, traduction de l'allemand de Georges Pauline, Paris : Les belles lettres, 1998.

SCHUMPETER, Joseph, *Capitalisme, socialisme et démocratie*, traduction de l'anglais de Gaël Fain, Paris : Payot, 1979.

SCUBLA, Lucien,

« Les sciences cognitives, fil d'Ariane ou lit de Procuste pour l'anthropologie », *Les cahiers du CREA n° 12*, p. 179-288, Paris : École polytechnique, 1987.

« Vers une anthropologie morphogénétique. Violence fondatrice et théorie des singularités », *Le Débat*, 1993/5 n° 77, p. 90-107, Paris : Gallimard, 1993.

« À propos de la formule canonique, du mythe et du rite », *L'Homme*, tome 35 n° 135, p. 51-60, Paris : Seuil, 1995.

Lire Lévi-Strauss, Paris : Odile Jacob, 1998.

« L'anthropologie a-t-elle fait des progrès depuis Hocart ? », *La Revue du MAUSS semestrielle*, n° 18, p. 338-360 et n° 19, p. 201-220, Paris : 2001-2002.

« Roi sacré, victime sacrificielle et victime émissaire », *La Revue du MAUSS semestrielle*, n° 22, p. 197-221, Paris : 2003.

« Les hommes peuvent-ils se passer de toute religion ? Coup d'œil sur les tribulations du religieux en Occident depuis trois siècles », Revue du Mauss, 2003/2 n° 22, p. 90-11, Paris : 2003.

« Le sacrifice a-t-il une fonction sociale ? », Pardès, 2005/2 n° 39, p. 143-159, Paris : 2005.

« L'apport de René Girard à l'anthropologie du sacrifice : le sacrifice protège les hommes de la violence », *Raison présente*, 170, p. 103-116, Paris : 2009.

Donner la vie, donner la mort. Psychanalyse, anthropologie, philosophie, Lormont : Le bord de l'eau, 2014.

SCHWAGER, Raymund, *Avons-nous besoin d'un bouc émissaire ?*, traduit de l'allemand par Éric Hauessler et Jean-Louis Schlegel, Paris : Flammarion, 2011.

SEN, Amartya, *L'idée de justice*, traduit de l'anglais par Paul Chemla, Paris : Flammarion, 2010.

SIEYÈS, Emmanuel, *Qu'est-ce que le tiers-état ?*, Paris : Flammarion « Champs », 2009.

SIMONSE, Simon, *Kings of Disaster: Dualism, Centralism and the Scapegoat King in Southeastern Sudan,* Leiden : Brill, 1992.

SMITH, Adam, *Théorie des sentiments moraux*, traduit de l'anglais par Michaël Biziou, Claude Gautier et Jean-François Pradeau, Paris : PUF, 2007.

SOKAL, Alan et BRICMONT, Jean, *Impostures intellectuelles*, Paris : Odile Jacob, 1997.

SLOTERDIJK, Peter, *Théorie des après-guerres*, traduit de l'allemand par Olivier Mannoni, Paris : Libella - Maren Sell éditions, 2008.

SOPHOCLE,

Œdipe roi, traduction du grec ancien de Leconte de Lisle ; édition Kindle.

Œdipe à Colone, traduction du grec ancien de Leconte de Lisle ; édition Kindle.

SPINOZA, Baruch,

Éthique, traduit du latin par Robert Misrahi, Editions de l'éclat, Paris Tel Aviv : Le livre de poche, 2005.

Traité théologico-politique, traduction de Charles Appuhn, Paris : Garnier Flammarion, 1965.

Traité politique, traduction du latin de Charles Ramond, Paris : PUF, 2003.

STENDHAL, *Histoire de la peinture en Italie*, volume 1, Paris : Le Seuil, 1994.

STENGERS, Isabelle, *Au temps des catastrophes. Résister à la barbarie qui vient*, Paris : La Découverte, 2009.

STRAUSS, Léo, *Droit naturel et histoire*, traduction de l'anglais par Monique Nathan et Éric de Dampierre, Paris : Flammarion « Champs », 1986.

TARDE, Gabriel, *Les lois de l'imitation*, Paris : Les empêcheurs de penser en rond, 2001.

TARDITI Claudio, « Manque d'être, désir et liberté : pour une comparaison entre Jean-Paul Sartre et René Girard », *Le philosophoire*, 2004/2 n° 23, p. 238-251., Paris : 2004.

TAROT, Camille, *Le symbolique et le sacré : Théories de la religion*, Paris : La Découverte, 2008.

TESTART, Alain,

Les chasseurs-cueilleurs, ou l'origine des inégalités, Nanterre : Société d'ethnographie, Université Paris X-Nanterre, 1982.

Avant l'histoire. L'évolution des sociétés de Lascaux à Carnac, Paris : Gallimard, 2012.

TOCQUEVILLE, Alexis de,

De la démocratie en Amérique (tomes I et II) Paris : Gallimard « Folio », 1986.

L'Ancien Régime et la Révolution, Paris : Gallimard, 1967.

Souvenirs, Paris : Robert Laffont « Bouquins », 2012.

TODD, Emmanuel, *L'origine des systèmes familiaux T 1,* Paris : Gallimard, 2011.

THOM, René, *Modèles mathématiques de la morphogenèse*, Paris, : 10/18, Union Générale d'Edition, 1974.

TRESMONTANT, Claude, *Les Évangiles : Jean, Matthieu, Marc, Luc*, Paris : O.E.I.L., 1991.

VERDIER, Raymond *et alii*, *La vengeance, tome 1 : "Vengeance et pouvoir dans quelques sociétés extra-occidentales"*, Paris : Cujas, 1981.

VEYNE, Paul, *Quand notre monde est devenu chrétien*, Paris : Le livre de poche, 2010.

VIARD, Bruno,

Les trois neveux ou l'altruisme et l'égoïsme réconciliés, Paris : PUF, 2002.

Littérature et déchirure : de Montaigne à Houellebecq. Étude anthropologique, Paris : Classiques Garnier, 2013.

Amour-propre. Des choses connues depuis le commencement du monde, Lormont : Le Bord de l'eau, 2015.

VINOLO, Stéphane,
René Girard : du mimétisme à l'hominisation, la violence différante, Paris : L'Harmattan, 2006.
René Girard : épistémologie du sacré, Paris : L'Harmattan, 2007.

VOEGELIN, Eric, *La nouvelle science du politique*, traduction de l'allemand par Sylvie Courtine-Denamy, Paris : Seuil, 2000.

WEBER, Max,
Le savant et le politique, traduit de l'allemand par Julien Freund et *alii*, Paris : Bourgois, 1963.
L'éthique protestante et l'esprit du capitalisme, traduit de l'allemand par Isabelle Kalinowski, Paris : Flammarion, 2000.

WITZEL, E. Michael J., *The Origins of the World's Mythologies*, New York : Oxford University Press, 2013.

WYDRA, Harald, *Politics and the Sacred*, Cambridge (UK) : Cambridge University Press, 2015.

Index des noms cités

Avertissement : Compte tenu de son omniprésence dans l'essai, le nom de René Girard ne constitue pas une des entrées de l'index.

Table des illustrations

Table des matières

Philosophie
aux éditions L'Harmattan

Dernières parutions

CITOYENNETÉ ET DÉMOCRATIE
Fleury Philippe
La citoyenneté, dans le monde gréco-romain, a de multiples sens, allant du cosmopolitisme (Diogène) aux lois d'Athènes (Socrate). La démocratie, née en Grèce, se métamorphosera jusqu'à s'imposer comme une évidence politique (Tocqueville). Mais depuis le XIXe siècle, ce modèle montre ses limites avec la globalisation. Elle se transforme sans cesse, avec la montée des populismes, le rejet des élites et des partis politiques. Soulignant de nouveaux enjeux contemporains, les nouvelles revendications citoyennes vont-elles bouleverser la démocratie actuelle ?
(Coll. Ouverture Philosophique, 13.00 euros, 112 p.)
ISBN : 978-2-343-12378-3, ISBN EBOOK : 978-2-14-004098-6

CONVERSION ET SPIRITUALITÉS DANS L'ANTIQUITÉ ET AU MOYEN ÂGE
Fattal Michel
Comment comprendre le phénomène particulier de la conversion au sein de différentes formes de spiritualités issues de milieux culturels et linguistiques variés ? Le présent ouvrage procède à une lecture philosophique et à une analyse précise de la notion de conversion dans la philosophie grecque païenne de Platon et de Plotin, dans certains textes fondateurs du judaïsme et du christianisme, chez le Pseudo-Macaire et chez Augustin d'Hippone, ainsi que dans la philosophie arabo-musulmane représentée par Al-Farâbî et Al-Ghazâlî.
(Coll. Ouverture Philosophique, 27.00 euros, 258 p.)
ISBN : 978-2-343-12582-4, ISBN EBOOK : 978-2-14-004303-1

PROBLÈME DE L'EXISTENCE
Kong Robert
Les guerres, les attentats, le terrorisme, la tuerie en séries, la prise du pouvoir par la force entraînant la désorganisation sociale, etc., sont des paradoxes qui affaiblissent l'existence humaine et son environnement. Ce livre est une philosophie de l'existence, un examen de conscience ou une expérience de l'absurde qui propose à l'homme du XXIe siècle le changement et une paix durable.
(Coll. Études africaines, 14.00 euros, 122 p.)
ISBN : 978-2-343-11756-0, ISBN EBOOK : 978-2-14-004136-5

RENÉ GIRARD, «COW-BOY TEXAN»
Au fil de ses exploits
Dubouchet Paul
L'esprit de René Girard, esprit de pionnier, d'aventurier, est celui d'un cow-boy qui ne se déplace jamais sans sa Bible sous le bras. À la Bible sont empruntés les plus beaux titres de ses livres. Cet ouvrage met en valeur les jalons d'un itinéraire qui reflète, du passé le plus lointain à l'actualité la plus récente, l'épopée tragique de l'espèce humaine. Sans jamais oublier la possibilité et l'espérance de son salut.
(Coll. Ouverture Philosophique, 18.50 euros, 176 p.)
ISBN : 978-2-343-12503-9, ISBN EBOOK : 978-2-14-004231-7

LA SATISFACTION DES ASPIRATIONS HUMAINES
Ce passage obligé vers la maturité dans la vie consacrée
Mwenge Ngoie Jean-Paul
La parcellisation de l'humain en une dimension immatérielle et matérielle a beaucoup d'impact dans la vie du sujet. Cette opposition entre les deux sphères constitue un véritable obstacle dans l'envol de l'homme vers la pleine réalisation, plombant carrément son élévation vers l'accomplissement plénier. Vu son impact dans ce processus, le vocable de maturité nous a permis de bien appréhender que devenir mature dans la vie consacrée repose sur la réponse aux besoins et aux aspirations humaines.
(20.00 euros, 194 p.)
ISBN : 978-2-343-12375-2, ISBN EBOOK : 978-2-14-004344-4

LE SENS DE LA VIE
De la monstruosité à la déité
Andrieu Gilbert
Chaque fois que nous voulons étudier la vie ou la mort, nous oublions que l'homme qui les étudie est aussi l'objet de ses études. Parce que nous voulons être responsables de tout, ne sommes-nous pas enclins à vouloir donner un sens à la vie ? L'Homme peut-il changer des comportements jugés monstrueux par des comportements vertueux ou divins ? Tout changement voulu peut-il dépasser le paraître et se répercuter sur le plan de l'être ?
(27.50 euros, 276 p.)
ISBN : 978-2-343-12351-6, ISBN EBOOK : 978-2-14-004088-7

VIOLENCE, CONSCIENCE, NON-VIOLENCE
Lorsqu'il se libère de la violence, l'être humain peut prendre son envol
(nouvelle édition mise à jour)
Moal Philippe - Préface de Federico Mayor Zaragoza
L'auteur témoigne et analyse les *a priori* et les croyances qui permettent de justifier et légitimer la violence. L'intervention de la conscience permet d'aller à la racine de sa propre violence, engage à résister à ses différentes formes d'expression dans la société et incite à faire le choix de la non-violence qui est la générosité du cœur. La non-violence, c'est l'espoir, la non-violence, c'est la vie !
(18.00 euros, 182 p.)
ISBN : 978-2-343-12486-5, ISBN EBOOK : 978-2-14-004163-1

L'AMBIVALENCE DE LA MODERNITÉ
Habermas vis-à-vis de Derrida
Nabwani Khaldoun
Cet ouvrage revient sur la querelle philosophique autour de la question de la modernité qui a été animée dans les années 1980. À cette époque, certains penseurs allemands se sont mis à critiquer la pensée française d'après 68 en la qualifiant de postmoderniste. Jürgen Habermas critiqua sévèrement la déconstruction derridienne et les disciples de Derrida aux États-Unis. Critiques auxquelles ce dernier répondit sans jamais consacrer une contre-critique directe à Habermas (comme s'il n'accordait pas beaucoup d'attention aux attaques du philosophe allemand).
(Coll. Ouverture Philosophique, 30.00 euros, 296 p.)
ISBN : 978-2-343-12246-5, ISBN EBOOK : 978-2-14-003910-2

COMMENTAIRE DE *L'EUTHYPHRON* DE PLATON
Samb Djibril
Aux États-Unis, *L'Euthyphron* est un dialogue très prisé au point de servir d'introduction à des enseignements de logique. Ce morceau «logique» revêt également une dimension «théologique», dans la mesure où une tendance significative du commentarisme voit dans le dilemme l'expression d'un débat théologique général : le Bien est-il le Bien parce que Dieu le commande ou bien Dieu commande-t-il le Bien parce qu'il est le Bien ? Le but de ce travail est de combler le retard de la France par rapport au monde anglo-saxon dans le commentarisme de *L'Euthyphron*.
(Coll. Ouverture Philosophique, 46.00 euros, 462 p.)
ISBN : 978-2-343-11895-6, ISBN EBOOK : 978-2-14-004000-9

CE QUI PASSE
Pour une théologie plurielle
Maalouf Jihad
Quelque chose qui passe dans ce qui se passe... Un passant, malgré les impasses, s'en rend compte... Le passant devient passeur, parfois malgré lui, et laisse passer ce qui passe en et à travers lui... Vigilant et zélé, le passeur se dépasse dans ce qui se passe... On ne cesse d'entendre ce chuchotement, ce tressaillement intérieur, parfois tel un cri, à travers la passe des chapitres. Ceux-ci essayent de témoigner diversement d'une expérience spirituelle personnelle. L'ouvrage développe une théologie plurielle du passage. Une phénoménologie de la vigilance et du zèle s'en dégage au fur et à mesure de ce qui se passe.
(Coll. Théologie Plurielle, 14.00 euros, 122 p.)
ISBN : 978-2-343-12134-5, ISBN EBOOK : 978-2-14-003911-9

DELEUZE ET LE TEMPS
Bellos Stavroula
Face à la dispersion de la pensée, à cause et grâce aux nouvelles technologies, la puissance du temps de la pensée de Gilles Deleuze manifeste son actualité. Les objets virtuels des nouvelles technologies, par exemple, mais aussi l'ensemble des nouvelles technologies du numérique, nous forcent à repenser les notions de mouvement, d'espace et de temps. Gilles Deleuze a donc conceptualisé une philosophie qui actualise la virtualité de la pensée.
(Coll. Philosophies-Artistes, 12.00 euros, 86 p.)
ISBN : 978-2-343-12033-1, ISBN EBOOK : 978-2-14-004049-8

LE DUALISME ANTIRÉALISTE ET SEMI-EMPIRIQUE DE BERNARD VIDAL
De l'*apeiron* d'Anaximandre aux maîtres de la quantique et à l'empirisme de van Fraassen
Kaltcharel Fallander
Bernard Vidal axiomatise l'Être, l'Indéterminé, en deux hypostases, métaphore athée du monothéisme trinitaire. Elles s'imprègnent, donnant le réel, dont l'esprit qui détermine l'Être en divers. Esprit et matière se forment l'un l'autre. Il n'y a donc pas d'en soi, pas de rationnel absolu, pas d'unicité du modèle en recherche : au terme de sa quête l'esprit se retrouve lui-même.
(Coll. Ouverture Philosophique, 28.00 euros, 284 p.)
ISBN : 978-2-343-12048-5, ISBN EBOOK : 978-2-14-003897-6

L'EMPIRE DU MÊME
Après la diversité
Rouget Patrice
Le processus industriel, qui introduit dans le monde naturel des choses d'un genre nouveau, les exemplaires, parfaitement identiques et interchangeables, est le signe et l'instrument d'une reconfiguration radicale de la nature, qui tend à la soumettre au principe du Même. Ainsi, l'évolution naturelle, comme source de nouveauté imprévisible, se trouve progressivement remplacée par l'innovation comme mode de devenir contrôlé.
(Coll. Ouverture Philosophique, 16.50 euros, 154 p.)
ISBN : 978-2-343-12174-1, ISBN EBOOK : 978-2-14-003948-5

EN MÉMOIRE DE GILBERT SIMONDON
Philosophe et psychologue français (1924-1989)
Jalley Emile
Gilbert Simondon (1924-1989) est un philosophe français qui appartient à la dernière génération, à l'articulation des années 1960, de ceux encore attachés au paradigme d'une démarche d'allure dialectique en philosophie (Bachelard, Merleau-Ponty, Sartre). L'ouvrage examine ici de ce point de vue les trois derniers titres parus de G. Simondon : *Sur la technique* (2014), *Sur la psychologie* (2015), *Sur la philosophie* (2016), avant de faire la revue des 17 ouvrages parus sur la pensée de G. Simondon entre 1993 et 2016.
(28.00 euros, 270 p.)
ISBN : 978-2-343-12222-9, ISBN EBOOK : 978-2-14-003891-4

GENÈSE ET STRUCTURE
Déplacements post-structuraux, I – Deleuze, Derrida, Lyotard
AU-DELÀ DES STRUCTURES
Déplacements post-structuraux, II – Deleuze, Derrida, Lyotard
Smith Claude
Ce travail tente de prendre la mesure de certaines des évolutions les plus significatives qui, sous le nom de «post-structuralisme», ont pu affecter la philosophie et la culture contemporaine dans son ensemble. Sont privilégiées des lectures suivies d'œuvres de Deleuze, Derrida et Lyotard, qui servent de fil directeur tout au long de l'étude. Dans le premier tome, c'est le couple «genèse et structure» qui est étudié. Dans le second tome, ce sont les points d'inflexion et les limites de ces trajectoires de pensée inédites qui sont étudiés, ouvrant de nouveaux champs de réflexion.
(Tome 1, Coll. Ouverture Philosophique, 24.50 euros, 242 p.)
ISBN : 978-2-343-11555-9, ISBN EBOOK : 978-2-14-004002-3
(Tome 2, Coll. Ouverture Philosophique, 28.00 euros, 282 p.)
ISBN : 978-2-343-11556-6, ISBN EBOOK : 978-2-14-004003-0

L'HYPOTHÈSE PLATONICIENNE
Panopoulos Dimitra
Pour Deleuze et dans la postérité de Nietzsche, « la tâche de la philosophie moderne a été définie : renversement du platonisme ». Cet antiplatonisme aura culminé dans l'espace contemporain : à travers les multiples tentatives d'approprier Socrate à ce qui en serait la postérité morale adéquate, contre Platon. On oppose alors la méthode éthique et réfutative d'un Socrate réel, au dogmatisme de maîtrise du Socrate fictionné par Platon. Pourtant, c'est à une toute autre subjectivation qu'invite aujourd'hui une telle dialectique, pour une pensée renouvelée de l'absolu et de l'émancipation.
(Coll. Ouverture Philosophique, 30.00 euros, 298 p.)
ISBN : 978-2-343-11534-4, ISBN EBOOK : 978-2-14-003857-0

LE PASSAGE DU MUSÉE
Déotte Jean-Louis
Les récentes destructions d'œuvres au sein du musée de Mossoul, les attaques menées devant le Bardo à Tunis et la destruction partielle de Palmyre viennent rompre une certitude ancrée en Europe depuis la fin du XVIIIe siècle : celle de l'irréversibilité du mouvement «d'éducation esthétique de l'humanité». Car le Musée, cette invention européenne, a donné une nouvelle assiette à l'art, qui de cultuel est devenu culturel, qui de communautaire et devenu public, qui de réservé est devenu exposé au jugement de tous. Le musée est cet appareil démocratique qui a inventé l'esthétique moderne.
(Coll. Esthétiques, 13.00 euros, 106 p.)
ISBN : 978-2-343-12369-1, ISBN EBOOK : 978-2-14-003966-9

LA PHÉNOMÉNOLOGIE DE L'ESPRIT (1807)
Hegel Georg Wilhem Friedrich - Traduction de Marc Géraud – Présentation d'Émile Jalley
La phénoménologie de l'esprit est le texte le plus traduit de Hegel depuis 75 ans, comme si cette œuvre exerçait une fascination liée à la recherche d'un « secret ». La nouvelle traduction de Marc Géraud diffère des précédentes en ce qu'elle tente d'approcher le texte de la manière la plus littérale possible, ce qui semble le seul moyen d'en améliorer l'accès encore aujourd'hui discuté. Une postface d'Émile Jalley s'efforce de contribuer à une compréhension encore meilleure du texte.
(Coll. Civilisation allemande, 39.00 euros, 480 p.)
ISBN : 978-2-343-12221-2, ISBN EBOOK : 978-2-14-003865-5

Structures éditoriales du groupe L'Harmattan

L'Harmattan Italie
Via degli Artisti, 15
10124 Torino
harmattan.italia@gmail.com

L'Harmattan Hongrie
Kossuth l. u. 14-16.
1053 Budapest
harmattan@harmattan.hu

L'Harmattan Sénégal
10 VDN en face Mermoz
BP 45034 Dakar-Fann
senharmattan@gmail.com

L'Harmattan Cameroun
TSINGA/FECAFOOT
BP 11486 Yaoundé
inkoukam@gmail.com

L'Harmattan Burkina Faso
Achille Somé – tengnule@hotmail.fr

L'Harmattan Guinée
Almamya, rue KA 028 OKB Agency
BP 3470 Conakry
harmattanguinee@yahoo.fr

L'Harmattan RDC
185, avenue Nyangwe
Commune de Lingwala – Kinshasa
matangilamusadila@yahoo.fr

L'Harmattan Congo
67, boulevard Denis-Sassou-N'Guesso
BP 2874 Brazzaville
harmattan.congo@yahoo.fr

L'Harmattan Mali
Sirakoro-Meguetana V31
Bamako
syllaka@yahoo.fr

L'Harmattan Togo
Djidjole – Lomé
Maison Amela
face EPP BATOME
ddamela@aol.com

L'Harmattan Côte d'Ivoire
Résidence Karl – Cité des Arts
Abidjan-Cocody
03 BP 1588 Abidjan
espace_harmattan.ci@hotmail.fr

L'Harmattan Algérie
22, rue Moulay-Mohamed
31000 Oran
info2@harmattan-algerie.com

L'Harmattan Maroc
5, rue Ferrane-Kouicha, Talaâ-Elkbira
Chrableyine, Fès-Médine
30000 Fès
harmattan.maroc@gmail.com

Nos librairies en France

Librairie internationale
16, rue des Écoles – 75005 Paris
librairie.internationale@harmattan.fr
01 40 46 79 11
www.librairieharmattan.com

Lib. sciences humaines & histoire
21, rue des Écoles – 75005 Paris
librairie.sh@harmattan.fr
01 46 34 13 71
www.librairieharmattansh.com

Librairie l'Espace Harmattan
21 bis, rue des Écoles – 75005 Paris
librairie.espace@harmattan.fr
01 43 29 49 42

Lib. Méditerranée & Moyen-Orient
7, rue des Carmes – 75005 Paris
librairie.mediterranee@harmattan.fr
01 43 29 71 15

Librairie Le Lucernaire
53, rue Notre-Dame-des-Champs – 75006 Paris
librairie@lucernaire.fr
01 42 22 67 13